KAWADE
夢文庫

# 47都道府県
# 話のネタ
# 大事典

博学こだわり倶楽部［編］



河出書房新社

カバーCG◆123RF
地図版作成◆AKIBA
本文写真◆越津ネギ ©愛知県(152p)
◆迎賓館赤坂離宮 ©Kakidai(302p)
◆正福寺地蔵堂 ©Bryanmackinnon(302p)
協力◆オフィステイクオー
◆高貝誠
◆後藤久美子

# 初対面でも雑談がはずむ虎の巻——はじめに

「どちらのご出身ですか?」

初対面の人が集まる場では定番の質問だが、聞いたところで彼・彼女の故郷の情報が全くないか、ありきたりの話材では、かえってシラける。たとえば、千葉県出身者に「やっぱり落花生をよく食べるの?」と聞いても、相手は「またか」と思うから盛り上がらないのだ。

これはビジネスでも同じである。いや、地方に出張して相手先をくすぐる地元話の一つもできないようでは、まだまだ半人前と言われても仕方がない。

とはいえ、事前にそこまで仕込めないよ——という方の強い味方が本書である。なぜなら、47の都道府県について以下の3つにページを割いているからだ。

①**絶対にウケる「鉄板ネタ」**
②**話す人を選ぶ「地雷ネタ」**
③**風土や歴史をふまえた「県民性」**

当然、各地域の耳寄りなデータから名物(モノ・企業・場所)、知られざる全国No.1、有名高校、ご当地の有名キャラや有名人など基本的な情報も網羅している。

地元を褒められて嬉しくない人はいない。だが同時に、地元を愛するがゆえ、ヘンにいじられたくはないものだ。時間がないなら、先の①②③だけでも頭に入れておけばいい。会話の潤滑剤として、本書を大いに利用していただきたい。

博学こだわり倶楽部

# 47都道府県MAPもくじ

北海道
P8
京都府P166
鳥
取
県P198
兵
庫
県
P178
島根県 P204
岡山県
P210
広島県
P216
山口県
P222
福
岡
県
P254
佐
賀
県
P260
大
分
県
P278
熊
本
県
P272
宮
崎
県
P284
長崎県 P266
香川県 P234
徳島県 P228
高知県 P246
愛媛県 P240
鹿児島県 P290
大阪府 P172
和歌山県 P190
奈良県 P184

## 本書を読まれる前に――

（1）都道府県の順番は「全国地方公共団体コード」（総務省）に準じています。

（2）都道府県の面積などのデータは、基本的に2020年5月時点のもので、人口は推計です。

（3）【出身有名人】は、同じカテゴリー内の人物については五十音順に記載しています。なお、生まれてすぐ転居するなどで出生地は異なるが、その都道府県にゆかりの深い人は【出身有名人】として扱っている場合もあります。

# 北海道・東北地方の話のネタ

たとえば、秋田名物
「フライング乾杯」って?

# ① 北海道

## おおらかだが、地域間では強いライバル意識あり

★面積…7万8421㎢ ※北方領土合わせ8万3424㎢（全国1位）
★人口…524万9066人（全国8位）
★人口密度…67人／㎢（全国最下位）
★旧国名…蝦夷

道庁所在地と主要都市

**ご当地の鉄板ネタ**

●広大な面積を誇る北海道では**「あと100km先」**など、他府県ではありえない標識が普通に存在する。また「クルマで2時間」と言えば「それは近いね」などの会話も成立する。

●北海道民はJRを「汽車」と呼ぶことが多い。というのも道内で電化された路線は一部で、**線路を走っているのは大部分がディーゼル車だから。**

●**十勝地方のお汁粉には、**餅や白玉の代わりにカボチャが入っている。これは昔、寒冷のため米が取れず、カボチャを代用したことから広まった食べ物。おやつというより、ご飯のおかずや酒の肴として食されている。

●道民に愛されているコンビニといえば**セイコーマート**（通称セコマ）。各店舗で焼いたパンを売っていたり、オリジナルブランドの商品が多く味も豊富と評判。

●小樽市の**おたる水族館で行なわれるペンギンショー**は、ペンギンたちがトレーナーのサイン通りに動かないことで有名。踏み台からジャンプせず、ハードルを飛び越えず、滑り台を滑らない。そのユルさが逆に大ウケしている。水族館のHPでも**「食欲はありますが、やる気はありません」**と公言している。

●北海道土産の定番・**熊の木彫りはアイヌの民芸品だと思われているが、それは間違い**。尾張徳川家19代当主・義親が訪問先のスイスで熊の木彫りを購入し、1923年、これを多くの尾張藩士が入植した八雲町に持ち込んだことがきっかけ。

●宗谷地方北部の猿払村の沖合500mには**エサンベ鼻北小島**という極小の無人島があったが、2019年9月、海上保安庁の調査で消失していることが確認された。調査の発端は、地元住民からの「島が見当たらない」という通報だった。

## ご当地の地雷ネタ

●道内一の歓楽街、**札幌すすきの**ではキャバクラのことを「ニュークラブ」といい、セクキャバのことを「キャバクラ」と呼ぶ。そのため同市民が他都府県のキャバクラを訪れた際、過剰なサービスを求めてトラブルになることもあるとか。

●北海道の葬儀では多くの場合、**香典を渡すとその場で領収書を切ってくれる**。他府県ではほぼ見られない習慣のため、道外の葬儀に赴(おもむ)いた際、領収書を求めて周囲を唖然(あぜん)とさせてしまうケースも。

●道民が結構な確率で聞かれ、イラッとする質問といえば「北海道には**熊保険**があるって本当?」。クルマが鹿と衝突した際、保険金が下りる**鹿特約**があるとの話もまことしやかに囁(ささや)かれるが、両方とも存在しない。

●**「道産子(どさんこ)」**は北海道産の馬のほかに北海道出身者を意味するが、若い世代はそう呼ばれることを嫌がる人も多いとか。その理由は、語感が「田舎感丸出し」「便をどさっと出していそう」など。そのため「このコは道産子で……」などと紹介するのは避けたほうがいいだろう。

●土産物店に瓶詰にされた**まりも**が売られているが、これは特別天然記念物に指定されている阿寒湖(あかんこ)のまりもではなく、各地で養殖されたもの。

**県民性**

### ・広い大地のように大らかな気質

日本の国土の5分の1を占める土地に住む道民だけあって、その気質はよく言えばおおらか、悪く言えば大雑把(おおざっぱ)。これは北海道の風土だけでなく、道民の歩んだ歴史にも起因するようだ。

道民の多くは、明治以降に各地から入植した開拓民を先祖に持つ。極寒の大地を開拓するには入植者の一致団結が必要とされたが、集まったのはさまざまな気質を持つ人々であり、他人の言葉遣いや習慣に神経質だと調和が保てなくなる。

そのためコミュニティ内では、他人に寛容な姿勢が求められた。

**・男女平等で開拓精神も豊富**

開拓時代は男女の区別なく働いた伝統から、男女の垣根は低く、交際の申し出は女性から行なうことも多いようだ。その反面、女性の発言力が強いためか離婚率も高い。

フロンティアスピリッツを受け継ぐ道民は新し物好きといわれ、札幌などが新商品のテスト販売のモデル都市になるケースが多い。また、結婚披露宴では早くから会費制を導入するなど、古い因習や形式に囚われないのも特徴の一つ。

**・出身地以外の都市をほめるのはNG**

一方、広大な土地ゆえ地域間では対抗心も見られ、たとえば函館は本州に近いため東京への意識が強く、市民の中には札幌を「奥地」と呼ぶ人もいるという。

札幌は札幌で、道内最大の都市という自負があり**「函館には、すすきののような繁華街がない」**などと反発。北海道民と接するときは、出身地以外の都市をあまり持ち上げないほうがいいだろう。

**全国No.1**

●**ジャガイモ、タマネギ、トウモロコシ、小豆、小麦などの収穫量**。中でも小豆は全国の生産量の約9割を占める。

●**ウニ、ホタテ、タラ、鮭、マス、昆布、ホッケなど水産物の水揚げ量**。全国の2割を占め、漁業従事者数も日本一。

●**牛乳・バターなどの乳製品**。特に別海町は人より牛の数が多い酪農王国。

●**直線距離の長さ**。国道12号線の美唄市から滝川市までの29・2km。なお2位も斜網広域農道の27・5km。

**●女性の喫煙率の高さ。**16・1%という喫煙率は、最下位である島根県の約3倍。

**ご当地の有名キャラクター**

コアックマ&アックマ(北海道)/おけばんばくん(置戸町)/ぶたどんまん(帯広市)/ジンギスカンのジンくん(札幌市)/メロン熊(夕張市)

**特徴的な方言**

あます(残す)/**あずましくない**(落ち着かない)/あめる(傷める・腐る)/いずい(しっくりこない)/**いたましい**(もったいない)/うるかす(ふやかす)/おだつ(調子に乗る)/かっちゃく(ひっかく)/がんべ(できもの)/けっぱる(ふんばる)/**こわい**(疲れる)/したっけ(そうしたら)/もしくは(またね)/**じょっぴん**(鍵)/ちょす(触る・いじる)/**なまら**(すごく・たくさん)/**なんもです**(どういたしまして)/**はんかくさい**(馬鹿馬鹿しい)/もちょこい(くすぐったい)/山親父(ヒグマ)

**出身有名人**

平塚常次郎(マルハニチロ創業者の1人)/小池聰行(オリコン創業者)/山口昌男(文化人類学者)/大島清(経済学者)/鷲田小彌太(哲学者)/伊藤整、佐々木譲、**子母澤寛**、三浦綾子、渡辺淳一(作家)/手嶋龍一(ジャーナリスト)/**毛利衛**(宇宙飛行士)/鈴木宗男(政治家)/星野伸之(野球)/**高梨沙羅**(スキージャンプ)/大乃国、北の富士(大相撲)/熊川哲也(バレエダンサー)/森田美由紀(アナウンサー)/**北島三郎**、**GLAY**、玉置浩二、**中島みゆき**、松山千春、

**吉田美和**（歌手）／伊吹吾郎、**大泉洋**、小日向文世（俳優）／加藤浩次、タカアンドトシ（芸人）

**お土産**

**白い恋人**、**生キャラメル**、活き毛ガニ、松前漬、鮭とば、**じゃがポックル**、バターサンド、北海道開拓おかき、いかようかん、鮭のルイベ漬、ほがじゃ、パンロール、焼とうきび、わかさいも

**企業**

ニトリ、セイコーマート、ロイズ、アークス、クワザワ、北海道銀行、北洋銀行、北海道瓦斯、北海道電力、日本グランデ、ナラサキスタックス、六花亭、クリプトン・フューチャー・メディア

**有名高校**

**札幌南**、札幌旭丘、帯広柏陽、旭川東、釧路湖陵、**小樽潮陵**、室蘭栄、**函館中部**、北嶺、札幌第一、函館ラ・サール、**駒大苫小牧**、札幌山の手、東海大札幌、北照

**名所旧跡**

函館山展望台、**五稜郭跡**、北海道庁旧本庁舎、**阿寒湖**、摩周湖、トラピスチヌ修道院、博物館網走（あばしり）監獄、層雲峡、**登別温泉**、時計台、白い恋人パーク、旭山動物園

**行事**

**さっぽろ雪まつり**、函館五稜郭祭、さっぽろライラックまつり、登別地獄まつり、**YOSAKOIソーラン祭り**

**特産品**

夕張メロン、ジャガイモ、トウモロコシ、小豆、カニ、羊肉、鮭、ウニ、昆布、ホッキ貝、帆立貝、ホッカイシマエビ、熊の木彫り、小樽のガラス工芸、二風谷（にぶたに）イタ

# ② 青森県

「工藤」さん、「成田」さんには親近感が湧く！

★面積…9646㎢（全国8位）
★人口…123万4523人（全国31位）
★人口密度…128人／㎢（全国41位）
★旧国名…陸奥国

## ご当地の鉄板ネタ

●JR青森駅と新青森駅には、**リンゴジュースのみの自動販売機**がある。リンゴの種類が選べ、トキ・つがる・王林・ふじなどがズラリと並ぶ。

●新郷村は「**キリストの墓**」「**大石神ピラミッド**」「**上大石神ピラミッド**」という謎のスポットがあり、海外からも観光客が訪れる。十和田湖方向に進むと、昔「エデンの園」だったと伝わる迷ケ平もある。

●郊外地域のコンビニといえば「**オレンジハート**」（通称オレハ）。各店舗で作られる惣菜や弁当がおいしいと大人気だ。「何も入っていないクレープ」などの独自商品は一食の価値あり。

●青森県は、鏡里、初代若乃花、隆の里

県庁所在地と主要都市

ら名横綱を輩出した「相撲王国」。**学校に土俵があり、行事として相撲を行なう**学校も多い。

●青森県で「横浜」といえば陸奥湾沿岸部の横浜町、「下北」といえば下北半島。

●青森県の活性化を目的にした**ご当地アイドル「りんご娘」**は、県内で圧倒的人気を誇る。結成は2000年と歴史も長い。メンバーの入れ替えを経て、現在も地元のCM出演など多忙を極めている。

●1932年に創業した**工藤パンのイギリストースト**は、地元民のソウルフードの一つ。スライス食パンの間にマーガリンとグラニュー糖が塗られたシンプルなものだったが、現在では地元ラジオやエヴァンゲリオンなどとのコラボも多数。

●焼きイカ店「七里長浜きくや商店」の人気犬わさおは、ブログで紹介され大人気となり、鰺ヶ沢町特別観光大使に就任。2011年には映画『わさお』も公開されたが、惜しくも20年6月に永眠。

●黒石市の非公認ゆるキャラ「にゃんごすたー」は、イベントでXJAPANの名曲『紅』をドラム演奏し、その後YOSHIKIに認められ、共演も果たした。

**ご当地の地雷ネタ**

●**平均寿命が2000年以降全国最下位。**厳しい自然環境の中、塩分や糖分を多く摂取するのがその原因ともいわれている。それを逆手に取って、ラーメン屋めぐりや朝から日本酒を飲むなどの「短命県体験ツアー」が催されたことも。キャッチコピーは「**青森県がお前をKILL**」。

●津軽地方は真冬になると、地面に降り

積もった雪が強風に舞い上げられ、視界を真っ白にする「地吹雪」という現象が起きる。地元民にとっては厄介極まりないが、**「地吹雪体験ツアー」**なる観光イベントは毎年人気。

●津軽弁は共通語との隔たりがあまりにも大きいため、同じ県内でも南部では津軽弁が理解できないこともある。特に高齢者の方言は難しくて診察に影響が出るため、**弘前(ひろさき)大学医学部では津軽弁の講義が開かれた**こともある。

●**「工藤」「成田」という名字**がとても多く、故郷を離れてもこの名字を見ると、「青森県出身?」と勝手に親近感を抱きがち。違うと言われても**「でも、親や祖父母のルーツが青森では?」**と勘繰ってしまう。

## 県民性

### ・頑固だがトレンドには敏感

青森県は本州北端に位置し、自然環境が最も厳しい地域である。冬が長く、雪が深いので、なかなか人と接する機会がない。そのため、男女とも照れ屋で、初対面の人と話すのが苦手。

さらに、じょっぱり気質といわれる頑固さも、県民性として根付いている。一度馴染めば情に厚いが、人の言うことを素直に聞かない一面もあるようだ。

現在も、青森の農家は過酷な気候の中、農業だけで生計を成り立たせるのは難しい。そこで、必然的に東京などに出稼ぎに出ることが多くなる。都会の流行を持ち帰り、故郷に伝えるのでトレンドには敏感になるのだ。

**・南部と津軽はこれだけ違う!**

県内は中央にそびえる八甲田山（はっこうださん）を隔て、南部（東部）と津軽（西部）に分かれ、この2地域では全く気質が異なる。江戸時代は野辺地（のへじ）あたりを境界にして、別の藩として存在していた。今でも特産品や文化、方言、気質などが大きく違う。

南部は雪の多い北国独特の忍耐強さが特徴。馬の産地として発展した歴史背景もあり、おおらかでおっとりした気質が根付いたとされる。どちらかといえば隣接する岩手県の県民性に近く、内向的で口数が少ない。

対して津軽は、津軽海峡を挟んで、頻繁に道南の松前と交流があった。さらには日本海沿いに他藩との貿易も盛んだったことから、社交的な面を持つ。弘前を中心に士族の町として栄えた歴史からも、「チャカシ」という出しゃばりな気質が広まったようだ。

**全国No.1**

●**リンゴの収穫量**。リンゴ王国と呼ばれるだけあり、約50種類が栽培され、全国シェアの約6割を占めている。

●**食塩消費量**。積雪量が多い天候では、冬の保存料として塩漬けの食べ物が多い。加えてラーメンの消費量が常にトップ3に入るほど多く、これも深く関係しているという説がある。

●**ヒョウ柄アイテムの購入額**。「楽天」による「母の日」の調査で、青森がトップに輝いた。『PPAP』で一世を風靡（ふうび）したピコ太郎も青森県出身。忍耐強い県民がヒョウ柄で発散するとの分析もある。

●**ヒラメの漁獲量**。全国シェアの約3割を占める。水産物はヒラメのほかに、**ワカサギ**、**イカ**、**ホタテ**などが全国1、2位の常連。

**ご当地の有名キャラクター**

決め手くん、いくべぇ、お米大使（青森県）／ねぶたん（青森市）／つがーるちゃん（つがる市）／かもまーる（大間町）／おいらくん（おいらせ町）

**特徴的な方言**

あべ（行こう・ついて来い）／**いだわしい**（もったいない）／おばんです（こんばんは）／**か**（はい、どうぞ）／**く**（食べる）／～けろ（～してください）／**じぇんこ**（お金）／～しちゃ（～して）／しゃっこい（冷たい）／**じゃんぼ**（頭髪）／**じょっぱり**（強情者）／せばだば（じゃまた、それなら）／～んだばって（～だから）／**ちょす**（いじる）／つけっと（けろっと）／どってんしたじゃ（驚いた）／なげる（捨てる）／なして（どうして）／**まいね**（いけない）／**もちょこちょえ**（くすぐったい）／わいは！（うわ！）［感嘆］／わや（すごい）／んだっきゃ（そうだよね）

**出身有名人**

**棟方志功**（版画家）／石坂洋次郎、**太宰治**、三浦哲郎（作家）／**寺山修二**（劇作家）／沢田教一（報道写真家）／田中義剛（実業家）／奈良美智（画家）／ナンシー関（コラムニスト）／**三浦雄一郎**（スキー）／**初代若乃花**、舞の海（大相撲）／伊調千春・馨姉妹、太田忍（レスリング）／手倉森誠（サッカー）／舟木誠勝

（格闘家）／福士加代子（マラソン）／畑山隆則（ボクシング）／**斉藤仁**（柔道）／三浦徳子（作詞家）／淡谷のり子、井沢八郎、吉幾三（歌手）／**松山ケンイチ**（俳優）／**古坂大魔王**、細川ふみえ、室井佑月（タレント）／りんご娘（アイドル）／りんごちゃん（芸人）

**お土産**

津軽ラーメン、**八戸せんべい汁**、ねぶたジュース、**スタミナ源たれ**、金印つがる漬、**いちご煮**、気になるリンゴ、ホタテ貝柱、青森シャモロック、こぎん刺し

**企業**

青森銀行、大平洋金属、東北化学薬品、サンデー、東奥日報社、かねさ、ユニバース、さくら野百貨店、日本原燃、むつ湾フェリー、青森放送、青森テレビ

**有名高校**

**弘前**、**青森**、**八戸**、三沢商業、**青森山田**、八戸学院光星

**名所旧跡**

恐山（おそれざん）菩提寺、**三内丸山遺跡**（さんないまるやま）、田舎館村水田、高山稲荷神社、旧弘前市立図書館、**階段国道**、竜飛崎（たっぴざき）、岩木山神社、鶴の舞橋、弘前城、縄文時遊館、最勝院

**行事**

十和田湖冬物語、弘前さくらまつり、恐山大祭、八戸三社大祭、**青森ねぶた祭**、**弘前ねぷたまつり**、十和田湖秋まつり

**特産品**

リンゴ、ニンニク、ゴボウ、長イモ、米、食用菊、サクランボ、舞茸、フキ、ワカメ、イカ、白魚、ワカサギ、ホタテ、マグロ、青森ヒバ、津軽塗

# ③ 岩手県

「じぇじぇじぇ」は意外と使わない

★面積…1万5275㎢（全国2位）
★人口…121万5938人（全国32位）
★人口密度…80人／㎢（全国46位）
★旧国名…陸奥国

盛岡市
花巻市
奥州市
一関市

県庁所在地と主要都市

**ご当地の鉄板ネタ**

●一関市には明治初期まで、**鬼死骸村**というおどろおどろしい名前の村が存在した。村名の由来は、平安時代の武官・坂上田村麻呂が、当時**「鬼」と呼ばれた蝦夷の頭領を成敗し、その死体を当地に埋めたという伝承によるもの**。現在でも「鬼死骸」というバス停がある。

●「二戸の奇祭」と呼ばれるのが、枋ノ木神社の祭典・**金勢祭**。祭りでは御神体である金勢様を担いで街をパレードするが、**その正体は巨大な男根**。威勢のいい男衆によって運ばれる金勢様の姿は雄々しく、まさに奮い立つものがあるという。

●**じゃじゃ麺**は甘辛い肉味噌をうどんの麺に絡め、ニンニクや酢など好みの調味料とともに食す盛岡市の名物料理。じゃじゃ麺ファンの楽しみは麺を食べ終わった後、皿に生卵を割り入れ茹(ゆ)で汁を注いでもらうこと。これをシメのスープとして飲み干すのである。この仕上げの一杯は地元で「**ちーたん**（ちーたんたん＝鶏蛋湯）」と呼ばれる。

●岩手県では多くの人が横断歩道を渡る際、**停車中のドライバーにお辞儀をする。**これは県内の小学校の指導により、根付いた習慣とされる。このご当地マナーが浸透しているためか、岩手県は人口10万人当たりの交通事故発生件数が47都道府でも最低レベルである。

●遠野市には**カッパが棲(す)むと伝わるカッパ淵**が存在するが、市の観光協会が発行する「カッパ捕獲許可証」を取得するとカッパ釣りをすることができる。ただし「頭の皿を傷つけず、皿の水をこぼさないで捕まえること」「捕まえるカッパは、真っ赤な顔と大きな口であること」など**厳格な捕獲条件を順守する必要がある。**なお、餌(えさ)はキュウリである。

**ご当地の地雷ネタ**

●北上(きたかみ)市にはアメリカ文化をテーマにした「**アメリカンワールド**」という複合施設がある。「食と遊の合衆国」と銘打たれた施設にはアメリカ関連の店舗も存在するが、一方では「イタリアの街角を意識した」という多目的スペースや回転寿司店、中華料理店に郷土料理店が立ち並ぶなど**かなりの無国籍状態。**アメリカンと称するには、いささかツラいものがある。

●**岩手名物わんこそば**は、口下手すぎて

「おかわり」が言えない県民のために発明された料理、という説がある。

●岩手県民は**「き」の発音が「ち」になりがち**で、たとえば「君は」は「ちみは」になり「樹木希林」は「ちちちりん」と言っているように聞こえるという。

●JR東日本の交通系ICカード「Suica」は全国の鉄道で使用できる便利なカードだが、**岩手県内で使えるのは一ノ関駅と平泉駅のみ**。盛岡駅でも使用不可だが、構内には「スイスイ行こうぜ！」と書かれたポスターが掲載されていた。

●朝ドラのヒロインが連発して一躍有名になった方言といえば「じぇじぇじぇ」だが、県内で聞かれることは稀。久慈市の小袖地区でのみ使われる漁師言葉だという。

**県民性**

### ・北と南で分かれる気質

本州で最も広大な面積を持ち、盛岡市や花巻市、北上市などの北部と、奥州市や一関市の南部で気質の違いがある。かつて南部藩が治めた北部エリアは豪雪地帯で、雪に閉ざされる期間が長い。そのため住民の人柄は朴訥で内向的とされる。

一方、県南部は東北随一の大藩である仙台藩の一部を占めた地域であったため、住民の気質は県北部に比べると幾分か気位が高く、社交的という。

### ・忍耐強さは折り紙付き

両者ともに共通していえるのが忍耐強く、努力家であるということ。花巻市出身の宮沢賢治の詩の一節「雨ニモ負ケズ、風ニモ負ケズ」は、岩手の厳しい自然に我慢強く立ち向かう県民の愚直なまでの生き方を表した言葉とされる。

また物事に対し慎重すぎるぐらい慎重で、やや決断力に欠けるのも県民の特徴とされる。詩人の高村光太郎はその思慮深さや腰の重さを「沈深牛のごとし、地を往きて走らず」と評した。しかし彼は続きに「ついに成すべきを成す」、つまり地道な努力を続けながら最後には必ず結果を出すのが岩手人だと記している。

**・4人もの首相を輩出**

東北6県で唯一総理大臣を輩出しており、その顔触れは原敬（たかし）や斎藤実（まこと）など4人。みな薩長閥（さっちょうばつ）や帝大卒などの強力なバックボーンを持たない政治家だった。彼らが軍部や政党内でのし上がることができたのも、忍耐強く努力を重ね「成すべきを成す」県民気質のゆえんだろう。

**全国No.1**

**●木炭の生産量。**8割近くを森林面積が占める岩手は、木炭の原木となるナラやクヌギが豊富。岩手木炭は炭素成分が多く不純物が少ないため、煙、炎、臭いがほとんど出ず火持ちがいいのが特徴だ。

**●ワカメの収穫量。**肉厚で弾力のある食感が特徴のワカメは、北から流れ込む栄養豊富な親潮と、南から流れ込む暖流の黒潮が岩手県沖で混ざり合うことで生み出される。

**●アワビの生産量。**昆布やワカメなどの海藻が生い茂った沿岸部で育つアワビは、抜群の歯ごたえと風味を誇る岩手の冬の味覚。この**アワビとウニをふんだんに使**った**「いちご煮」**という伝統料理も県民に愛好されている。

**ご当地の有名キャラクター**

わんこきょうだい（岩手県）／かまリン（釜石市）／アマリン（久慈市）／おおふなトン（大船渡市）／ゲイビィ（一関市）／亀麿くん（二戸市）／すみっこ（住田町）

**特徴的な方言**

**あべ**（行こう・おいで）／あめる（腐る）／い（いらない）／お静かに（さようなら）／**おでんせ**（おいでください）／おもっさげねぇ（申し訳ない）／〜がんす（〜です）／**きゃっぱり**（靴が濡れること）／けずる（［髪を］梳かす）／〜けろ（〜してください）／〜ささる（〜できる）／〜しない（〜しなさい）／せっこぎ（怠け者）／**せっちょはぐ**（苦労する）／だからさ（そうなんだよ）／〜だっちゃ（〜なんです）／なして（どうして？）／〜なはん（〜ね）［例：あのなはん＝あのね］／**めんこい**（可愛い）／もよう（身支度をする）／もんこ（お化け）／**ゆるぐない**（つらい）／やくど（故意に）

**出身有名人**

斎藤実、鈴木善幸、**原敬**、米内光政（首相）／板垣征四郎（陸軍大将）／**後藤新平**（政治家）／**新渡戸稲造**（思想家）／熊谷史人（元ライブドア代表）／櫻田慧（モスバーガー創業者）／**金田一京助**（言語学者）／**石川啄木**、**宮沢賢治**（詩人）／高橋克彦、柚月裕子（作家）／相米慎二（映画監督）／三田紀房、吉田戦車（漫画家）／ザ・グレート・サスケ、藤原喜明（プロレス）／**大谷翔平**、菊池雄星、佐々木朗希（野球）／小笠原満男（サッカー）／**大瀧詠一**、**千昌夫**、新沼謙治、福田こうへい（歌手）／阿部渉、久慈暁子（アナウンサー）／村上弘明（俳優）／山川恵里佳、福田萌（タレント）／酒井くにお・とおる、菊地秀規（芸人）

**お土産**

干ししいたけ、生うに、**南部せんべい**、奥州ポテト、サバ缶、金婚漬、芭蕉菜漬、**盛岡冷麺**、まめぶ汁、せんべい汁、**じゃじゃ麺**、雲丹醤油、南部鉄器

**企業**

東北銀行、岩手銀行、北日本銀行、薬王堂、カガヤ、ネクス、岩手日報社、岩手放送、ＩＧＲいわて銀河鉄道、三陸鉄道

**有名高校**

盛岡第一、盛岡第三、盛岡第四、一関第一、大船渡、**花巻東**

**名所旧跡**

盛岡城跡、**中尊寺金色堂**、報恩寺、毛越寺（もうつうじ）、浄土ヶ浜、厳美渓（げんびけい）、岩手山、花巻温泉、えさし藤原の郷、龍泉洞、宮沢賢治記念館、小袖海女センター、**小岩井農場**、**まきば園**、岩山パークランド

**行事**

黒石寺蘇民祭、日高火防祭（ひたかひぶせ）、盛岡さんさ踊り、**チャグチャグ馬コ**、うごく七夕まつり、盛岡舟っこ流し、鹿踊り、遠野まつり、釜石よいさ

**特産品**

畑ワサビ、ゴボウ、ブドウ、ホップ、マツタケ、シイタケ、ブロイラー、にんにく、アワビ、ウニ、ワカメ、昆布、鮭、ホヤ、りんどう、木炭、生うるし

## ④ 宮城県

「東北のリーダーたらん」の気概はどこから?

★面積…7282㎢(全国16位)
★人口…229万6145人(全国14位)
★人口密度…315人／㎢(全国19位)
★旧国名…陸奥国

県庁所在地と主要都市

**ご当地の鉄板ネタ**

●女川町には「**ほやチンコ**」というパンチの効いた名称のゲーム機がある。これはパチンコ台に見立てた巨大なボードに、**名物の「ホヤ」を投げ入れ、所定の場所に止まればホヤがもらえる**というアナログなゲーム。ほやチンコは「女川町復幸祭」などのイベントでお目見えするが、常に行列ができるほど人気らしい。

●仙台市と利府町を結ぶ**利府線の駅はわずか3つ**。路線距離も約4・2㎞というミニ路線だ。もともと利府駅は東北本線の中間駅だったが、経路変更により同駅以北の路線が廃止され、岩切〜利府駅間のみが存続することになった。なお当駅間の乗車時間は、およそ6分。

●**仙台名物の牛タン**は今でこそ高級食材としても扱われているが、本来は安価なB級グルメ。戦後の仙台市には進駐軍のキャンプがあり、大量の牛肉が消費されたが、タンは不要な部位として処分されていた。これを活用できないかと、ある焼鳥屋の店主が安値で仕入れスライスして焼いたところ、非常に美味でまたたく間に人気メニューになったという。ただ、**牛タンの生みの親となった店主は山形県出身**である。

●学校での授業開始の号令は一般的には「起立、礼、着席」だが、宮城では**「起立、〝注目〟、礼、着席」**。なぜ「注目」が入るのかは謎だが、宮城の教員が他府県より生徒に見つめられる時間が長いのは確かなようだ。

## ご当地の地雷ネタ

●荒木飛呂彦氏の大人気漫画『**ジョジョの奇妙な冒険**』が実写映画化される際、舞台となる「**杜王町**」**は仙台市がモデル**だったこともあって、ロケ地に選ばれるのではないかと期待が寄せられた。だが、**撮影が行なわれたのはスペイン・カタルーニャの地方都市**。「なぜ？」という声は仙台市民だけでなく、ロケ地となった街の住民からも聞かれたとか。

●仙台市青葉区には「**芭蕉の辻**」**と呼ばれる交差点**があるが、松尾芭蕉とは何の関係もない。立派な石碑が立てられているにもかかわらず**名前の由来は不明**で、伊達政宗のスパイとして働いた芭蕉という虚無僧が住んでいたからとも、芭蕉の樹が植わっていたからとも言われている。

●宮城では牛タン焼きを再現した**「牛たんサイダー」なる飲料水**が販売されている。開栓すると確かに牛タンの匂いが漂う。だが口に含むと甘く、シュワっと弾ける風味はなかなか飲む人を選ぶ珍品である。なお**枝豆パウダーを使用した「ずんだサイダー」**も販売されているが、こちらも相当クセの強い飲み物だ。

●「靴下の一部が破れて足の指が出ている状態」を表す一般名詞はないが、宮城県民はこれを**「おはよう靴下」**と呼ぶ。

●宮城県民に「いい天気だね」と言ったとき、「だから」という返事が返ってきても、けっして気を悪くしてはいけない。ここで言われる**「だから」とは「そうだね」という、同意を表す**意味の方言なのだから。

## 県民性

### ・いわゆる〝東北人〟らしくない？

東北地方にあって東部の平野は降雪量が少なく、冬でも比較的温暖。また夏も太平洋から海風が流れ込むため酷暑になりにくく、気候は1年を通じておおむね穏やかだ。そんな風土のためか県民の気質は、ほかの東北人と異なり、おおらかで社交的とされる。

県民が誇る地元の英雄といえば仙台藩の藩祖・伊達政宗だが、彼は、粋で洒落た身なりの人を意味する「伊達者」の語源になった武将と伝えられている。確かに政宗は、朝鮮出兵に向けた上洛の際に家臣にひときわ華美な装いをさせて京の人々の度肝を抜くなど、派手好みのエピソードを持つことで有名だ。

そんな「伊達気質」が仙台藩士や領民にも影響を与えたのか、現在の県民もオシャレ好きで新し物好き。ただ飽きっぽく諦めやすい傾向もあると指摘され、これも粘り強さが身上の東北人とは一線を画す気質といえるだろう。

**・江戸時代からのリーダー気質**

また仙台藩は米の一大産地で、三陸海岸からも豊富な海産物が獲れるなど東北随一の経済力を誇る、都会的なエリアだった。さらに明治時代に入ると、旧制高校の第二高等学校や陸軍の第二師団が仙台に創設され、省庁の東北支分局や大企業の支店なども同地に集中した。

このような歴史から県民には伝統的に「東北のリーダーたらん」という気概が根付いているとされ、同時に「同じ東北でも他県とは違う都会人！」という優越感やプライドも見え隠れするとも。

**全国No.1**

**●ホヤの漁獲量。**全国の約8割を占め、ホヤ料理のレパートリーも多い。刺身や酢の物のみならず、天ぷらに塩辛、ホヤ餃子、さらには**ホヤアイス**まで存在する。

**●フカヒレの生産量。**産地として有名な気仙沼港では、江戸時代末期からサメ肉の加工が行なわれていたと伝わる。フカヒレの天日干しの風景は、気仙沼を代表する冬の風物詩である。

**●かまぼこの消費量。**仙台名物「笹かまぼこ」は明治期にヒラメの大漁が続き、魚肉の保存のため考案されたのが始まり。当時はその形から「ベロ（舌）かまぼこ」「手のひらかまぼこ」と呼ばれていた。

**ご当地の有名キャラクター**

むすび丸（宮城県）／笹かまぼこの笹木君、独眼竜ねこまさむね（仙台市）／いしぴょん・いしぴぃ（石巻市）／ねじりほんにょ（栗原市）／海の子ホヤぼーや（気仙沼市）／かみ〜ご（加美町）／ざおうさま（蔵王町）

**特徴的な方言**

あっぺとっぺ（でたらめ）／**いきなり**（とても）／いずい（しっくりこない）／**いんぽんかだり**（屁理屈をこねる人）／おい（自分）／**おだつ**（ふざける）／おどげでね（とても）／おばんです（こんばんは）／ぐずらもずら（ぐずぐず）／〜けらい（〜してください）／**ございん**（いらっしゃい）／こしゃぐ（叱る）／しぇづね（うるさい）／**だから**（そうだね）／**たからもの**（馬鹿者）／たごまる（衣服や糸が絡まる、しわくちゃになる）／たばこ（休憩）／なげる（捨てる）／**はかはかする**（ドキドキする）／**ビッキ**（カエル）／ぺったらこい（平べったい）

**出身有名人**

相馬黒光（中村屋創業者）／野口美佳（ピーチ・ジョン創業者）／**吉野作造**（思想家・政治学者）／大槻義彦（物理学者）／**志賀潔**（細菌学者）／**土井晩翠**（詩人）／熊谷達也、佐伯一麦、辺見庸（作家）／**荒木飛呂彦**、**石ノ森章太郎**、大友克洋（漫画家）／安住淳、小野寺五典（政治家）／菅野よう子（作曲家）／岩井俊二（映画監督）／**宮藤官九郎**（脚本家）／斎藤隆、佐々木主浩（野球）／福原愛（卓球）／荒川静香、**羽生結弦**（フィギュアス

ケート）／森公美子（オペラ歌手）／稲垣潤一（歌手）／篠ひろ子、**鈴木京香**、千葉雄大、中村雅俊（俳優）／生島ヒロシ、山寺宏一（タレント）／狩野英孝、**伊達みきお**（芸人）／マギー審司（マジシャン）

**お土産**

**牛タン**、ずんだ餅、**笹かまぼこ**、油麩、あおば餃子、**萩の月**、**くるみゆべし**、支倉焼、三色もなか、仙台ラー油、しそ巻き、へそ大根、仙台長ナス漬、仙台味噌、こけし

**企業**

アイリスオーヤマ、植松商会、じもとホールディングス、東北電力、ユアテック、七十七銀行、カメイ、やまや、TTK、東洋刃物、仙台空港鉄道、河北新報

**有名高校**

**仙台第一**、**仙台第二**、仙台第三、仙台二華、宮城第一、**仙台育英**、**東北**、聖ウルスラ学院英智

**名所旧跡**

**仙台城**、白石城、大崎八幡宮、瑞巌寺、鳴子峡、**秋保温泉**、泉ヶ岳、伊豆沼、松島湾、**金華山**、八木山ベニーランド

**行事**

**仙台七夕まつり**、仙台・青葉まつり、塩釜みなと祭、大崎八幡宮松焚祭、吉岡八幡神社島田飴まつり、寺崎のはねこ踊り

**特産品**

セリ、ツルムラサキ、茶豆、パプリカ、イチゴ、キュウリ、ネギ、トマト、ホヤ、フカヒレ、銀鮭、カジキ、ヒラメ、オキアミ

⑤

# 秋田県

## 秋田名物・酒好きゆえの「フライング乾杯」とは?

★面積…1万1638㎢(全国6位)
★人口…95万6093人(全国38位)
★人口密度…82人/㎢(全国45位)
★旧国名…出羽(でわ)国

**ご当地の鉄板ネタ**

●大仙(だいせん)市では1979年から「**全国500歳野球大会**」というイベントが毎年開催されている。「出場選手9名の合計年齢が500歳以上であること」を参加条件にした大会で、「生涯野球をしたい」と有志が集まって試合をしたのが始まり。2017年からは全国大会も実施され、中には**89歳の選手の姿も見られた**。『時限りなく』という大会歌まであり、またの名を「親父たちの甲子園」という。

●秋田には「**ババヘラ」と呼ばれるご当地アイス**がある。これは屋台などで露天販売される氷菓で、シャーベットのようにシャリッとした食感が特徴。販売員の女性がある程度高齢、端的に言えば「バ

県庁所在地と主要都市

バ」で、彼女たちが「ヘラ」を用いてコーンに盛り付けることから、その名が付いたという。なお、若い女性が販売員の場合の名称は「ギャルヘラ」。

●2009年にB級グルメの日本一を争う「B-1グランプリ」で優勝した秋田の**横手焼きそば**は、終戦直後に横手市のお好み焼屋が考案したのが始まりで、現在では日本三大焼きそばの一つ。

●酒豪が多い秋田県民の飲み会では、全員が揃う前から**「乾杯の練習」と称し、参加者がお酒を飲み始める**習慣がある。この「フライング乾杯」の後に正式な乾杯があり、最後には「締めの乾杯」まで行なわれるという。

●秋田の郷土料理といえば、すり潰したご飯を棒の先端から包むように巻き付けて焼く**「きりたんぽ（たんぽ餅）」**が有名だが、県民の間では同じく米を材料とする「だまこ餅」も人気が高い。

●いわゆる「日本三大美人」の一つ「秋田美人」。秋田に色白の美女が多い理由には、日照時間の短さや美容効果の高い温泉が多いことなどが挙げられる。

●秋田の**男子高校生の多くは、どんなに寒くてもコートを着用しないという**。その理由は「ひ弱に見られる」「制服にコートはダサい」など独特の美学によるもの。

●秋田には一文字で意味が伝わる言葉がある。それが「ね」。「ね」には「寝る」などの意味があり、「ねね」と重ねれば「寝ない」。さらに「**ねねね**」と**三段重ねになると「寝ないんだね」の意味**になる。

●秋田ではテレビCMで「現在○○中学

校の修学旅行団は、全員元気に△△に到着しました」など、**修学旅行中の安否確認が流れる**。これは「外泊する子どもの安否を知りたい」という保護者の要望を受けて1969年頃から始まったもの。

●アメリカのシンガーソングライター、**ボブ・ディラン**は秋田で2度公演を行なっているが、その理由は「秋田名物のハタハタが大好物だったから」という都市伝説が存在する。

## ご当地の地雷ネタ

●ユネスコの無形文化遺産にも登録された**男鹿市の伝統行事ナマハゲ**だが、近年では「子どもへの虐待では」と批判され、住民からも「大晦日に迎え入れるのは面倒」と断られるケースも多いという。

●秋田県と岩手県との県境には**乳頭山**と呼ばれる標高1478mの山が存在するが、名の由来は「山の形が女性の乳房に似ているから」というもの。はっきり言えば「おっぱい山」。

## 県民性

### ・秋田の着倒れ、食い倒れ

東北から北陸のエリアに住む人間は、ともすれば「陰気」「人付き合いが悪い」といったネガティブなイメージが持たれがち。しかし、そんな先入観を払拭するような陽気さを持ち合わせているのが秋田県民である。それを表すのが「秋田の着倒れ、食い倒れ」という言葉だ。

江戸時代から秋田は全国有数の米どころとして知られ、また日本海に面しているため海の幸も豊富だった。そのため東北諸藩が飢饉に陥っても、秋田藩の経済は比較的安定していたといわれ、着物などの贅沢品も多く購入できたとされる。

**・離婚率が低いわけ**

そんな経済事情の中で育ったためか、秋田県民の気質は享楽的で気前が良いという。一方で貯蓄は苦手とみえ、個人の預金残高は全国で40位、東北では最下位。

また秋田県は、北は白神山地、東は奥羽山脈、南は丁岳山地と三方が山に囲まれており、他国との交流が乏しい環境にあった。その分、地縁関係が重んじられ、たとえば結婚相手も地元から選ぶケースが多かったとされる。そのためか離婚率も全国で2番目という低さだ。

**・大人物は出ない?**

協調性が求められるため、突出した個性を持つ人は育ちにくい傾向にあり「美人と温泉は出ても大人物が出ない」と揶揄されることもあるという。とはいえ、昭和40年代まで秋田県は集団就職の若者を最も多く大都市圏に送り込んでいた。県民の労働力と陽気さが高度経済成長の原動力の一つとなったことは間違いない。

**全国No.1**

**●人口10万人当たりの理美容室の数。**これには、明治生まれの伝説的な美容師・中村芳子氏の存在が大きいとされる。

**●県民の睡眠時間。**1日当たりの睡眠時間が8時間2分で、全国平均を約20分上回り、唯一の8時間超えとなった。

**●15歳男子の平均身長と16歳女子の平均身長。**前者が169・7cmで後者が158・9cm。これも睡眠時間の長さが影響していると考えられている。

**●重要無形民俗文化財の件数。**「男鹿のナマハゲ」をはじめ、「保呂羽山の霜月神楽」「六郷のカマクラ行事」「刈和野の大綱引き」「角館祭りのやま行事」など17件が登録されており、全国最多。

**ご当地の有名キャラクター**

ニャジロウ（秋田県）／んだッチ（秋田市）／はちくん、ぽんた・きりこ（大館市）／おが丸（男鹿市）／スサのん（潟上市）／まるびちゃん（大仙市）／美郷のミズモ（美郷町）／やきっピ（横手市）／しず小町（湯沢市）

**特徴的な方言**

あかぴたこ（赤ちゃん）／**えふりこぎ**（見栄っ張り）／がおる（衰弱する）／**かちゃぺ**（安っぽい）／**がっこ**（漬物）／がりっと（しっかり）／こうぇ（疲れる）／**ごしゃぐ**（怒る・叱る）／こったに（こんなに）／**さい**（しまった！）［感嘆］／**しょし**（恥ずかしい）／せば（それじゃあ）／とじぇね（寂しい）／**どでした**（びっくりした）／どやぐ（友達）／**ねまる**（座る）／ばし（嘘）／ばっけ（ふきのとう）／まじな（さようなら・バイバイ）

**出身有名人**

佐藤義亮（新潮社創業者）／菅礼之助（四代目東京電力会長）／福岡易之助（白水社創業者）／物部長穂（工学博士）／**明石康**（元国連事務次長）／**菅義偉**（政治家）／小池一夫（漫画原作者）／高橋よしひろ、土田世紀、**矢口高雄**（漫画家）／石井浩郎、**落合博満**、山田久志（野球）／桜

田淳子、東海林太郎、藤あや子（歌手）／生駒里奈、加藤夏希、**佐々木希**、**柳葉敏郎**、山谷初男（俳優）／中村征夫（写真家）／藤原美智子（ヘアメークアーティスト）／小倉智昭（アナウンサー）

**お土産**

あきたこまち、**稲庭うどん**、**きりたんぽ鍋**、**横手焼きそば**、生もろこし、金萬、秋田プリン、バター餅、しょっつる、ぎばさ、ハタハタ寿司、**いぶりがっこ**

**企業**

秋田銀行、ＵＷＭファーマ、インスペック、キングタクシー、秋田臨海鉄道、秋田放送、秋田中央交通、秋田魁新報、新政酒造、秋田信用金庫

**有名高校**

**秋田**、秋田南、秋田北、秋田中央、横手、**能代工業**、金足農業、明桜

**名所旧跡**

久保田城、高尾山、**田沢湖**、鹿角（かづの）八坂神社、九十九島、駒ケ岳、**角館の武家屋敷通り**、**乳頭温泉郷**、湯沢温泉、大湯環状列石、寒風山、赤れんが郷土館、秋田ふるさと村、ポートタワー・セリオン

**行事**

**秋田竿燈（かんとう）まつり**、大曲（おおまがり）の花火、角館祭りのやま行事、おなごりフェスティバル、横手の雪まつり、大館アメッコ市、花輪ばやし、**男鹿のなまはげ**

**特産品**

ウド、セリ、ミョウガ、サクランボ、桃、リンゴ、トンブリ、ガッコ、じゅんさい、ハタハタ、比内地鶏、秋田銀線細工、曲げわっぱ、川連（かわつら）漆器、樺（かば）細工

# ⑥ 山形県

## 芋煮は「豚×味噌」派と「牛×醤油」派に分かれる

★面積…9323㎢（全国9位）
★人口…107万4523人（全国35位）
★人口密度…115人／㎢（全国42位）
★旧国名…出羽（でわ）国

県庁所在地と主要都市

### ご当地の鉄板ネタ

●最上郡（もがみぐん）戸沢村（とざわむら）には〝ほぼ韓国〟の道の駅がある。それが「**道の駅とざわ**」で、ここで販売されているのは、大半が韓国の食材に土産物。さらにはチマチョゴリの体験コーナーまであり、建物全体も韓国様式。戸沢村では1980年頃、嫁不足解消のため、村と交流のあった韓国の堤川（チェチヨン）市から多くの韓国人女性を迎え入れた。その後、日韓友好を目的に造られたのがこの道の駅だったという。

●**山形の秋の風物詩といえば芋煮会**。養豚が盛んだった庄内地方では「豚肉を入れた味噌仕立て」で、農作業で牛を使っていた内陸地方は「牛肉を入れた醤油仕立て」と味付けが異なる。

●山形県では1948年に『月山(がっさん)の雪』というスポーツ県民歌が作られた。作曲をしたのは『六甲おろし』『オリンピック・マーチ』などを手がけ、NHKの朝ドラ**『エール』のモデルにもなった古関(こせき)裕而(ゆうじ)**。ちなみに古関は福島出身。

●東置賜(ひがしおきたま)郡にある**JR高畠(たかはた)駅は、駅舎の東西格差が激しい**ことで有名。東口がお城のように瀟洒(しょうしゃ)で堂々とした駅舎であるのに対し、西口は何とプレハブ小屋。これは新幹線の開通にともない、東口を開発したことによるもの。

●山形は冷やし中華ならぬ**「冷やしラーメン」発祥の地**として知られる。氷の入った冷製スープで冷たい麺が味わえるこの名物料理は、1952年に誕生。きっかけは、山形市の蕎麦屋が常連客から「冷たいラーメンを作れないか?」とオーダーを受けたことだった。

●蕎麦屋で「天盛り」を注文すれば、海老天やかき揚げが出てくるのが一般的だが、**山形では「ゲソ天」が定番**。そのルーツは諸説あるが、江戸時代に生イカが入手できなかった最上地方などで、スルメの足を水で戻し天ぷらにしていたのが始まりとされている。

### ご当地の地雷ネタ

●山形に**ラウンドワンの店舗は一つもない**が(2020年5月時点)、コマーシャルだけは流れる。

●2014年に開店した「イオンモール天童店」は地元民から**イモ天**と呼ばれる。

●1985年、夏の甲子園大会で山形代表の**東海大山形は**、**大阪の強豪PL学園**

**とぶつかり、29点も奪われる。**そして最終回に清原がピッチャーとして現れたとき、県民の悔しさは頂点に達したという。

●**山形は人間の顔が横を向いたような形**をしているので、県民同士が居住地を説明するときは「顎のあたり」＝小国町、「鼻」＝鶴岡市、「おでこ」＝酒田市もしくは遊佐町、といった会話が飛び交うとか。

●**山形市の幹線道路沿いにはUFO型の派手なラブホテル**があり、満室になると空を飛ぶという都市伝説（?）がある。また、ドライブ中に子どもがラブホテルを指し「あれは何?」と尋ね、車内を気まずい雰囲気にさせることもあるとか。

●山形県民は、なぜか**①を「まるいち」でなく「いちまる」と読む。**（1）は「かっこいち」でなく「いちかっこ」と読む。

●山形県民は電話対応などの際、最初に**「はい、○○でした」**と過去形で名乗るため、県外の人間を面食らわせる。

## 県民性

### ・内陸と庄内では大きく異なる

山形県は出羽山地によって内陸地方と庄内地方に隔てられている。両エリアでは県民の気質も異なり、内陸地方の住民は、山間部の多さや雪深さの影響もあってか、おおむね内向的で物静か。

一方、庄内地方は江戸時代に国内の物流で大きな役割を果たした北前船の寄港地であり、経済の中心として繁栄した歴史もあることから、住民の性格も内陸部に比べて社交的とされる。

### ・清貧かつ勤勉の気風

ただ、どちらのエリアの住民にも共通

していえるのが、我慢強く働き者であるということ。山形は日本有数の豪雪地帯でありながら、夏はフェーン現象により非常に暑くなるエリアでもある。そんな厳しい自然環境も山形県人の忍耐強さという気質を培（つちか）ったと考えられる。

18世紀中頃、米沢藩が極度の財政難に陥ったとき、藩主の上杉鷹山（ようざん）は徹底した倹約を奨励し財政を回復させたが、彼の施策が受け入れられたのも領民に清貧や勤勉さを尊ぶ気質があったためだろう。

### ・泥棒も落ち着いて暮らせる？

勤労意欲の高さは女性も同様で、共働き率は全国でもトップクラス。

『鶴の恩返し』は山形で生まれた民話だが、人に見られることを拒み、懸命に機を織る鶴の姿は、シャイでありながらも身を粉にして働く山形の女性そのものを表しているという。そのため秋田県では「嫁をもらうなら山形から」と言われることがある。

山と雪に往来を遮断されたぶん、相互扶助の精神が育まれ「山形では泥棒も落ち着いて暮らせる」と言われるほどだ。

**全国No.1**

**●サクランボや西洋梨の出荷量。**特に「果樹園の宝石」と呼ばれるサクランボの生産量は全国の7割を占める。

**●将棋駒の生産量。**天童市では国内で9割以上の将棋駒を生産している。

**●落差5ｍ以上の滝の数。**県土の7割以上を森林が占め、そこに豊かに湛（たた）えられた水は「梅花皮（かいらぎ）の滝」「滑川（なめがわ）大滝」「関山（せきやま）大滝」「白糸の滝」など、多くの美しい滝を生み出している。

**ご当地の有名キャラクター**

ペロリン、きてけろくん（山形県）／はながたベニちゃん（山形市）／チェリン（寒河江市）／天童こま八（天童市）／かねたん、けーじろー（米沢市）／カセ坊（上山市）／雪ごろう（尾花沢市）／桃色ウサヒ（朝日町）／かぶくん（中山町）／かむてん（新庄市）

**特徴的な方言**

あえべ（行こう）／**いだまし**（もったいない）／うずる（似合う）／**おしょっし**（すまない）／おひゃらがす（からかう）／**おぼご**（赤ちゃん）／かせる（食べさせる）／**かます**（かき回す）／きまる（終わる）／～けろ（～してください）／**じょさね**（簡単だ・大したことない）／たがぐ（持って歩く）／**たまな**（キャベツ）／はともた（びっくりした）／**むんつける**（ふてくされる）／もっけ（ありがたい・すまない）／**やちゃがね**（役に立たない）／やばち（濡れて気持ち悪い）

**出身有名人**

保芦邦人（紀文創業者）／山澤進（ヤマザワ創業者）／渡部昇一（英語学者・評論家）／**南雲忠一**（海軍大将）／石原莞爾（陸軍中将）／**大川周明**（思想家）／**加藤典洋**（文芸評論家）／阿部和重、**井上ひさし**、小川糸、**藤沢周平**、**丸山才一**（作家）／佐高信（評論家）／遠藤武彦（政治家）／柏戸（大相撲）／吉野弘（詩人）／ラズウェル細木（漫画家）／峯田和伸（ミュージシャン）／あき竹城、眞島秀和、**渡辺えり**（俳優）／橋本マナミ

（タレント）／ウド鈴木、ケーシー高峰、ビートきよし（芸人）／古瀬絵理（アナウンサー）

**お土産** あじまん、オランダせんべい、あみえび醤油、**だだちゃ豆**、酒田のラーメン、くじら餅、柿羊羹、天保蕎麦、つや姫（米）、**玉こんにゃく**、**米沢牛**、平牧三元豚、芋煮、さくらんぼワイン、漬物寿司

**企業** 山形銀行、荘内銀行、かわでん、東北パイオニア、日東ベスト、ミクロン精密、ヤマザワ、ディー・ティー・ホールディングス、最上電機、蔵王ミート、ヒューマン・メタボローム・テクノロジーズ

**有名高校** **山形東**、山形南、**鶴岡南**、米沢興譲館、酒田東、山形中央、日大山形、羽黒

**名所旧跡** **米沢城跡**、立石寺（りっしゃくじ）、文翔館、羽黒山、出羽三山神社、銀山温泉、**蔵王（ざおう）温泉**、蔵王の御釜、四ヶ村の棚田、十六羅漢岩、梅花皮の滝、加茂水族館、リナワールド、山居（さんきょ）倉庫、最上川

**行事** **山形花笠まつり**、米沢上杉まつり、古郡神楽、新庄ゆきまつり、酒田港まつり、渡前（わたまえ）獅子踊、谷地どんがまつり、むらやま徳内まつり

**特産品** サクランボ、ラ・フランス、メロン、ブドウ、桃、スイカ、麩、蕎麦、牛肉、干し柿、サワラ、紅花、将棋の駒、銀山こけし、平清水（ひらしみず）焼

## ⑦ 福島県

★面積…1万3784㎢（全国3位）
★人口…183万590人（全国21位）
★人口密度…133人／㎢（全国40位）
★旧国名…陸奥国

**ご当地の鉄板ネタ**

●**凍天**は、保存食の「凍み餅」を水で戻し、ドーナツ生地でくるんだものを油で揚げたご当地フードだったが、製造元の「木乃幡」が2019年に自己破産を申請。現在は凍天を再現した「梵天」が販売されている。

●1976年に発売された**酪王カフェオレは福島県民のソウルドリンク**。ほとんどのコンビニやスーパーで購入でき、学校や病院の自動販売機でも販売される。近年は首都圏にまで進出した。

●**温泉タマゴを「ラジウム卵」と呼ぶ**。朝食にラジウム卵が出ないと機嫌を悪くする人もいるらしい。

●ラーメンチェーン「幸楽苑」は福島県

**福島市と郡山市の確執はどこから?**

福島市
会津若松市
郡山市
いわき市

県庁所在地と主要都市

内と一部地域では「会津っぽ」という名で展開されていた。現在は幸楽苑に統一されているが、今でも県内では「会津っぽ」で通じる。

●朝早くから開店するラーメン店が多く、朝に食べる**「朝ラー」の行列は喜多方の風物詩**。酢を入れて食べる人が多いのも、福島ならでは。

●新潟県と山形県の県境にある飯豊山(いいでさん)には、幅約1mしかない福島県の土地がある。これは一ノ木村(いちのき)（現・喜多方市山都町(やまとまち)）に鎮座する飯豊山神社の奥の宮が山頂にあるため、**参道にあたる登山道と山頂だけが福島県の県域となった**からだ。

●郡山市のセブン-イレブン虎丸店は**24時間営業を開始した日本初のコンビニ**。1975年6月に本部の実証実験としてスタート。セブン-イレブンの第1号店オープンは1974年5月なので、約1年で現在の営業時間が整ったことになる。

●東北新幹線の新白河駅は白河市ではなく、住所は隣の西郷村(にしごう)。**西郷村は、日本で唯一村にある新幹線停車駅**として有名。

## ご当地の地雷ネタ

●**福島市民と郡山市民(こおりやま)**には、相当なライバル意識が存在する。郡山市が県中央部に位置するのに対して、福島市は北東寄りで宮城県に近い。そのため**郡山市では古くから県庁移転を目指していて、それが確執を生んだ**ともいわれている。ちなみに、福島市の人口は約28万人なのに対し、郡山市約は約33万人。

●「少しでもいい高校に」という意識が強く**中学浪人が多い**。また公立高校の人気が高く、私立は滑り止め扱いされる。
●自慢の一つに、**県の形がオーストラリアに似ている**というものがある。これは先に旧長州である山口県が言い出したものであり、それに対抗したとの意見もある。会津戦争の遺恨は根深い。
●全国第3位という広い面積に加え、浜通り、中通り、会津という気候も文化も県民性も異なる地域に分かれているため、県民が一体になることが少ないとも。
●檜枝岐(ひのえまた)村には群馬県にまたがって、国立公園の尾瀬(おぜ)がある。そのため**他県の人に、尾瀬を群馬名物として挙げられてしまう**ことがあり、悔しい。

**県民性**

**・3つに大きく分かれる気性**

太平洋一帯の「浜通り」と福島市のある「中通り」、そして「旧会津地域」に分かれる福島県は、それら3地域で県民の気性も異なる。浜通りは港町が多いために漁業を生業(なりわい)とする人も多く、開放的だが少々気が荒い。県庁所在地のある中通りは、合理的で都会的な人が多い。特筆すべきは会津地方の住民だ。

**・反骨精神が強い「会津」**

会津といえば「什(じゅう)の掟(おきて)」。これは旧会津藩が子弟教育に用いた訓令で、中でも「ならぬものはならぬものです」という一文が有名だ。

その教えは現代にも受け継がれ、正義感の強い頑固な性格を持ち合わせている。さらに、明治維新の「会津戦争」で賊軍とされてしまった過去があるため、中央への反骨精神も強い。

そんな会津人の気性を表した言葉が「会津っぽ」。また「会津の三泣き」という言葉もあり、こちらは、よそ者がなかなか受け入れてもらえないことに泣き、親しくなれば人情の豊かさに泣き、別れるときは会津を離れがたくて泣くという状況を示したものだ。

**・お調子者は嫌われる?!**

会津地域だけでなく、ほかのエリアでも県民は義理堅くて頑固な面が強く、保守的で真面目。目上の人を立て、家族や親戚づき合いを大切にするという、人として非の打ち所のない気質だが、男性は亭主関白を好む。

質実剛健を絵に描いたようなタイプのため軽薄な男性を嫌う傾向があり、会津戦争で敵対した山口県民や鹿児島県民のみならず、お調子者が多い関西人をも敬遠する傾向にあるという。

**全国No.1**

**●夏秋キュウリ、ツルムラサキの収穫量。** ツルムラサキとは、形はホウレンソウに似ていてモロヘイヤのような粘り気がある野菜。収穫量は約400トンで、2位・宮城県の198トンの2倍以上を誇る。

**●1世帯当たりの納豆への支出金額。** 納豆といえば水戸市のある茨城県をイメージしがちだが、じつは福島県がトップ。茨城県民が納豆をそのまま食べるのに対し、福島県ではアレンジメニューが豊富。学校給食でも出されている。

**●人口100人当たりのソフトボール人口(25歳以上)。** 全国では100人当たり1・85人のところ、福島県は4・25人。

東京オリンピックでは、ソフトボールの一部試合が福島市の「福島あづま球場」で行なわれる予定だ。

**ご当地の有名キャラクター**

八重たん、キビタン（福島県）／あかべぇ（会津若松市）／ももりん（福島市）／がくとくん（郡山市）／とみっぴー（富岡町）／うけどん（浪江町）

**特徴的な方言**

あがし（明かり）／いっきゃった（出会った）／**いやんべ**（ほどよい）／うだでー（気味悪い）／おっこむ（取り込む）／**かいちゃ**（裏返し）／きかない（強い）／くさし（怠け者）／こえー（疲れた）／ごせやげる（腹が立つ）／**さすけね**（大丈夫）／**ずねー**（大きい）／せづね（うるさい）／どしょなし（臆病者）／はだづ（始める）／はなぐら（いびき）／**へでなし**（いいかげんなこと）／ほろぐ（落とす）／ぼっこす（壊す）／**まじっぽい**（まぶしい）／までー（ていねい）／むぐす（漏らす）／むじる（曲がる）／もじゃぐる（丸めて）／**やーべ**（行きましょう）／んぶう（背負う）

**出身有名人**

佐藤安太（タカラ創業者）／矢内廣（ぴあ創業者）／**野口英世**（医学者）／児玉誉士夫、鈴木邦男（政治活動家）／高村智恵子（洋画家）／長沢節（イラストレーター）／**草野心平**（詩人）／**円谷英二**（映画監督）／小林研一郎（指揮者）／村西とおる（AV監督）／**秋吉久美子**、**伊東美咲**、岡本綾、佐藤慶、佐藤B作、武田玲奈、**西田敏行**（俳優）／遠藤ミチロウ、春日八郎（歌手）／つのだ☆ひろ（ドラマー）／**中畑清**（野球）／大熊正二（ボクシング）／小林浩美（ゴルフ）／あばれる君、白鳥久美子、松鶴家千とせ（芸人）／**野村沙知代**、なすび（タレント）／唐橋ユミ（アナウンサー）

**お土産**

いもくり佐太郎、檸檬（れも）、**いかにんじん**、福島りょうぜん漬、玉羊羹、**ままどおる**、**ゆべし**、薄皮饅頭、**こけし**、起き上がり小法師、赤べこ、会津塗、風車、唐人凧（とうじんだこ）、組紐細工

**企業**

東邦銀行、福島銀行、大東銀行、日東紡績、福島テレビ、テレビユー福島、ラジオ福島、福島民報、中合、幸楽苑、アサカ理研、恒和薬品、アルパイン

**有名高校**

**安積**（あさか）、安積黎明（れいめい）、福島、磐城（いわき）、会津、橘、白河、聖光学院、いわき秀英

**名所旧跡**

鶴ヶ城、高湯温泉、**アクアマリンふくしま**、大内宿、五色沼湖沼群、**スパリゾートハワイアンズ**、あぶくま洞、**猪苗代湖**、塔のへつり、東北サファリパーク、野口英世記念館、リカちゃんキャッスル、会津さざえ堂、東山温泉

**行事**

福島わらじまつり、郡山うねめまつり、いわきおどり、**会津まつり**、**相馬野馬追**（そうまのまおい）

**特産品**

イチゴ、桃、トマト、イチジク、大根、梨、秋刀魚、蕎麦、じゅんさい、凍み豆腐、牛肉、白河ラーメン

# 地元でNo.1のコンビニは？

## ——都道府県ずんずん調査①

セブン-イレブン（以下セブン）とファミリーマート（以下ファミマ）、ローソンの都道府県ごとの出店数を比べ、その中で最も多いコンビニを示したのが下の図である。

セブンは四国を除いて全国的に強い。特に関東甲信越では全都県で1位。東北6県では岩手と青森、秋田を除いてセブンがトップだが、占拠率は30％台を分け合う形だ。

中部北陸はファミマがトップ。近畿では肉薄し、四国はローソンが1位だ。中国と九州はセブンがトップ。セブンは26都道府県でNo.1をキープする。

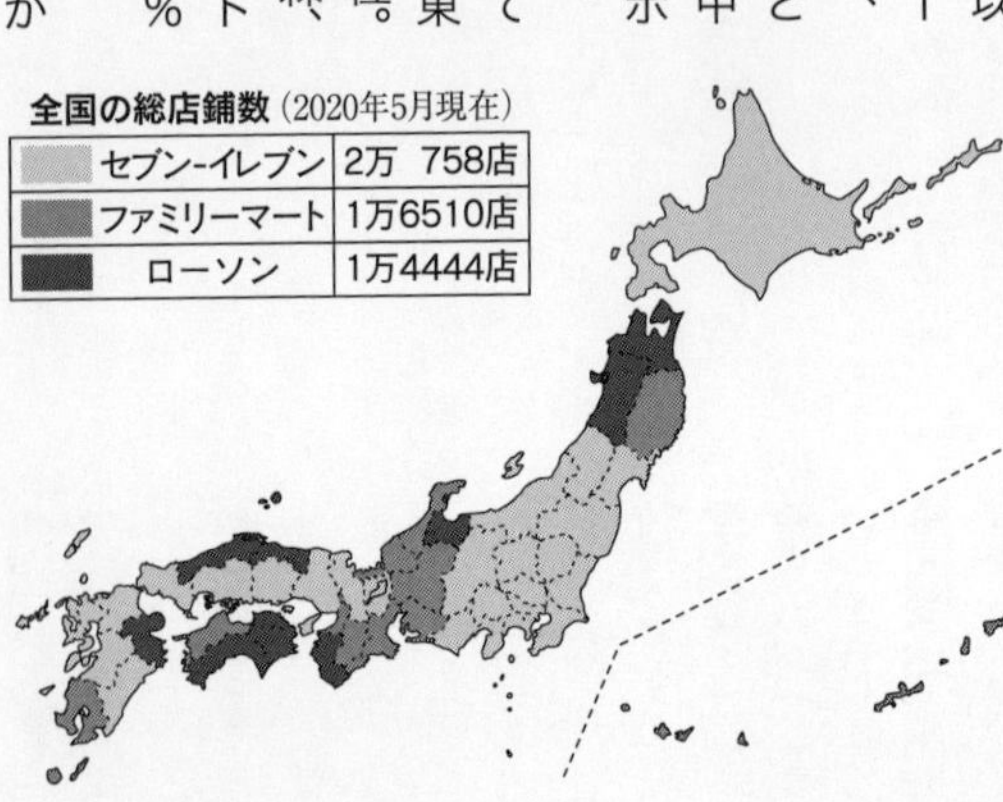


ただセブンは、東京で2765店など4桁出店も珍しくない中、鳥取39店、高知41店、沖縄44店など地域により偏りが目立つ。ファミマも多少の偏りはあるが、2桁台が佐賀だけという平均的な店舗展開が、ローソンの特徴といえよう。

たとえば、千葉県と埼玉県は
同類かつ永遠のライバル！

# 関東地方
## の話のネタ

## ⑧ 茨城県

「いばらぎ」ではない。
「いばらき」です

★面積…6097㎢（全国24位）
★人口…285万8421人（全国11位）
★人口密度…469人／㎢（全国12位）
★旧国名…常陸国

県庁所在地と主要都市

**ご当地の鉄板ネタ**

●納豆の生産が盛んな水戸市で、とりわけ**人気が高い郷土料理が、そぼろ納豆**。これは納豆に切り干し大根を合わせ、醤油などの調味料で漬け込んだ逸品で、酒の肴にもごはんのおともにも最適。

●「ガマの油」発祥の地で有名な筑波山の麓には**「ガマランド」という奇怪なドライブイン**が存在する。遊具は経年劣化のため稼働せず、メインの「ガマ洞窟」にはなぜかイノシシの剥製が置かれるなど手作り感満載の珍スポット。

●水戸黄門こと**徳川光圀は日本で初めてラーメンを食べた人物**としても知られる。食したラーメンは豚や鶏肉で出汁を取ったスープに、レンコンが練り込まれた麺、そこにラッキョウやニラ、生姜などの薬味が添えられたものであったという。これを再現し、アレンジを加えたのが「水戸藩らーめん」だ。

●全国展開する**「ケーズデンキ」**は、1947年に水戸市で「加藤電機商会」の名で設立されたのが始まり。現在の商号に変わったのは97年のことで、地元の高齢者の中には今でも「加藤電機」と呼ぶ人がいるという。

●**茨城県は、知る人ぞ知るロケ地の宝庫**で、毎日のようにドラマや映画の撮影が行なわれている。都内で撮影すると場所が特定されやすく、視聴者の意識がそちらに向かってしまいがちだが、**茨城だとどこで撮影したかがわからないので見る側も内容に集中できる**という。

●水戸市にある**偕楽園**の休憩所「好文亭」は、1842年に水戸藩9代藩主・徳川斉昭が自ら設計したと伝わる建築物。食事などを運ぶ手動の運搬機が設置されており、これが**日本初のエレベーター**といわれている。

### ご当地の地雷ネタ

●**第72代横綱・稀勢の里**（現・荒磯親方）は日本相撲協会のホームページで牛久市出身と表記されている。だが、牛久市で過ごしたのは中学2年から1年ほどで、それ以前は龍ケ崎市で暮らしていた。そのため両市では〝おらが街の横綱〟を巡って出身地争いが起こったことがある。なお、稀勢の里の出生地は兵庫県芦屋市。

●茨城県民は県名を「いばら〝ぎ〟」と間違えられると**「いばら〝き〟」と強調した**

**うえで訂正する**が、ときどき訛って「いばら〝に〟」と言ってしまう。

●東京・白金に住む女性が「シロガネーゼ」と称されたように、**つくば市に住んでいる女性を「ツクバネーゼ」と呼ぼう**とする動きがあったが、浸透することはなかった。

●平成の大合併で多くの新市名が誕生したが、「つくば市」「つくばみらい市」「筑西市」の〝**つくば系**〟**3市**と、「日立市」「ひたちなか市」「常陸太田市」「常陸大宮市」の〝**ひたち系**〟**4市**の存在は、県外からの訪問者をかなり戸惑わせる。

●悪質なローカルルール「**茨城ダッシュ**」は「信号が青に変わった瞬間、直進車よりも先に右折する」という危険運転。もちろん道路交通法違反だ。

**県民性**

## ・「水戸の三ぽい」は歴史も変えた？

茨城県民の気質を表す言葉が「茨城の三ぽい」。これは「怒りっぽい・忘れっぽい・飽きっぽい」のことで、もともと「理屈っぽい・骨っぽい・怒りっぽい」と評された水戸藩士の気質を表す「水戸の三ぽい」から派生した言葉とされる。

江戸時代、水戸藩士は水戸学と呼ばれた儒教や国史を中心とする学問を学び、強い尊王攘夷の気風を育んでいった。その思想はやがて幕末に表面化し、藩士らは「桜田門外の変」をはじめ数々の事件を引き起こす。こうした水戸藩士の一本気な性格や、自己主張の強さは後の茨城県人にも受け継がれたとされ、全般的に直情型の人が多いといわれる。

・室町時代から続く義理堅さ

ただその我の強さや頑なさは、正義感や義理堅さの表れともいえ、室町時代末期の地誌『人国記』には「(常陸国では)昨日の味方が今日の敵になるようなことは滅多にない」という旨の記述が見える。

また妥協を嫌うぶん他人と衝突しやすいが、過ぎたことを引きずらないのも県民の特徴で、そのあたりが「忘れっぽい、飽きっぽい」といわれる所以だろう。

・ぶっきらぼうなのは茨城弁ゆえか

一方、県民が「怒りっぽく」見られる要因としては、茨城弁がぶっきらぼうに聞こえる点も挙げられる。早口で語尾が上がる茨城訛りは、軽い調子で言ったつもりでも強く聞こえやすい。同じ茨城でも県南西部の人は比較的穏やかで協調性があるとされるが、これは東京のライフスタイルが流入したためと考えられる。

全国No.1

●白菜、レタス、夏ネギ、水菜、チンゲン菜、メロンの収穫量。メロンは鉾田市が名産地で、土壌が水はけの良い火山灰土であることや、昼夜の寒暖差が大きいことなどが栽培に適しているという。

●ビールの生産量。水資源が豊富、かつ首都圏へのアクセスが良いため、大手ビールメーカーの工場が設置されて日本一の生産量を誇ることとなった。

●芝生の生産量。芝の作付面積が約3000ヘクタールもあり、そのほとんどはつくば市で生産。平坦な地形を利用して栽培された芝は人気で、「つくば姫」「つくばグリーン」などのブランド芝がある。

**ご当地の有名キャラクター**

みとちゃん（水戸市）／ねば〜る君（非公認）／日立のモルちゃん（日立市）／つちまる（土浦市）／ゆきとのくん（古河市）／まいりゅう（龍ケ崎市）／みなとちゃん（ひたちなか市）／ひたまる（常陸大宮市）／ちっくん（筑西市）／アライッペ（大洗町）

**特徴的な方言**

**あおなじみ**（青アザ）／あっぱとっぱ（慌てふためく）／えし（おまえ）／**えじやげる**（怒りがこみ上げる）／おしゃらぐ（おしゃれ）／かちける（かじかむ）／かっぽる（捨てる）／かさばる（威張る）／**ごじゃっぺ**（でたらめ）／しみじみ（しっかり）／つこでる（落ちる）／**でれすけ**（だらしがない男、まぬけ）／ひとまめ（人見知り）／ふでねー（気が利かない）／ぽきだす（吐き出す）

**出身有名人**

黒澤酉蔵（雪印メグミルク創業者）／栗田健男（海軍中将）／**梶山静六**（政治家）／**野口雨情**（詩人）／薄井ゆうじ、海老沢泰久、出久根達郎、**長塚節**（作家）／折原みと（漫画家）／井川慶、デーブ大久保（野球）／片山晋呉（ゴルフ）／塚田真希（柔道）／**稀勢の里**、高安（大相撲）／**深作欣二**（映画監督）／石井竜也、寺内タケシ（歌手）／池内博之、**永作博美**、羽田美智子、柳生博（俳優）／磯山さやか（タレント）／カミナリ、黒沢かずこ（芸人）／マギー司郎（マジシャン）

**お土産**

**水戸納豆**、干し芋、手延べうどん、肉ちりめん、メロンバーム、常陸秋蕎麦、**アンコウ鍋**、**生こんにゃく**、明太子、常陸牛、鹿島灘ハマグリ、釜揚げしらす、常陸大黒（花豆）

**企業**

常陽銀行、筑波銀行、めぶきフィナンシャルグループ、茨城新聞、鹿島アントラーズ、京成百貨店、ケーズホールディングス、ジャパンミート、ライトオン、ジョイフル本田、助川電気工業、日本アイ・エス・ケイ、タカノフーズ、ホリイフードサービス、暁飯島工業、日立製作所、カスミ

**有名高校**

**水戸第一**、**土浦第一**、竹園、日立第一、**土浦日大**、**常総学院**、江戸川学園取手、霞ヶ浦

**名所旧跡**

**水戸城跡**、弘道館、平沢官衙（かんが）遺跡、常陸風土記の丘、筑波山、**袋田の滝**、袋田温泉、鹿島神宮、**偕楽園**、牛久大仏、大洗海岸、国営ひたち海浜公園、かみねレジャーランド

**行事**

**水戸の梅まつり**、日立さくらまつり、常陸國總社宮例大祭、水戸黄門まつり、下館祇園まつり、笠間の陶炎祭、花園のささら、御田植祭（おたうえさい）

**特産品**

メロン、ブルーベリー、イチゴ、梨、小麦、納豆、花豆、キノコ、レンコン、サツマイモ、カボチャ、チンゲンサイ、しゃも、しじみ、真鰯、しらす、アンコウ、バラ

## ⑨ 栃木県

何かと「イチゴ」に頼りがちな面も

★面積…6408㎢（全国20位）
★人口…193万4141人（全国18位）
★人口密度…302人／㎢（全国22位）
★旧国名…下野（しもつけ）国

県庁所在地と主要都市

**ご当地の鉄板ネタ**

●ソウルドリンクともいえる**「レモン牛乳」**の正式名称は「関東・栃木レモン」。とはいえ、レモン果汁は入っておらず味も甘口だ。パッケージがかわいいので、レモン牛乳パッケージのポーチなどが一部のギャルの間で流行したことがある。

●**「とちのはの風爽やかに～」で始まる『栃木県民の歌』**を歌うのは『結婚するって本当ですか』のヒットで知られる夫婦デュオのダ・カーポ。さわりの部分を歌うと、続きを返してくれる県民が多いとか。

●**自動車のリアシート**は「クルマの後ろ」ではなく**「クルマの裏」**。また、「後方に行く」ことを「裏のほうに行く」と言う。

●「耳うどん」は、**耳の形の麺が入った佐野市の名物。**「耳を食べてしまえば悪口が聞こえない」とのことから、近所づき合いが円満にできるとの言い伝えもある。

●イチゴミルク、メロンミルク、マスカット、ナシミルク、ブルーベリーミルクが基本材料の**「レインボーアイス」**（正式には「レインボージェラート」）は栃木県独自のスイーツ。あまりにお馴染みなので「他県にも当然ある」と思っており、「知らない」と言うと驚かれる。

●レモンスライスの載ったカップ入りかき氷アイス**「サクレ」は栃木県生まれ。**宇都宮市の「フタバ食品」によって、1985年に発売された。

●夏の宇都宮市は雷が多く、「雷都」とも呼ばれていて、**帰宅時間に雷注意報が発令され学校に閉じ込められることが稀**(まれ)**に**ある。なお、栃木県が創業地の家電量販店「コジマ」は、家電製品の保険にいち早く「落雷保険」を取り入れた。

●平成の大合併で市域の広がった日光市は、全国の市の中でも3番目の大きさで、県の面積のうち5分の1を占める。

**ご当地の地雷ネタ**

●全国で行なわれているカクテル技能大会で優勝者を輩出していることから、宇都宮市は「餃子の街」に続き、**「カクテルの街」**というキャッチフレーズを考え出した。だが、あまり浸透していないし、無理があるとの意見も多い。

●栃木弁の「のば」は「仲間はずれ」を意味する。そのことから、かつて盛んに流れていた**英会話教室「NOVA」のC**

**M曲を聴くと複雑な思いを持つとも。**

●イチゴの収穫量が全国1位なので自慢したくなる気持ちはわかるが、「レディオ・ベリー」とか「いちごてれび」など、**何でもかんでもイチゴを冠に付けるのはどうかと**思っている県民もいる。

●塩鮭の頭、煎った大豆、おろしたダイコンとニンジンを酒粕などの調味料で混ぜ合わせた**郷土料理「しもつかれ（しみつかれ）」だが、じつは苦手な人も多い。**

●**茨城県や群馬県よりは都会だと**県民は思っているが、東京都に隣接する千葉県や埼玉県には、素直に兜を脱ぐ。

●**足利市の「渡良瀬橋」**は森高千里の曲で有名になったが、熊本出身の彼女を名誉市民としたことに違和感を持つ市民もいるとか。

**県民性**

## ・県民気質のなさは江戸時代から？

首都圏へ近く、東京都のベッドタウンとして人気だが、県民性については当事者自身でも答えることが難しいという。つまり、これといって特色のないのが特徴で、その理由は、1980年代から90年代にかけての人口増加で地元民の割合が減ったことに加え、江戸時代に小藩が分立したことが挙げられる。

県内の藩といえば宇都宮藩だが、それ以外は寺社領や幕府の直轄地、小さな藩が入り組んでいてまとまりがなかった。そのため、統一的な県民気質というものが生じなかったともいわれている。

さらに、徳川家康を祀る「日光東照宮」が鎮座しているので江戸との関係が深く往来も頻繁だったこともあり、県民性の育つ土壌がなかったとの説もある。

**・つき合うほどに味が出る**

そんな県民の特色を、あえて挙げるとすれば「そっけなさ」。比較的、郷土愛に希薄（きはく）なところがあって、県外で同郷の人と出会っても、県内の話で盛り上がることは少ない。

また、相手が悪いと思っても腹に収めてしまう傾向があり、「人は人、自分は自分」という意識が強い。これについては、栃木県は耕地面積が広い上に自然災害が少なくて、相互扶助の必要性が低かったため、当たり障りのない人間関係を好む習慣がついたとの考えもある。

それでも、人情に厚く、冗談やシャレが好きな面もあり、つき合ううちに面白くなるのが、最大の特徴といえるだろう。

**全国No.1**

**●イチゴ、カンピョウの生産量。**特にカンピョウの9割以上は栃木県産。

**●餃子への支出金額。**市町村別では宇都宮市が1位だが、2016年までの3年間は静岡県浜松市にトップの座を明け渡していた。17年に宇都宮市が奪還したものの、18年には浜松市が返り咲き、19年は再び宇都宮市がトップになる。

**●光学レンズの出荷額。**宇都宮大学にはキヤノンがサポートする光学技術の教育研究拠点「オプティクス教育研究センター」が2007年に設立されている。

**●首都機能の移転候補地。**「公益法人日本オペレーションズ・リサーチ学会」が2000年に行なった分析によると、位置条件や開発の可能性ともに栃木県が1位。

**ご当地の有名キャラクター**

とちまるくん（栃木県）／ミヤリー（宇都宮市）／たかうじ君（足利市）／とち介（栃木市）／**さのまる**（佐野市）／べリーちゃん（鹿沼市）／与一くん（大田原市）

**特徴的な方言**

**あおなじみ**（青あざ）／あつっこい（厚い）／あらいまで（食器洗い）／いきあう（出会う）／いしけぇ（粗悪な・不細工）／**いじやける**（いらいらする）／いってみる（帰る）／いんがみた（ひどい目にあった）／うし（ぴったり）／**おしやんこらして**（正座して）／おばんです（今晩は）／おらんげ（私の家）／こしゃう（作る）／**ごじゃっぺ**（嘘）／ごせがやける（腹が立つ）／ちゃぶれる（つぶれる）／**ちんがぱんが**（ちぐはぐ）／ちんにくる（つねる）／**でれすけ**（バカ）／とうと（ずっと）／はぁ（もう）／～はぐる（～しそうになる）／～ぱぐる（～しそこねる）／むねしょう（名札）／やげっぱだ（火傷）

**出身有名人**

小磯國昭（首相）／船田中（政治家）／小平浪平（日立製作所創業者）／殿岡利助（アキレス創業者）／**井深大**（ソニー創業者の1人）／枝野幸男（政治家）／今井尚哉（官僚）／涼風花（書家）／**相田みつを**（詩人）／**立松和平**、柳田邦男（作家）／大島弓子、ジョージ秋山（漫画家）／ガッツ石松、ピストン堀口（ボクシング）／**渡辺貞夫**（サックス奏者）／カヒミ・カリィ、河口恭吾、**斉藤和義**、森昌子（歌手）／大島優子、酒井若菜、**山口智子**（俳優）／手島優（タレント）／井上マー、大島美幸、ザ・たっち、玉川良一、つぶやきシロー、**U字工事**（芸人）

### お土産

**宇都宮餃子**、御用邸チーズケーキ、佐野ラーメン、かりまん、日光ゆば、レモン牛乳、みかも山、**古印最中**、とちぎのいちごパイ、ポテト入り焼きそば、那須のヨーグルト、**益子**（ましこ）**焼**、彫刻細工

### 企業

足利銀行、栃木銀行、福田屋百貨店、カワチ薬品、コジマ、TKC、フタバ食品、キヤノンメディカルシステムズ、関東自動車、日光交通、滝沢ハム、とちぎテレビ、栃木放送、エフエム栃木、下野新聞

### 有名高校

**宇都宮**、宇都宮女子、宇都宮東、栃木、栃木女子、**作新学院**、足利大付属、佐野日本大学、國學院大學栃木

### 名所旧跡

**日光東照宮**、輪王寺（りんのうじ）、中禅寺湖、華厳（けごん）滝、足尾銅山、**足利学校**、宇都宮城跡、鬼怒川（きぬがわ）温泉、日光江戸村、那須（なす）サファリパーク

### 行事

山あげ祭、うつのみや花火大会、鹿沼今宮神社祭、生子（いきこ）神社の泣き相撲、益子祇園祭、とちぎ秋まつり、足利花火大会

### 特産品

イチゴ、ニラ、ニンジン、かんぴょう、二条大麦、ブドウ、モヤシ、ウド、麻、梨、リンゴ、マス、鮎、牛肉、陶磁器、杉線香、彫刻、ふくべ細工、紬（つむぎ）

⑩

# 群馬県

直情的だが義理人情に厚い県民性

★面積…6362㎢（全国21位）
★人口…193万350人（全国19位）
★人口密度…303人／㎢（全国21位）
★旧国名…上野国（こうずけ）

県庁所在地と主要都市

ご当地の鉄板ネタ

●みなかみ町にある**土合（どあい）駅は「日本一のモグラ駅」**の名で知られる。下りホームが新清水トンネル内にあるため、駅舎に到達するには**462段もの階段**を上らねばならず、移動におよそ10分もの時間を要する。階段を上りきると、通路の入り口で「お疲れ様でした」の文字が迎えてくれる。

●前橋市の遊園地「**るなぱあく**」のキャッチコピーは「にっぽんいちなつかしいゆうえんち」。園内は昭和レトロな雰囲気に溢（あふ）れているが、最大の魅力は料金の安さ。入園料が無料かつアトラクションは一律50円で、小さい乗り物は何と10円。**財布への優しさでも「にっぽんいち」**だ。

●伊香保温泉の**湯乃花まんじゅう**は、1910年に「勝月堂」の初代が温泉の茶褐色の湯花をイメージしたまんじゅうを作ったのが始まりで、**温泉まんじゅうのルーツ**といわれている。

●一般的に小学校の運動会では色で組分けがされるが、群馬では**「妙義」「赤城」「榛名」**など、県内の山の名前を用いる学校が多い。地域によっては「浅間」「白根」なども加わるという。

●群馬県民ならほぼ誰もが知る**「上毛カルタ」**。これは「紅葉に映える妙義山」「桐生は日本の機どころ」など群馬の名所や文化などを紹介した郷土カルタで、**群馬では百人一首よりメジャーな存在**。この上毛カルタの競技大会には、予選を含め毎年約9万人もの人々が参加している。

●群馬の学生は、冬の強烈な「からっ風」に立ち向かうべく全力で自転車を漕ぐうちに足腰が鍛えられる。

●もし群馬県民から**「線引きを貸して」**と言われたら、黙って「定規」を渡してあげよう。

## ご当地の地雷ネタ

●ある大手化粧品メーカーが発表した**「美肌県ランキング」によると群馬県は最下位**。日照時間が長いうえ、冬に吹く「からっ風」が肌から容赦なく水分を奪っていくのが原因だとか。対策としては小まめに保湿ケアをするか、先のランキングで美肌県1位である島根県に引っ越すか、である。

●「天下の名湯」として名高い**草津温泉**だが、その名の由来は**「臭い水」**を意味

**する「くさうず」が変化したものとする**説がある。「臭い」とは温泉からただよう硫黄（いおう）成分の匂いを指すが、もし名称が「臭」津温泉だったら、ここまで有名になることはなかったかもしれない。

**●館林（たてばやし）市は2007年に40度超えを記録するなど**、酷暑の町の一つとして知られ、市も猛暑を逆手に取ったイベントを開催し、地域振興に活用してきた。だが「アメダス（地域気象観測システム）」の設置場所が、アスファルトに囲まれるなど熱源が多かったことから**「高温になりやすい地点に置いているのでは？」との疑惑が持たれ、「ズル林」と揶揄（やゆ）される**ハメに。それが原因なのかどうかは不明だが、2018年にアメダスは別地点に移設された。

### 県民性

#### ・「正直で剛毅木訥の至誠の人」

群馬名物といえば「かかあ天下とからっ風」。からっ風は赤城山などから吹く乾燥した冷たい強風のことで、その勢いは凄まじく民家の板葺きの屋根を吹き飛ばすほどだった。また平野部は内陸であるため、夏は非常に暑く雷雨も多い。

そんな荒々しい自然条件の中で育ったためか、県民は勝気で短気、直情的な気質を持つ人が多いといわれる。ただ、そのぶん裏表がなく義理人情に厚いという特徴もあり、キリスト教思想家の内村鑑三（かんぞう）は上州人を「正直で剛毅木訥の至誠の人」と評している。

#### ・「うちのかかあが天下一」なわけ

群馬では古くから養蚕業や絹織物産業

が盛んだったが、その担い手の大半は女性で、妻の経済力が夫より高い家庭も珍しくなかった。そのため農家の男性は「うちのかかあは天下一」と自慢し合い、それがいつしか「かかあ天下」という言葉を生んだと言われる。

もっとも上野国と呼ばれた時代は宿場町だったため賭場が多く、かかあが稼いだ金でバクチを打つ亭主も多かった。現在でも県民のギャンブル好きは有名で、競輪・競馬などいわゆる4大公営ギャンブルがすべて揃っていた時期もある。

**・粗野な印象は方言から？**

県外の人間から「性格が荒っぽい」と指摘されることもあるが、これは言葉に起因するところが大きい。「おっぺす（押す）」「なっから（とても）」など促音が入る方言が多いため、自然と口調に威勢の良さが加わり、このことが粗野な印象を与える原因になったとの意見もある。

**全国No.1**

**●こんにゃく芋の生産量。**国内生産量の約9割を占める。全国トップクラスの日照時間に加え、水はけの良い群馬の土壌が栽培に適しているという。「こんにゃくパーク」なる施設もあるなど、まさにこんにゃくのメッカと言えるだろう。

**●乳酸菌飲料の生産量。**「カルピス」の製造工場や大手乳酸品メーカー「ダノンジャパン」の国内唯一の生産拠点が館林市にあるため。2019年には「カルピスみらいのミュージアム」もオープンした。

**●だるまの生産量。**200年以上の歴史を誇る高崎市の伝統工芸品。「眉は鶴、ヒゲは亀」と長寿の動物を表現した高崎だるまは、その縁起の良さから「福だるま」とも呼ばれている。

## ご当地の有名キャラクター

**ぐんまちゃん**（群馬県）／ころとん（前橋市）／たか丸（高崎市）／キノピー（桐生市）／もじゃろー（伊勢崎市）／おエイちゃん（富岡市）／ぬまたんち（沼田市）／みどモス（みどり市）

## 特徴的な方言

あーね（そうなんだ）／いきあう（偶然会う）／えんで（歩いて）／おこんじょう（意地悪）／おっかながり（怖がり）／**おっぺす**（押す）／かたす（片づける）／かんます（かき回す）／こわい（かたい）／さくい（気さくな）／**じゅーく**（生意気）／すえる（腐る）／ずでー（すごく）／**線引き**（定規）／～だいね（～だよね）／ちっとんべぇ（少しばかり）／**なっから**（とても）／はぁー（もう）／はばったい（浮腫(むく)んでいる）／**ぶちゃる**（捨てる）／まーず（本当に・まったく）／まっと（もっと）／もす（燃やす）

## 出身有名人

**中曽根康弘**、福田赳夫（首相）／**三村明夫**（日本商工会議所会頭）／牛久保海平（サンデンホールディングス創業者）／**野間清治**（講談社創業者）／舛岡富士雄（フラッシュメモリの発明者）／**萩原朔太郎**、星野富弘（詩人）／金井美恵子、豊田有恒（作家）／**あだち充**（漫画家）／清水崇（映画監督）／**糸井重里**（コピーライター）／**荻原健司**（スキー）／斎藤佑樹（野球）／岡部幸雄（騎手）／**氷**

**室京介**、**布袋寅泰**（ミュージシャン）／BUCK-TICK（ロックバンド）／岡田浩暉、**篠原涼子**、紫吹淳、中村俊介（俳優）／**井森美幸**（タレント）／山本博（芸人）／立川談四楼（落語家）／阿部陽子、新井秀和（アナウンサー）

**お土産**

**焼きまんじゅう**、湯の花（湯乃花）まんじゅう、磯部せんべい、麦落雁、こんにゃく大福、旅がらす、**水沢うどん**、ひもかわうどん、十石味噌、上州餃子、きゃらぶき、**高崎だるま**、近代こけし

**企業**

ワークマン、ヤマダ電機、サンデンホールディングス、サンヨー食品、まるか食品、マンナンライフ、カネコ種苗、ミツバ、上毛新聞、上信電鉄、群馬銀行

**有名高校**

**前橋**、前橋女子、**高崎**、高崎女子、太田、前橋育英、桐生第一、東京農大第二、新島学園

**名所旧跡**

**富岡製糸場**、妙義山、谷川岳、榛名神社、岩宿遺跡、金山城跡、**草津温泉**、**伊香保温泉**、三日月村、軽井沢おもちゃ王国

**行事**

**高崎だるま市**、桐生八木節まつり、前橋まつり、草津温泉感謝祭、伊香保まつり、渋川山車（だし）まつり、中之条鳥追祭り

**特産品**

キャベツ、モロヘイヤ、枝豆、フキ、白菜、ホウレンソウ、スイートコーン、ナス、ネギ、こんにゃく、小麦、梅、桃、イチゴ、ブルーベリー、絹

⑪

# 埼玉県

浦和vs大宮のバトルが熱い！千葉との争いより

★面積…3798㎢（全国39位）
★人口…734万1794人（全国5位）
★人口密度…1933人／㎢（全国4位）
★旧国名…武蔵国、下総国

県庁所在地と主要都市

ご当地の鉄板ネタ

●**知られざる「うどん県」である。**稲作より小麦の栽培が盛んで、ひと昔前までうどんは家庭で作り、振る舞われるものだった。太くコシが強いうどんを、醤油がきいた汁で食すスタイルが一般的。

●硬筆書写が盛んなため、**8Bや10Bという太さが通常の倍もある鉛筆**が県内限定で売られている。

●夏の甲子園では、関東勢で唯一の優勝経験がなかったが、2017年の第99回大会で加須市にある**花咲徳栄高校が初優勝**を果たし、長年の悲願を達成した。

●日本で一番「市」の数が多いのは埼玉県だが、**蕨市は日本で最も小さい市であり、最も人口密度の高い市**でもある。

●東京土産で有名な「草加せんべい」だが、その名のとおり生産地は草加市。

●映画**『ウォーターボーイズ』**のモデルになったのは、県内有数の進学校であり公立男子校の**川越高校**。

●市内に手塚プロダクションのスタジオがあるため、**鉄腕アトムは新座市の特別市民**に認定されている。

●新座市内には東京都の飛び地である練馬区西大泉町が存在するが、水道と電気の管轄は埼玉県。

●オカラとジャガイモをベースに素揚げした**ゼリーフライ**は、発祥の地である行田市の町おこしとともに全国ブランド化事業に活用され、商品名は同市の登録商標となっている。

●ファミリーマートの第1号店は1973年に実験店舗としてオープンした「狭山店」（現・入曽店）。

●国内初の飛行場は、1911年に所沢市で完成した**所沢陸軍飛行場**。同年には日本初となる国産民間機「奈良式2号機」と国産軍用機「会式一号機」の飛行に成功し、8年後には国内初の航空学校となる「陸軍航空学校」が開設された。

## ご当地の地雷ネタ

●漫画がヒットし映画化もされた『翔んで埼玉』でイジられているように、**千葉県民とは「どちらが東京、神奈川に次ぐ関東第三の県か」を争う仲**である。

●同じさいたま市内の浦和区と大宮区のライバル意識のほうが熾烈という話も。

●毎年元日には埼玉のお偉いさんが一堂に会する**「埼玉政財界人歌謡祭」**がテレ

ビ埼玉で放送される。日頃は難しい顔をしている**知事や企業のトップが、この時とばかりにはしゃぐ姿**は一見の価値あり。

●地域の特産・名産品をモチーフにした「ご当地キティちゃん」。埼玉バージョンは、サイの格好でサッカーボールに乗っているキティちゃんで、**埼玉県の名物のなさ**にショックを受けた人も多い。

●**川口駅前**は「埼玉のマンハッタン」と呼ばれるほど高層マンションが立ち並んでいるが、衰退して廃業した鋳物(いもの)工場の跡地に建てられているものが多く、「**鋳物工場の墓標**」とも呼ばれている。

●東京に向かう交通機関は発達しているが、県内移動は不便。特に東西の移動がほぼ皆無なので、**荒川を挟んで東部と西部では文化が違っていたりする。**

**県民性**

**・県民性がないのが県民性？**

通学や通勤、買い物などで、東京へ出かける機会の多い埼玉県民。県外への通勤・通学者の割合が全国で1位ということからも、その実情が把握できる。さらに、人口が全国5位でありながら転入者数で3位、転出者数は4位。それだけ住民の入れ替わりが激しいのがわかる。

つまり、県民の多くは近年になって住み始めた「新住民」なので、これといった県民性を見出せない。実際、「ブランド総合研究所」による県民の意識調査によると、愛着度、自慢度ともに最下位。

このように郷土愛に希薄(きはく)な埼玉県民だが、そのぶん柔軟性があり、広い心の持ち主が多いのが特徴といえる。

### ・東京ナイズされない秩父の気風

だが、すべての県民が地元に愛着がないわけではない。「小江戸」と呼ばれた川越市民は江戸時代の情緒を残す街並みを自慢としているし、昔からの住民が多い熊谷市近辺も郷土愛は強い。そして、もっとも顕著なのが秩父地方である。

東京ナイズされた中心部と違い、県西部の山岳地帯である秩父の人たちは素朴で武骨。そんな気質を如実に表すのが、街中を華麗な山車の曳行で彩る「秩父夜祭」だ。また、山間部にあるために農産物に乏しく、古くから秩父の人々は養蚕で生活を支えてきた。

カイコの世話や糸つむぎ、織物などの作業を担うのは、主に女性たち。そのため、男女平等の意識が根付いたという。

**全国No.1**

●**小松菜、サトイモの生産量。**市町村別ではネギの生産量は、ブランドにもなっている深谷市がトップだが、都道府県別では2位。

●**川の流域面積。**最も広い利根川の流域面積の4分の1が埼玉県ということもあって、全国1位。「埼玉県立川の博物館」という施設もある。

●**段ボールの生産量。**日本で最初に段ボールを作った「レンゴー」の中心工場が川口市にある。ただし、名称は「東京工場」。

●**中華麵の出荷額。**うどんの出荷額も1位だが生産量と消費量は香川県がトップ。

**ご当地の有名キャラクター**

コバトン、さいたまっち（埼玉県）／つ

なが竜ヌゥ、浦和うなこちゃん（さいたま市）／ときも（川越市）／ニャオざね（熊谷市）／きゅぽらん（川口市）／トコろん（所沢市）／うきしろちゃん（行田市）／りゅうごん（秩父市）／ワラビー（蕨市）／**ふっかちゃん**（深谷市）

## 特徴的な方言

ああみ（だめ）／あさか（大変）／**あれっちんべぇ**（少しだけ）／いあんばいです（こんにちは）／いし（おまえ）／いびる（炒める）／うっちゃる（捨てる）／**うでっこき**（思いっきり）／えかな（まさか）／えんちょ（座る）／おぞい（頭が良い）／おっぺす（押す）／かっぱぐ（はがす）／**きやっせ**（いらっしゃい）／ぐら（卑怯）／こうたる（叱る）／こそっぱい（気難しい）／ちょっつく（調子に乗る）／つんもす（燃やす）／**でんぼ**（嘘）／てろんてろん（ぐちゃぐちゃ）／どっくむ（飲み込む）／なす（返す）／**なから**（とても）／に（におい）／のめっちょ（先端）／びしょったれ（みっともない）

## 出身有名人

大塚勝久（大塚家具創業者）／金子兜太（俳人）／**佐藤優**、森村誠一（作家）／**臼井儀人**、辛酸なめ子、原哲夫（漫画家）／**蜷川幸雄**（演出家）／荻上チキ（評論家）／安田純平（ジャーナリスト）／**若田光一**（宇宙飛行士）／**羽生善治**（将棋棋士）／太田裕美、タケカワユキヒデ、根本要、ＮＯＫＫＯ、**星野源**、本田美奈子（歌手）／高見沢俊彦（ギタリスト）／**市村正親**、菅野美穂、反町隆史、**藤原**

**竜也**、本木雅弘（俳優）／ダンプ松本、ブル中野、ライオネス飛鳥（プロレス）／鈴木亜久里（カーレーサー）／**所ジョージ**（タレント）／小島奈津子、小宮悦子（アナウンサー）／東海林のり子、梨元勝（芸能リポーター）／**太田光**、カズレーザー、設楽統、ハライチ（芸人）

**お土産**

**十万石まんじゅう**、草加せんべい、いも恋、**ねぎみそせんべい**、五家宝、甘納豆、白鷺宝、**狭山茶**、福蔵、秩父蕎麦、秩父味噌、盆栽、所沢人形、小川和紙

**企業**

しまむら、アライヘルメット、UDトラックス、サイゼリア、赤城乳業、富士薬品、ブリヂストンサイクル、西武鉄道、埼玉りそな銀行、埼玉新聞、テレビ埼玉

**有名高校**

浦和、**浦和第一女子**、**大宮**、川越、春日部、熊谷、越谷北、所沢北、**栄東**、**埼玉栄**、開智、花咲徳栄、大宮開成

**名所旧跡**

**長瀞渓谷**、三波石峡、埼玉古墳群、**忍城**、吉見百穴、鉄道博物館、**東武動物公園**、西武園ゆうえんち、氷川神社、鷲宮神社

**行事**

**秩父夜祭**、川越氷川祭、さいたま市花火大会、**龍勢祭り**、猪俣百八燈、さいたまトリエンナーレ、本庄まつり

**特産品**

小松菜、サトイモ、ネギ、ナス、茶、豚肉、牛肉、こんにゃく、しいたけ、ブルーベリー、梨、ナマズ、ホンモロコ、和紙、人形、藍染、桐箪笥、絹織物

# ⑫ 千葉県

埼玉とは同類かつ永遠のライバル

★面積…5158㎢（全国28位）
★人口…628万3344人（全国6位）
★人口密度…1218人／㎢（全国6位）
★旧国名…安房国、上総国、下総国

県庁所在地と主要都市

**ご当地の鉄板ネタ**

●「**なのはな体操**」という**県民体操**があり、体育の授業や運動会では準備運動でこの体操を行なう。そのため、県外の高校などに進学した際、ラジオ体操がわからないというパターンもあるらしい。

●県境が利根川と江戸川で分断されているため、「**千葉県は島である**」という説がある。ただ、現在の江戸川の一部は江戸時代に開削された人口河川であるため、学術的には島ではない。

●炒った落花生に味噌を絡めた「**ピーナツ味噌**」は、**県民定番のおやつ**で給食にも出される。また、麦芽飲料を原料とした「**麦芽ゼリー**」**が給食に出されるの**も千葉県限定。

●横から見た姿が千葉県と同じシルエットであるマスコットキャラクターの**チーバくん**。県民は、チーバくんの身体の部位で出身地を示せて便利だとか。

●日本における**本格的な酪農発祥の地**であり、江戸時代には幕府にバターなどを献上していた。ただし、ここで製造された乳製品は薬とされ、庶民の口には入らなかった。

●ジャンケンのときの掛け声は**「チッケッタッ！」**が多い。あいこは「アイラッショ」「アイラッセ」などで、あいこが続くと「ショ！　ショ！　ショ！」と言い続ける。

●**読売巨人軍発祥の地は、東京ではなく習志野(ならしの)市**。1934年に同市内の「谷津(やつ)球場」に集められた30名の選手で結成された。「巨人軍発祥の地」の石碑も立てられている。

●柏(かしわ)市で日没時に流される『夕焼け小焼け』の放送は、**パンザマスト**と呼ばれる。パンザマスト（正式名称パンザーマスト）とは、本来は日鐵住金建材が考案した鋼板組立柱の登録商標。柏市が1981年にパンザマストで防災行政無線柱を設置した際、この名称を使用し、以降市民の間で愛称として親しまれている。

**ご当地の地雷ネタ**

●東京ディズニーリゾートの存在が最大の自慢だが、「東京」と冠されていることに、多少なりとも不満を持つ人もいる。ただ、それならば袖ケ浦(そでがうら)にある**「東京ドイツ村」のほうが、より問題がある**との意見もある。

●**埼玉県には「よきライバル」**との認識を持つが、**茨城県のことは相手にしない。**
●生まれて初めて飲んだ缶コーヒーが、濃厚な甘さが特徴の**「マックスコーヒー」**だという人がいる。このコーヒーは1975年に発売されているが、当初は千葉県と茨城県の限定販売。茨城県と一緒だった事実を知って驚く県民もいるとか。
●千葉市緑区にある分譲住宅地「ワンハンドレッドヒルズ」の別名は**「チバリーヒルズ」**。バブル絶頂期に分譲は開始されたが、崩壊によって予定の約半分しか売れず、価格も半額程度にまで下落。現在は「バブルの負の遺産」と言われている。
●**北総鉄道は運賃が高額**なことで有名。そのため住民による値下げ運動や株主代表訴訟が起き、国会でも問題となった。

## 県民性
### ・埼玉とは同類かつライバル

関東地方の県は神奈川県を除き、個性が弱く県民性が乏しいといわれるが、千葉県も例外ではない。それどころか、「東京都千葉区」「千葉都民」と呼ばれることに、違和感を抱かない人もいるという。

千葉県は埼玉県と似ていて「新住民」が多く、東京都へ通勤する割合も高い。ただ、千葉県にはかつて新東京国際空港と名乗っていた「成田国際空港」があり、「東京モーターショー」が幕張で開かれ、「東京ディズニーランド」もあるので、埼玉県には勝っているとの意識が強い。しかし、郷土意識が希薄なのは同じで「千葉県が好きですか?」という意識調査では、埼玉県と最下位を争う間柄だ。

### ・新し物好きが多いわけ

とはいえ、古くからの住人には地元意識の高い人がいて、顕著なのは南部の安房地方の人々だ。気候が温暖で海の幸も豊富な安房の人々は、おおらかで楽天的な気質を持つ。海女となって働き、家計を支えてきた女性が多いため家庭内での発言力が強く、「房州名物、カカア天下に西の風」という言葉もあるほどだ。

海からの恵みは海産物だけでなく、多くの文化ももたらしてくれた。その影響もあってか県民は新し物好きで、音楽のジャンルではロックやポップスを最も好むという。

とはいえ、ほかの地域はやはり東京に目が向き、しかも「住みやすい県」だと答える人も少ない。やはり県民性において埼玉県と千葉県は似ている。

**全国No.1**

●**ネギ、ホウレンソウ、大根、ニンジン、落花生などの生産量。**農産物王国と呼ばれるほどトップの作物が多く、落花生は全国の8割が千葉県で栽培されている。

●**和梨の生産量。**二十世紀梨の発祥も、じつは鳥取県ではなく松戸(まつど)市。

●**コノシロ(コハダ)の漁獲量。**江戸前寿司には欠かせないコノシロの3割近くは、千葉県産。伊勢エビ、アワビ、マカジキは全国2位。

●**醤油の生産量。**野田市と銚子(ちょうし)市を中心に全国の3割を占め、大手メーカー5社のうち3社が県内に本社を置く。2位は兵庫県で、千葉県と合わせると全国シェアの半分近くを占める。

## ご当地の有名キャラクター

**チーバくん**（千葉県）／ちはなちゃん（千葉市）／超Cちゃん（銚子市）／てこなちゃん（市川市）／うなりくん（成田市）

## 特徴的な方言

あちこい（うらやましい）／うっちゃらかす（放っておく）／**うんならがす**（はりきる）／えしたくなる（古くなる）／**おかしい**（恥ずかしい）／おんもり（たくさん）／**かんくるりんと**（すっかり）／**きもえる**（腹を立てる）／きょーとましー（かん高い）／くさる（錆びる）／しみじみ（しっかり）／**だます**（あやす）／～のざっぺーに（～の分際で）／つっとる（追突する）／とっぱどする（失敗する）／ねっちょー（嫌がらせ）／ひったてる（持ち上げる）／**びだげる**（甘える）／ぶしょーたかり（不潔な人）／もちゃぽい（飽きっぽい）／**りきむ**（自慢する）／わーか（少し）

## 出身有名人

野田佳彦（首相）／志位和夫（政治家）／松本清（マツモトキヨシ創業者）／菊地秀行、**椎名誠**（作家）／**伊藤左千夫**（歌人）／山崎直子（宇宙飛行士）／5代目鈴々舎馬風（落語家）／秋元才加、麻生久美子、**阿部サダヲ**、**市原悦子**、**伊藤淳史**、臼田あさ美、桐谷美玲、**高橋英樹**、滝田栄、千葉真一、中尾彬、長谷川京子、前田敦子、**真木よう子**（俳優）／石井一久、掛布雅之、高橋由伸、**長嶋茂雄**（野球）／青木功、丸山茂樹（ゴルフ）／増田明美（マラソン）／綾小路翔、荻野目洋子、カジヒデキ、竹原ピストル、Ｔｏ shl（歌手）／**YOSHIKI**（アーティスト）／小倉優子、**劇団ひとり**、小島よしお、**小島瑠璃子**、千秋、**マツコ・デラックス**、**山里亮太**（タレント）

### お土産

**醤油**、鯛せんべい、干し鰯、**ピーナッツ味噌**、落花煎餅、**ぬれ煎餅**、まるごとびわゼリー、房総えびせんべい、クジラベーコン、アワビ姿煮

### 企業

イオン、住友ケミカルエンジニアリング、ウェザーニューズ、新日本建設、千葉銀行、京葉瓦斯、デイリーヤマザキ、京成電鉄、オリエンタルランド、リーガルコーポレーション、マブチモーター、マツモトキヨシ、キッコーマン、ヤマサ醤油、ヒゲタ醤油

### 有名高校

**千葉**、船橋、東葛飾、佐倉、習志野、**渋谷教育学園幕張**、**市川**、東邦大学付属東邦、昭和学院秀英、木更津総合

### 名所旧跡

**東京ディズニーランド**、鴨川シーワールド、**マザー牧場**、成田山新勝寺、鋸（のこぎり）山、九十九里浜、東京ドイツ村、幕張メッセ、犬吠埼（いぬぼうざき）灯台、香取神宮、養老渓谷

### 行事

**成田山節分会**、香取神宮御田植祭、佐原の大祭、證誠寺（しょうじょうじ）たぬきまつり

### 特産品

落花生、キャベツ、サトイモ、ニンジン、小松菜、枝豆、ビワ、スイカ、梨、アサリ、ハマグリ、鯨肉、牛乳、牛肉、豚肉、鶏肉、花、醤油、味噌、水産缶詰

⑬

# 東京都

## 流行りのスポットには意外と疎い

★面積…2194㎢（全国45位）
★人口…1400万2973人（全国1位）
★人口密度…6383人／㎢（全国1位）
★旧国名…武蔵国

### ご当地の鉄板ネタ

●自動車免許はあっても、電車の便がいいので、クルマは使わない人が多い。電車は待っていたらすぐに次が来るため、**時刻表をあまり気にしない**。

●大都会ではあるが、都心には大きな庭園が多い。**新宿御苑**や文京区の**六義園**、**小石川後楽園**など、緑が豊かで春は桜も美しい。

●東京の水道水のシステムの安全性は、世界でもトップレベル。

●他県での認知度は低いが、伊豆諸島（大島、利島、新島、式根島、神津島、三宅島、御蔵島、八丈島、青ヶ島）と小笠原諸島（父島、母島）と計11島も島がある。**小笠原諸島は日本に4か所しかない**

都庁所在地と主要都市

**世界自然遺産に登録されている。**

●職員だけでなく一般に公開されている場所が都庁には多く、特に**32階にある職員食堂**は見晴らしも良く、お手頃な値段でおいしいと評判。

●東京の通勤ラッシュは殺人的。一番混み合う、東京メトロ東西線の**木場―門前仲町間は、なんと混雑率約200%。**

●**都内唯一の村、奥多摩にある檜原村**は大自然が残り、年間37万人ほどの観光客が訪れる。

●「表参道」はその名のとおり、明治神宮の参道である。「裏参道」もあり、内苑の北参道入り口から、現在のJR千駄ケ谷駅前を経て、外苑の西北隅までを連結する道。正式には**「内外苑連絡道路」**と呼ぶ。また、明治神宮のおみくじは大吉などがなく、和歌が書かれている。

●1958年完成当時は、世界一の高さを誇っていた**東京タワー**。正式名称は「日本電波塔」。塗装作業には、ビートたけしの父親でペンキ職人の北野菊次郎氏も参加していた。

## ご当地の地雷ネタ

●祖父母や先祖の実家に代々住み続けているだけなのに、戦後の土地高騰やバブル経済で高級住宅街になってしまい、金持ち扱いされてうんざりしている人も多いらしい。

●近所でだいたいの用事が済むためにあまり遠くへ出向くことがなく、**東京の名所や話題のスポットには意外と疎い。**上京組に連れて行ってもらうこともある。

●「お盆や正月の里帰り」に憧れがある。

一方で、毎年お盆や正月の間は地方民がいなくなり、電車や施設が空くのは正直嬉しい。

●東京都のキャッチコピーが**「らっしゃい東京」**であることを知っている都民はあまりいない。

●**一人暮らし率、未婚率が20代から50代まで全国1位。独居老人率も全国1位。**今後、極端な高齢化が進むことが危惧されている。気楽さと心細さは、背中合わせなのだ。

●２０２０年春に開業したＪＲ山手線**高輪ゲートウェイ駅**。この駅名、ＪＲで公募された中では１３０位で36票しか入っていなかった。それなのに、**なぜこの駅名になったのか**と、いまだ納得していない人は多い。

**県民性**

### ・粋に敏感で見栄っ張り

江戸っ子は「宵越しの金は持たない」といわれていた。そのため庶民の金遣いは荒く、日本橋付近の芝居小屋や、吉原などの遊郭は大賑わい。そんな「楽しいこと、大好き！」な気風に支えられ、町人文化が発達した。

流行にも敏感であり「粋」の文化が根付いているため、２代、３代と続く東京出身の人たちは、男女とも見栄っ張り。まずはカッコよさを追求する「江戸っ子気質」が生まれたのだ。

現在でもその気質は受け継がれ、センスがよく、競争心も旺盛。交通の便もよいため「待つ」ことに慣れておらず、時間に関してはかなりせっかちだ。また、武士と町民の住居エリアが区切られ、町民の間でも商人の町と職人の町などに分かれていたため、住む場所によって気性が異なるのも特徴といえる。

**・よそ者の集まりゆえ個人主義的に**

ただ、都民といっても全国各地から人が集まってくる大都市ゆえ、県外出身者がほとんどを占める。本人は東京出身でも、親が地方出身というケースも多い。それゆえ、ある程度親しくはなるが、人の事情に深く入り込むことはせず、基本的に個人主義。ビジネスでは警戒心が強く、横のつながりに慎重である。

昔からの地縁・血縁が希薄なことから、人脈を重んじる傾向にあるものの、人を紹介しても責任は取らない。特に、山の手エリアは、お互いに干渉しないことをよしとしており、性格は淡泊。江戸っ子と呼ばれる人以外、統一した都民性の生まれにくい土地であるのは確かだ。

**全国No.1**

**●切り葉の生産量。**料理の下敷きや飾りなどに使うもので、東京が全国シェアの約3割を占めている。

**●人口・人口密度。**総面積は47都道府県のうち45位。そこに全国から人々が集まっているのだ。地域的に人口密度が高いベスト3は豊島区、中野区、荒川区。

**●年間登山者数。**八王子市にある高尾山は年間登山者数が約300万人で、これは世界一。都心から近く、さまざまなコースがあり、所要時間や難易度によって選べるのも人気の秘密だ。

**●世界一安全な都市。**雑誌『エコノミスト』がまとめた、世界60都市の安全度ランキングの中でトップに輝いた。デジタルセキュリティ部門でもトップ。

**ご当地の有名キャラクター**

ゆりーと（東京都）／みんくる（新宿区）／ねり丸（練馬区）／きたパンくん（北区）／ソラカラちゃん（墨田区）／よっきー（世田谷区）／たき坊（八王子市）

**特徴的な方言**

**あたぼうよ**（当たり前です）／おちゃっぴい（お茶目）／おっかない（怖い）／おみおつけ（お味噌汁）／**おめざ**（起きてすぐ食べるお菓子のこと）／からっきし（全然）／**切合**（わりかん）／ごきげんよう（こんにちは）／こけら（うろこ）／～こってす（～ことです）／しゃしゃる（でしゃばる）／**しゃっこい**（冷たい）／じょうびったり（いつも、常に）／しょっぱなに・のっけに（最初に）／せがむ（ねだる）／**せんから**（前から）／ちょうらかす（からかう）／てやんでい（勢いをつける掛け声のようなもの）／**べらぼう**（とても）／**べらぼうめ**（馬鹿野郎）／ぼくんち（私の家）

**出身有名人**

近衛文麿、**高橋是清**、東條英機、橋本龍太郎、鳩山一郎、鳩山由紀夫、福田康夫、細川護熙、宮澤喜一、**吉田茂**（首相）／**堤清二**（セゾングループ代表・小説家）／**緒方貞子**（国際政治学者）／津田梅子（教育者）／**芥川龍之介**、有島武郎、池波正太郎、尾崎紅葉、北杜夫、幸田露伴、永井荷風、**夏目漱石**、谷崎潤一郎、樋口一葉、**三島由紀夫**、武者小路実篤（作家）／

サトウハチロー（詩人）／岸田劉生、**藤田嗣治**（画家）／**秋本治**、浦沢直樹、西岸良平、細野不二彦（漫画家）／荒木経惟、篠山紀信（写真家）／初代林家三平、**立川談志**（落語家）／**川久保玲**（ファッションデザイナー）／澤穂希（サッカー）／浅野温子、**渥美清**、**安藤サクラ**、石坂浩二、岩下志麻、柄本明、**大竹しのぶ**、加賀まりこ、**樹木希林**、小林旭、仲代達矢、長谷川博己、深田恭子、**宮沢りえ**、薬師丸ひろ子、**吉永小百合**（俳優）／宮本亜門（演出家）／**小津安二郎**、**黒澤明**、鈴木清順、**宮崎駿**（映画監督）／**倉本聰**、**三谷幸喜**（脚本家）／**秋元康**、小室哲哉、松任谷正隆（音楽プロデューサー）／忌野清志郎、江利チエミ、尾崎豊、ちあきなおみ、**松任谷由実**、**森山直太朗**、森山良子（歌手）／かまやつひろし、**坂本龍一**、高橋幸宏、細野晴臣、**山下達郎**（ミュージシャン）／6代目神田伯山（講談師）／古舘伊知郎、みのもんた（アナウンサー）／麻木久仁子、伊集院光、稲川淳二、大橋巨泉、高田純次、中川翔子、**ビートたけし**、ルー大柴（タレント）

**お土産**

佃煮、浅草のり、雷おこし、人形焼き、東京ばな奈、文明堂のカステラ、羊羹、くさや、江戸甘味噌、ひのき精油、言問（こととい）だんご、戸越銀座ソース、千代紙、つまみかんざし

**企業**

ソフトバンク、NTTドコモ、ソニー、三菱UFJ銀行、KDDI、日本電信電話、中外製薬、リクルート、本田技研工

業、三井住友銀行、第一三共、三菱商事、東京海上、花王、みずほフィナンシャル、キヤノン、HOYA、日立製作所、セブン&アイ、アステラス製薬、東日本旅客鉄道、三井物産、三菱電機、日本たばこ産業、富士フイルム、オリンパス、テルモ、ブリヂストン、資生堂、三菱地所、三井不動産、エーザイ、小松製作所、SUBARU、アサヒビール、セコム、住友商事、キリンビール、日本郵政、第一生命保険、野村証券、住友不動産、TDK、東芝、楽天、旭化成、丸紅、ファミリーマート、日本製鉄、三菱重工業、日本電気、東急、全日本空輸、味の素、明治、東京瓦斯、日立化成、日本航空、大塚商会、いすゞ自動車、ヤクルト、大日本印刷、大東建託、大成建設、電通、博報堂、出光興産、大林組、コーセー、大和証券、清水建設、小田急、リコー、東武鉄道、京王電鉄、日立金属、東京電力、凸版印刷、住友化学、東宝、鹿島建設、セイコーエプソン、ローソン、大正製薬、コナミ、日清製粉、三菱自動車工業、ライオン、王子製紙、日野自動車、LIXIL、日本通運、東急不動産、カシオ計算機、三井化学、東洋水産、横河電機、スタンレー電気、日本精工、野村不動産、ニコン、伊藤園、長谷工、良品計画、山崎製パン、双日、ニチレイ、セガサミー、新生銀行、カルビー、日本ユニシス、IHI、東洋製罐、昭和電工、日立キャピタル、太平洋セメント、日立物流、栗田工業、三菱マテリアル、すかいらーく、ゼンショー、横浜ゴム、キユーピー、コニカミノルタ、住友林業、三越伊勢丹、商船三井、日本郵船、講談社、小学館、集英社、文藝春秋、朝日新聞社、毎日新聞社、読売新聞社、産経新聞社、日本テレビ、テレビ朝日、フジテレビジョン、TBSテレビ、テレビ東京、文化放送、ニッポン放送、FM東京

**有名高校**

**日比谷**、両国、戸山、小石川中教、**西**、駒場、九段中教、**麻布**、**開成**、武蔵、雙葉、**桜蔭**、筑波大付属、**筑波大付属駒場**、東京学芸大附属、お茶の水女子大付属

**名所旧跡**

江戸城跡、**浅草寺**、上野東照宮、寛永寺、ニコライ堂、湯島聖堂、迎賓館赤坂離宮、**国会議事堂**、皇居外苑、神田明神、日枝(ひえ)神社、お台場海浜公園、柴又帝釈天、東京ドーム、明治神宮、東京タワー、**東京スカイツリー**、亀戸天神社、富岡八幡宮、花やしき、アメ横、上野動物園、六本木ヒルズ、竹下通り、サンシャインシティ、**三鷹の森ジブリ美術館**、奥多摩湖、サンリオピューロランド、大森貝塚

**行事**

**三社祭**、**神田祭**、**山王祭**、ほおずき市、**高円寺阿波踊り**、塩船観音寺の火渡り、大國魂(おおくにたま)神社のくらやみ祭、浅草サンバカーニバル、**酉(とり)の市**、隅田川花火大会、椿祭り

**特産品**

トウガラシ、小松菜、ホウレンソウ、ネギ、大根、生姜、明日葉、シクラメン、しゃも、ニジマス、金魚、村山大島紬(つむぎ)、江戸切子、皮革製品、風鈴、椿油

⑭
# 神奈川県
## 東京コンプレックスとは無縁の数少ない県

★面積…2416㎢（全国43位）
★人口…920万4965人（全国2位）
★人口密度…3810人／㎢（全国3位）
★旧国名…相模国、武蔵国

県庁所在地と主要都市

**ご当地の鉄板ネタ**

●横浜市でゴミ収集車が流す『**横浜さわやかさん**』は、以前歌詞付きだったため、歌える市民が多い。

●**市立横浜商業高校**の通称は「Y校」で、夏の甲子園予選で横浜高校と対戦すればベイスターズ戦より盛り上がる。神奈川は毎年200校以上が甲子園の出場権を争う激戦区。これを勝ち抜いて本選出場した横浜高校の松坂大輔が17イニングを投げ抜いて勝利した1998年夏の甲子園大会「**対PL学園戦**」の準々決勝は、今も伝説として語り継がれている。

●横浜市と山梨県道志村は、横浜水道局が1897年に道志川から取水を始めて以来、友好関係を結んでいるが、200

3年には道志村から横浜市との合併要請があった。だが、気運の高まりがないなどの理由で頓挫している。

●**ご当地ラーメンといえば「サンマーメン」**。細麺を使った塩ラーメンもしくは醤油ラーメンの上にモヤシ入りのあんをかけたラーメンで、けっして秋刀魚がトッピングされているわけではない。

●「近代日本の玄関口」と呼ばれたように横浜発祥の食べ物は多く、**ビール、食パン、ドリア、生チョコレート、アイスクリーム**など枚挙に暇がない。

●食べ物だけでなく、**消防車、救急車、警察署、ホテル、バー、クリーニング**も**横浜市が発祥の地**。ただし、日本人向けではなく居留地に住む外国人向け。日本初の洋式競馬も居留地で行なわれている。

●横浜市の港南台駅付近の団地には、分譲住宅に**「かもめ」「ちどり」**といった海鳥の名前、賃貸住宅に**「めじろ」「ひばり」**といった山鳥の名前が付けられている。

●**Jリーグのチーム**が「横浜F・マリノス」「横浜FC」「川崎フロンターレ」「湘南ベルマーレ」「SC相模原」「Y・S・C・C・横浜」と**6チームも存在する**。

**ご当地の地雷ネタ**

●ナンバープレートは「横浜」「川崎」「相模」「湘南」の4種類があり、そのうちの「相模ナンバー」は「スモウナンバー」と読まれることがある。また、**伊勢原市や秦野市、南足柄市まで湘南ナンバー**であることを疑問に思う人もいる。

●そんな「湘南」の範囲だが、ブランド価値が高いためか「葉山から茅ケ崎まで」

や「湯河原から三浦までの全部」などと、もめることもあるという。

●厚木の駅といえば「厚木駅」ではなく「本厚木駅」を指すのが地元では一般的。**厚木駅は「ニセ厚木駅」と呼ばれること**もあるとか、ちなみに、厚木駅の住所は海老名市。ついでに言えば、「厚木飛行場」も厚木市ではなく、綾瀬市と大和市にまたがっている。

●都会を自認している県民は、自分たちが方言を使っているとは考えたこともなく、**語尾に「じゃん」「だべ」と付けるのが全国共通だ**と思っている。

●**横浜駅は常にどこかで工事が行なわれている**ことで有名。一説によると、1915年から工事が続けられているともいわれ、なかなか完成しないことから**「日本のサグラダファミリア」**の異名もある。

県民性

### ・「横浜は3日でハマっ子」

首都圏近郊の県で、唯一東京都にコンプレックスを持たないのが神奈川県民だ。歴史を振り返っても、鎌倉幕府の時代に始まり、戦国時代は小田原城があり、明治時代には海外からの玄関口として栄えた。同じ関東の千葉県や埼玉県、栃木県、群馬県、茨城県など歯牙にもかけない。

また、「新しい文化の発信地」というプライドから、特に横浜市民は人に対してオープンで、何でも受け入れる気風がある。「江戸は3代だが横浜は3日でハマっ子」といわれるほど柔軟性に富む。

### ・あなたはあなた、私は私

東京へのコンプレックスがないとはい

え、神奈川県民は地元企業への就職率が低く、東京都へ移住する割合は高い。しかも、自分の県が好きという思いは強くても土地の言葉や風習、文化を愛して残したいという人は少ない。

さらに、同じ神奈川県民であっても、出身地で郷土愛が異なる。横浜、横須賀、鎌倉、湘南、小田原、箱根など歴史や文化、環境がそれぞれ独自のものがある地域が多いため、県民意識もエリアによって違いが生じてしまうのだ。

新しい物好きなので流行に敏感。おしゃれにうるさく、自分磨きのお金を惜しまない。だが、利己的な面が強く、募金や社会福祉のための増税を嫌う。良くも悪くも、特別意識の強いのが県民の特徴といえよう。

**全国No.1**

**●国内製造ワインの生産量と出荷量。**ただ、国内製造ワインには輸入した原材料を使ったものも含まれているので、100%日本産である「日本ワイン」の全国ナンバー1となると山梨県になる。

**●通勤・通学時間。**2位は千葉県で、3位は埼玉県。睡眠時間が短いのは1位埼玉県、2位千葉県、3位神奈川県と、なんとなく頷(うなず)ける結果に。

**●湘南ゴールドの生産量と出荷量。**「湘南ゴールド」とは、神奈川県農業技術センターが開発し2006年から出荷を始めた柑橘類。神奈川県が1位というより、他県で栽培されない独占農産物である。

**ご当地の有名キャラクター**

かながわキンタロウ（神奈川県）／スカ

リン（横須賀市）／ふじキュン♡（藤沢市）／えぼし麻呂（茅ヶ崎市）

**特徴的な方言**

あやくる（ごまかす）／**あんきだ**（安心だ）／いきなりだ（なげやりだ）／いさしかぶり（ひさしぶり）／いとど（いっそう）／**いれんな**（いろいろな）／うたてー（いくじがない）／うんめろ（たくさん）／**えーからかん**（いいかげん）／おいねー（よくない）／きだす（ひどくはしゃぐ）／くじっかてーに（律義に）／**ざっかけだ**（こだわらない）／つらめーる（つかまえる）／でこー（大変に）／ひぐってー（まぶしい）／ひょっこだ（いびつだ）／**ひょーたくれる**（ふざける）／ほーれねこ（野良ネコ）／もじゃくれる（もつれる）／**もやいで**（共同で）／よまんどし（同い年）

**出身有名人**

尾崎行雄（政治家）／**小泉純一郎**（首相）／鈴木三郎助（味の素創業者）／黛まどか（俳人）／**岡本太郎**（芸術家）／島田雅彦、夢枕獏、**吉川英治**（作家）／**山田太一**（脚本家）／阿木燿子（作曲家）／桂歌丸（落語家）／**原辰徳**（野球）／中村俊輔（サッカー）／杉山愛（テニス）／**アントニオ猪木**、高田延彦（プロレス）／**井上尚弥**（ボクシング）／浅野忠信、**阿部寛**、井上真央、緒形直人、川栄李奈、草笛光子、杉本哲太、高岡早紀、**竹中直人**、妻夫木聡、名取裕子、東山紀之、藤竜也、柳沢慎吾（俳優）／尾崎紀世彦、**桑田佳祐**、**小泉今日子**、近藤真彦、**美空ひばり**、**山口百恵**、柳ジョージ、ゆず（歌

手）／石塚英彦、**出川哲朗**、**中居正広**、ふかわりょう、ベッキー（タレント）

**お土産**

海軍カレー、**横濱ハーバー**、シウマイ、**黒たまご**、塩まんじゅう、番餅（バンピン）、**鳩サブレー**、クルミッ子、ビーカープリン、湯もち、かまぼこ

**企業**

NTTエレクトロニクス、カリタ、エバラ食品工業、京浜急行電鉄、相鉄、日揮、日産自動車、三菱造船、横浜銀行、神奈川新聞、テレビ神奈川、京急百貨店、古河電池、東芝マテリアル、ユースキン製薬、不二サッシ、三菱ふそうトラック・バス、富士通ゼネラル、ブックオフコーポレーション、江ノ島電鉄、箱根登山鉄道、メガネスーパー

**有名高校**

**湘南**、**横須賀**、横浜翠嵐、柏陽、厚木、川和、小田原、鎌倉、**慶應義塾**、**栄光学園**、フェリス女学院、桐光学園、横浜

**名所旧跡**

山下公園、横浜マリンタワー、**横浜ベイブリッジ**、横浜中華街、赤レンガ倉庫、港の見える丘公園、三溪園（さんけい）、川崎大師、円覚寺、建長寺、鶴岡八幡宮、相模湖、**江の島**、大磯ロングビーチ、小田原城、箱根温泉、芦ノ湖、**大涌谷**（おおわくだに）、湯河原温泉

**行事**

**横浜開港祭**、小田原北條五代祭り、浜降（はまおり）祭（さい）、湘南ひらつか七夕まつり

**特産品**

サトイモ、かまぼこ、干物、ひょうたん、提灯、寄木細工、鋳物、木象嵌（きぞうがん）

## 君は「ちくわぶ」を知っているか——都道府県ずんずん調査②

おでんのネタとして人気のある「ちくわぶ」。しかし、それは東日本で言えることで、じつは「ちくわぶを食べたことがない」どころか、その存在すらも知らない人が西日本には多いのだ。

情報サイト「Jタウンネット」が2015年に行なったアンケート調査では、「食べていた」が45・1%、「見たことはある」は23・4%、「まったく知らない」が31・5%。分布図を見ると、食べていた人は北海道、東北南部、新潟をのぞく関東甲信越、そして山口と鹿児島。

存在すら知らないという人は近畿を中心とした西日本に多い。ちくわぶの発祥には諸説あるが、西日本で誕生したのではないことは確かだろう。

それにしても、なぜ山口と鹿児島は〝飛び地状態〟であるのに、ちくわぶを食べるのか。新たな謎が加わったといえよう。

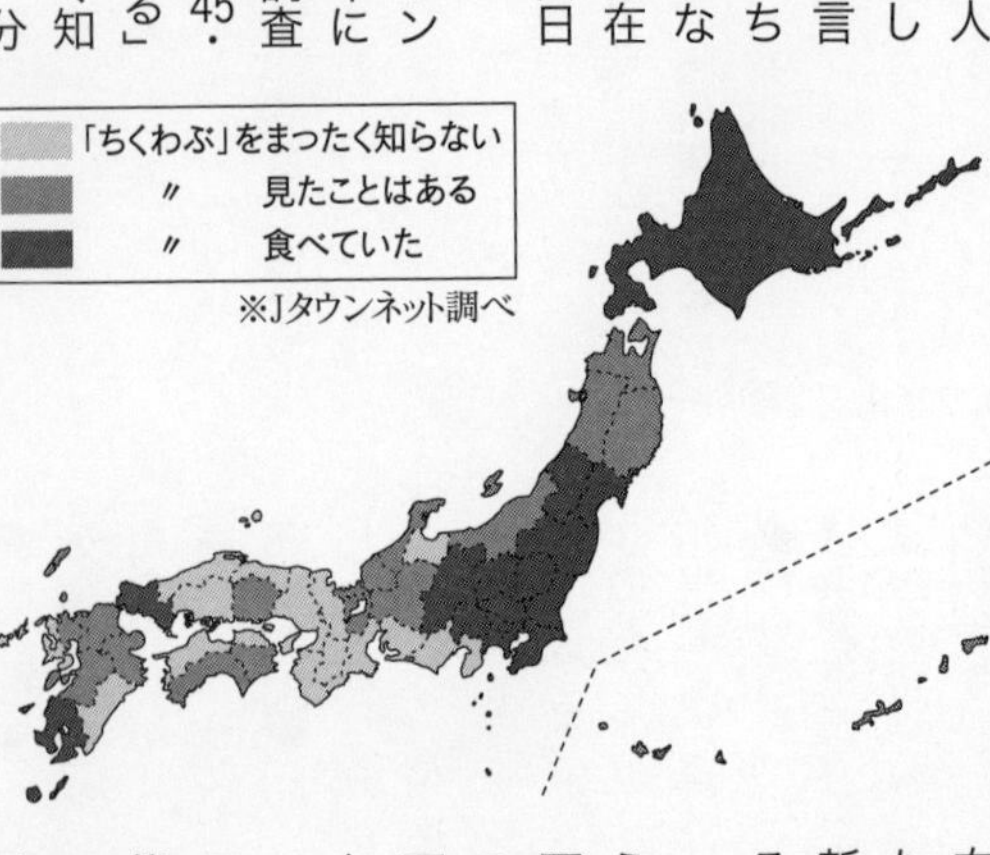

# 北陸・中部地方の話のネタ

たとえば、岐阜県は〝名古屋の植民地〟ってホント？

⑮

# 新潟県

男女とも酒豪だが離婚率は最低レベル

★面積…1万2584㎢（全国5位）
★人口…220万6219人（全国15位）
★人口密度…175人／㎢（全国34位）
★旧国名…越後国、佐渡国

県庁所在地と主要都市

ご当地の鉄板ネタ

●70年の歴史を誇る、**新潟のご当地アイスといえば「もも太郎」**。新潟県民にはお馴染みのアイスだが、このアイスはピーチ味ではなく、イチゴ味なのは有名な話。さらに、イチゴ果汁ではなくリンゴ果汁を使っているのも有名な話。

●テレビ番組で取り上げられて全国区となった、**万代シティバスセンターの「立ち食いカレー」**は、地元では「黄色いカレー」や「バスカレー」と呼ばれている。地元の常連客は、卓上に置かれたソースや七味で〝味変〟させて楽しんでいる。

●人気漫画『ドカベン』の作者・**水島新司氏の出身地**で、県内には作品に登場する学校名のモデルとなった地名や学校があり、キャラクターの銅像も点在する。

●スパゲティではなく、**焼きそばにトマトソースをかけた「イタリアン」**という料理がある。

●枝豆の生産量全国1位なだけあって、**枝豆を品種で呼んで区別し**、日本酒と大量の枝豆でちびちびと飲むことが多い。また、日本酒の生産量だけでなく消費量も日本で1位なので、人が集まったときの話題は、もっぱらお酒の話やおつまみの話という呑兵衛が多い。

●「血液型は何型?」「ニイガタ」は県民定番のギャグ。

●日本地図を描くように言われたときは**佐渡島を忘れずに描く**。

●明治初期、上越(じょうえつ)市でオーストリア=ハンガリー帝国の軍人である**レルヒ少佐がスキーを伝えた**。これが日本のスキーの発祥とされ、レルヒ少佐が伝えたとされる1月12日は「スキーの日」となった。

●**日本初のイタリア料理店**は、フランスのサーカス団員として来日していたピエトロ・ミリオーレが、新潟市で開店した**「イタリア軒」**。1881年のことで、ミリオーレが日本にミートソースを紹介したという説もある。また、日本で初めて国産マカロニが製造されたのは加茂(かも)市で、**新潟県は何かとイタ飯と縁が深い**。

**ご当地の地雷ネタ**

●南北に長い県域なので、県民のアイデンティティが、**東北なのか甲信越なのか北陸なのかが**、わからなくなるときもあるとか。西南部はほぼ富山県といえるほど関係が深く、JRの管轄も西日本。同様に、北東部も新潟なのか山形なのかと、地元民すら迷う地域があるという。

●**亀田製菓**と**越後製菓**という2大米菓メーカーの本社があり、敵対しているとかいないとか。近年では、やはり同県の菓子メーカーである**ブルボン**も戦いに参入しているとかいないとか。

●**燕市の食器**と**三条市の刃物**は、世界的にも有名かつ同一地域にある。それだけに、こちらでも「どっちが上か」仁義なき戦いが勃発しているという噂が。現状は、新幹線の駅名は「燕三条」で、高速道路のIC名は「三条燕」と1勝1敗。

●見附市の**「諏訪乳業」が製造している「ミルクヨーカン」**は牛乳パックに入っているけれど飲料ではなく、「ヨーカン」と銘打ってはいるが羊羹ではないという衝撃の一品。ちなみに、新潟県庁の庁舎は牛乳パックにそっくり。

## 県民性

### ・厳しい気候に耐える勤勉さ

日本海側の厳しい自然環境にあるため、子どもたちは小学校の頃から、雨や雪の中でも毎日弱音を吐かず通学してきた。そして、雨がやんで曇っているだけなのに「晴れた」と喜ぶほど、ちょっとしたことでの幸福度が高い。

そんな苛酷な環境で育ったために、真面目で勤勉な人が多い。また、冬になると1か月間ずっと雨か雪ということもよくあるため、外出の機会も少ないことから、内気でシャイな人が多い。

### ・離婚率が低いわけ

そんな県民は、離婚率の低さで毎年上

位を占める。寒い冬を家族とともに過ごすことが多いことから浮気の機会も少ないなど、土地柄や気候からの理由が関係していると考えられる。

さらに「女房にするなら越後女」と言われるほど、勤勉で我慢強い女性が多く、男性も争いごとを嫌うおっとりした性格であることも大きな理由だろう。

**・かつては〝日本の中心〟だった！**

「豪雪」「田園風景」などと田舎のイメージが強いが、明治時代には人口が日本一だったこともある。

日本有数の米どころで稲作に適した気候と、海運全盛期に主要の流通手段だった北前船の拠点だったこと、また浄土真宗への信仰が強く人口を減らすための身売りなどが少ない地域であったことが、その理由とされる。

現在でも日本海側では、人口数1位を誇る。そのためか東北扱いを嫌う。

勤勉で堅実、物欲が少なく貯蓄意識も高いが、「お酒に使うのは別」という人は多いようだ。

**全国No.1**

●**米の収穫量。**日本一の米どころとして有名。また、米を使った日本酒の生産量や切り餅、包装餅の出荷額も1位。

●**枝豆、舞茸、なめこの生産量。**意外なところでは**チューリップの切り花の出荷量も全国一。**日本で初めて栽培されたのが新潟市とされ、「日本チューリップ発祥の地」の記念碑も立てられている。

●**石油と天然ガスの産出量。**『日本書紀』には、668年に「越の国」から「燃ゆる水」が近江大津宮に献上されたと記録がある。これと連動しているのか、**石油ストーブの出荷量も1位**である。

●**金属洋食器の出荷額**。燕市の金属洋食器、三条市の刃物は海外からもバイヤーが訪れるほど有名。

## ご当地の有名キャラクター

レルヒさん、トッキッキ、笹だるま（新潟県）／サケリン（村上市）／ごずっちょ（阿賀野市）／かわぐっち、あぶらげんしんん（長岡市）／こめつぐ君（南魚沼市）／上越忠義隊けんけんず（上越市）

## 特徴的な方言

あちこたない（心配ない）／あんにゃま（兄）／**いちがいこき**（頑固な人）／いとしげだ（かわいらしい）／**おっこっこ**（おやまあ）／おったた（あった）／おんちゃま（弟）／かんべ（ごめん）／げっぽ（最下位）／しょーしい（恥ずかしい）／**じょんのび**（のんびり）／すきらすけ（好き）／そろっと（そろそろ）／**だっちょもね**（つまらない）／とっとき（おっちょこちょい）／なじらね（どうですか）／なまら（ものすごく）／**ばか**（とても）／びちゃる（捨てる）／めじょげ（気の毒だ）／**めめよし**（美人）

## 出身有名人

**田中角栄**（首相）／北一輝（思想家）／**山本五十六**（海軍軍人）／會津八一（歌人）／佐川清（佐川急便創業者）／新井満、藤沢周（作家）／小林まこと、**高橋留美子**、**魔夜峰央**、**水島新司**、柳沢きみお（漫画家）／高橋克実、樋口可南子、星野知子、水野久美、三田村邦彦、**渡辺謙**（俳

優）／**小林幸子**（歌手）／林家こん平（落語家）／里村明衣子、**ジャイアント馬場**（プロレス）／五十嵐圭（バスケットボール）／おばたのお兄さん、横澤夏子（芸人）／SEIKIN、**HIKAKIN**（ユーチューバー）／大桃美代子（タレント）／西山茉希、馬場ふみか（モデル）

### お土産

**笹寿司**、笹だんご、**柿の種**、飴もなか、かんずり、せんべい、塩あめ、**地酒**

### 企業

新潟日報、第四銀行、北越銀行、亀田製菓、越後製菓、佐藤食品工業、ブルボン、コメリ、ヤスダヨーグルト、コロナ、ダイニチ工業

### 有名高校

新潟、新潟南、**長岡**、高田、三条、新潟明訓、日本文理、中越

### 名所旧跡

**糸魚川ジオパーク**、**越後湯沢温泉**、苗場スキー場、月岡温泉、トキの森公園、**佐渡金山**、津南ひまわり広場、春日山神社、高田城、**妙高高原**、苗名滝、寺泊の魚市場通り、弥彦神社、**湯沢高原スキー場**、新潟せんべい王国、新潟市水族館マリンピア日本海、高田世界館

### 行事

十日町雪まつり、糸魚川けんか祭り、**長岡まつり大花火大会**

### 特産品

米、へぎ蕎麦、枝豆、きんぴら団子、わっぱ飯、ぽっぽ焼き、村上牛、小千谷縮（おぢやちぢみ）、金属洋食器、刃物、錦鯉、猫ちぐら（稲わらを編んで作った猫用の寝床）

# ⑯ 富山県

「世界一美しいスタバ」が県民の自慢！

★面積…４２４８㎢（全国33位）
★人口…１０４万１３５２人（全国37位）
★人口密度…２４５人／㎢（全国25位）
★旧国名…越中(えっちゅう)国

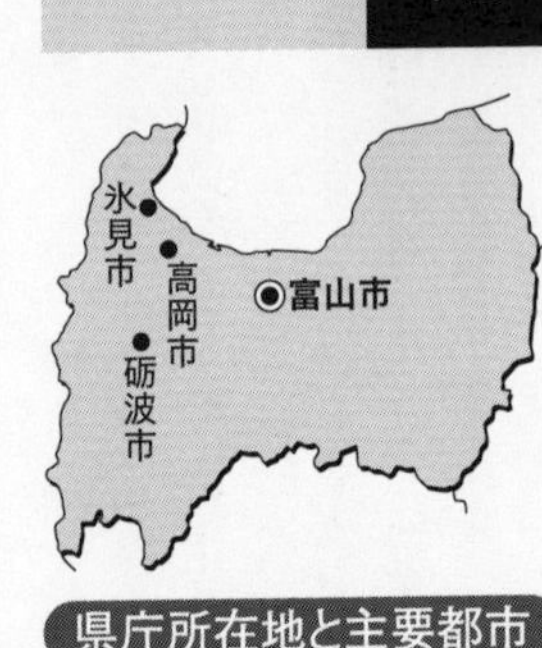


県庁所在地と主要都市

●スターバックスの**富山環水公園店は、「世界一美しいスタバ」として有名**。特に桜の季節はガラス張りの店舗と桜並木、そして雪をいただく立山連峰の遠景と見事にマッチする。

●ご当地ラーメンの**「富山ブラック」**は、戦後の復興事業に従事していた若者の昼食として、また汗をかく肉体労働者のた

**ご当地の鉄板ネタ**

●縁起物をかたどった**「細工かまぼこ」**は、結婚式の引き出物としてよく用いられ、家に持ち帰ったあと、切り分けて近所にお裾分けする習慣がある。ただ、鯛(たい)の細工かまぼこを切って分けるとき、**どの家が頭で、どの家をしっぽにするかで悩む**という。

めの塩分補給として、醤油を濃くしたスープのラーメンを作ったのが始まり。そのため**塩辛いのが特徴で、ご飯のおかずとして食べられていた**。このブラック人気にあやかり、地域おこしのために「入善(にゅうぜん)ブラウン」「入善レッド」「高岡グリーン」「おやべホワイト」などが開発され、「カラーラーメン」と総称されている。

●**旭町(あさひまち)で考案されたスポーツが「ビーチボールバレー」**。オリンピック種目の「ビーチバレー」とは異なり、ビーチボールで行なうバレーボールのこと。統括組織「日本ビーチボール協会」(ＪＢＶＡ)もあり、全国大会もある。

●給食でもお馴染みのローカル牛乳「とやまの牛乳」は白と緑の配色が印象的で、パッケージに描かれた牛の**「モーモーちゃん」**がかわいいと人気の商品。

●**藤子・Ｆ・不二雄の出身地である高岡市**にはモニュメントがあり、市立図書館には掲載誌を含めた関連書籍、通称「ドラえもん文庫」も設けられている。

## ご当地の地雷ネタ

●方言の**「だく」は「おごる」という意味**。意中の男性と食事に行って「今日はだいてやっちゃ」と言われても、そのあとを期待してはいけない。ちなみに**「チンチンかく」は「正座する」の意味**。

●**県内の公立高校のほとんどは修学旅行に行かない**。理由は「授業時間が減るから」「修学旅行先で派手なケンカをしたから」など諸説ある。さらに、公立高校にはプールがない。

●富山藩は加賀藩の支藩であり、１８７

6年には石川県に強制的に編入されるも、7年後に独立を果たすという歴史的な背景もあり、**石川県を敵視する傾向**がある。だが、石川県民は相手にしない、というよりも眼中にない。

●経済や社会の安定度などのデータをもとにした**「幸福度ランキング」で上位に入っていることを県民は疑っている**。事実、アンケート調査によるランキングでは、20位前後に収まる。

●**曲の歌詞は「1番、2番」ではなく「1題目、2題目」**。県出身の歌手が地方で「それでは1題目」などと言って、観客が「?-」となることもあるらしい。

●台風被害が少ないのは**立山連峰が台風を遮るから**だと、本気で信じている人がいる。当然、そんな科学的根拠はない。

**県民性**

**・財政の逼迫から生まれた「薬売り」**

勤勉で倹約家。男女とも働き者。そんな県民性が育まれたのは江戸時代のこと。

同じ北陸の加賀藩（石川県）は100万石、福井藩は32万石なのに対し、加賀藩の分家である富山藩はわずか10万石。しかも度重なる災害や本家からの無理難題などで財政は逼迫し、藩主は領外に出て稼いでくることを奨励した。

そのときに行商の品として選ばれたのが、薬である。つまり置き薬の元祖である「越中富山の薬売り」は、藩の意向によって始められたのだ。

**・「いちがいもん」の誕生**

とはいえ、薬を売るだけで財政が劇的に改善するわけもなく、領民は質素倹約を強いられた。さらに「置き薬」という常連客が必要な商売の信用を得るために、一途で真面目な人も多い。この気質を表した言葉が「いちがいもん」だ。

稼いだ金を無駄に使うことを嫌い、夜な夜な出歩くようなこともないためバーやスナック、風俗業も少ない。それどころかデパートの数も少なく、娯楽費用の割合も低い。反面、貯蓄率は高く、持ち家比率もトップクラス。

あぶく銭として消費するより、しっかりとしたものを残しておきたいという堅実性の表れだ。

**・「嫁をもらうなら富山から」**

売薬で夫が留守にしがちな家を守るため、妻も働く。その気風は現在も受け継がれ、「嫁をもらうなら富山から」と言われるほどだ。共稼ぎ率も高く、「しっかり稼いで貯め、どーんと使う」のが特徴。どんなにイケメンでも、地に足の着かない男は嫌われる傾向にあるらしい。

**全国No.1**

**●チューリップの球根の出荷量。** 切り花は新潟県がトップだが、球根は富山県が1位。なお、球根の2位は新潟県で、この両県が全国シェアの100%を占めている。

**●持ち家住宅の延べ面積。** 持ち家率だけでなく、家の広さも全国一。単純に家が持てればいいというわけではなく、それなりの規模が必要で、和室が多いためか1住宅当たりの畳数は53・83枚で1位。

**●医薬品販売業数。** 10万人当たりでは全国一。このあたりはさすがと言うべきか。

**●1世帯当たりの実収入が61万8950円で1位。**これには、1世帯当たりの人数が全国で上位にあることも関係しているようだ。

**ご当地の有名キャラクター**

きときと君（富山県）／ライちゃん（富山市）／家持くん、利長くん（高岡市）／ジャンボ～ル三世（入善町）／キラリン（滑川市）／ウォー太郎（黒部市）

**特徴的な方言**

あ（あれ）／あたる（もらう）／あっかりする（安心する）／あやまち（ケガ）／いくそる（驚く）／**いじくらしい**（面倒くさい）／うしなかす（失くす）／かたげる（傾ける）／**かちゃかちゃ**（めちゃくちゃ）／かつかる（ぶつかる）／**気の毒**（ありがとう）／**げっと**（ビリ）／こ（これ）／こちょがす（くすぐる）／そ（それ）／**そぼれる**（驚く）／**だく**（おごる）／だら（馬鹿）／だやい（だるい）／つかえん（差し支えない）／つくつく（尖った）／なーん（まったく）／**ねね**（赤ちゃん）／はがやしい（はがゆい）／**はしかい**（賢い）／またいする（片付ける）／やわやわ（ゆっくり）

**出身有名人**

**正力松太郎**（読売新聞社社主）／青井忠治（丸井創業者）／**浅野総一郎**（浅野財閥創業者）／大谷米太郎（ホテルニューオータニ創業者）／角川源義（KADOKAWA創業者）／黒田善太郎（コクヨ創業者）／瀬木博尚（博報堂創業者）／**安田善次郎**（安田財閥創始者）／吉田忠雄（YKK創業者）／**上野千鶴子**（社会

学者）／**田中耕一**、**高峰譲吉**（化学者）／**八村塁**（バスケットボール）／源氏鶏太、辺見じゅん（作家）／花咲アキラ、**藤子・F・不二雄**、**藤子不二雄Ａ**（漫画家）／**立川志の輔**（落語家）／柴田理恵、西村まさ彦、**野際陽子**、**風吹ジュン**、室井滋（俳優）／高原兄（歌手）

**お土産**

巻きかまぼこ、**ホタルイカ黒作り**、ホタルイカ沖漬、しろえび紀行、**ます寿し**、**細工かまぼこ**、刺身の昆布じめ、黒部の糸（そばそうめん）、月世界、高岡ラムネ、富山ブラック

**企業**

北陸電力、三協立山、トナミ運輸、ゴールドウィン、大和、不二越、タカギセイコー、富山第一銀行、黒部峡谷鉄道、北日本新聞、北日本放送

**有名高校**

**富山中部**、富山、高岡、砺波、魚津、富山東、高岡南、高岡商業、富山第一

**名所旧跡**

**五箇山集落**、**黒部峡谷**、奥鐘山、魚津埋没林博物館、高岡城跡、魚津水族館、砺波チューリップ公園、宇奈月温泉

**行事**

となみチューリップフェア、富山まつり、山王まつり、**おわら風の盆**、全日本チンドンコンクール、高岡七夕まつり、福岡町つくりもんまつり

**特産品**

米、チューリップ、スイカ、ネギ、ブリ、ホタルイカ、シロエビ、ベニズワイガニ、かまぼこ、彫刻、銅器、和紙

⑰

# 石川県

## 京都人もびっくりのプライドの高さ

★面積…4186㎢（全国35位）
★人口…113万5984人（全国33位）
★人口密度…271人／㎢（全国23位）
★旧国名…加賀（かが）国、能登（のと）国

金沢市
白山市
小松市
加賀市

県庁所在地と主要都市

**ご当地の鉄板ネタ**

●羽咋（はくい）市は「UFO目撃数1位の街」として町おこしを行なっており、**NASAが特別協力した宇宙博物館「コスモアイル羽咋」がある。**この博物館にはボイジャー探査船やアポロ月面着陸船などの実物大レプリカなどが展示されていて、侮（あなど）れない内容となっている。

●**ラーメンといえば「8番らーめん」。**種類ではなくチェーン店の名前であり、現在は北陸3県を中心に、海外にまで進出している。その特徴は、ナルトの代わりに数字の「8」を模様にしたカマボコ「**ハチカマ」**がトッピングされていること。

●**冷奴（ひややっこ）には生姜（しょうが）ではなくカラシを付ける**のが一般的。全国で石川県のみ、カラシ

派が生姜派を上回るとか。茶碗のように丸っこい形をし、中にカラシが充塡(じゅうてん)された能登地方の「茶碗豆腐」がルーツとの説もあるが、由来は不明。

●**金沢市の鏡餅は上が赤、下が白の紅白**になっている。加賀藩主の前田家が紅白の鏡餅を飾っていた、もしくは江戸時代に金沢市の菓子屋が売り出したのが始まりなどの説がある。

●学校などで履く「**上履き**」のことを「**内履き**」もしくは「**内履きズック**」と呼ぶ。70年代には「ズッパ」という新方言が誕生しており、これは「ズック」と「スリッパ」の合成語で、靴のかかとを踏んで履くこと。教師や親から「**みっともないからズッパしないの！**」と叱られた経験を持つ人も多いとか。

●**鍋料理といえば、まつやが製造販売する「とり野菜みそ」**を使った「とり野菜みそ鍋」。とり野菜みそは大豆と米麹(こうじ)から作る味噌を基本とした調味味噌で、大手メーカーと提携して全国展開もなされている。ただし鶏肉は含まれず、「とり」は栄養を「摂る」から名付けられた。

●雨が降る日が多いため、曇り空でも「晴れている」と言う。さらに、外出時は傘が必須で、「**弁当忘れても傘忘れるな**」という言葉が浸透している。

**ご当地の地雷ネタ**

●方言で「**早くしなさい！**」は「**はよしねや！**」。もたもたしていると、この言葉を浴びせかけられるので、他県の人は恐れおののくこともある。

●**語尾に「～ねんて」と付ける方言**があ

り、関東出身者からは関西弁を使っていると思われ、**関西出身者からはエセ関西弁だと思われている。**

●関東や東北、九州などでは「**金沢県**」**と間違えられる**ことがある。また、県民は「どこから来たの？」と尋ねられれば「金沢のほう」と答えてしまう。ただ、関東でそう答えると、「え？　神奈川？」と聞き返されることもあるという。

●**北陸3県で一番偉い**と思っていて、特に富山県のことを「越中さ」と呼んで見下し、「富山の人はケチ」が決まり文句。一方、福井県に関しては無関心だ。

●排他的な県民性から**県外出身者はいつまでたっても「旅の人」、もしくは「えんじょもん」**（遠所者）。江戸や京都は格下扱いで、大阪、名古屋には目もくれない。

**県民性**

### ・加賀人の誇り高さは折り紙付き

プライドが高くて排他的な土地といえば、思いつくのが京都。だが、負けず劣らずと言えそうなのが石川県、特に加賀地域の人たちである。

石川県は北部の能登地方と金沢市を中心とする南部の加賀地方に分かれ、加賀は江戸時代に百万石を誇った前田藩のお膝元だ。「北陸の京都」とも呼ばれて文化が育まれ、蒔絵や友禅、漆工芸や九谷焼などの伝統工芸が数多く残る。

### ・保守的で安定志向

そんな環境で暮らす県民は、品があって美意識も高い。おっとりとした性格で人あたりも悪くないものの、自尊心の高さは北陸一、いや全国でも指折りだと言えよう。

しかも加賀藩が学問を奨励したため現在も学びの意識が強く、市民講座などで生涯学習にはげむ人も多い。さらに、やはり加賀藩の影響があって権威に弱く、今でも公務員が尊敬されている。

男尊女卑の気風もあり、保守的で安定志向。良くも悪くも江戸時代の風潮がそのまま残されている。

**・能登人は気さくで優しい**

一方の能登地方だが、こちらは純朴で気さくな人が多く、「能登はやさしや土までも」という言葉もあるほど。交通の便も悪く、人の移動も乏(とぼ)しい能登は、閉鎖性が強いものの来訪者を温かく迎える。

しかも、能登半島の自然は厳しく、住民は互いに助け合って暮らす必要性に迫られる。そんな風土からやさしい心遣いが生まれた。能登に引っ越した人が、近所からのお裾分けがやたらと多いのに驚くこともあるらしい。

**全国No.1**

●**1世帯当たりのアイスクリームへの支出額。**5月9日の「アイスの日」には金沢市の中心部でアイスが無料で配られ、平日の昼間でも行列ができる様子は、毎年ローカルニュースで流される。

●**回転寿司コンベアの製造量。**シェアは、ほぼ100%だ。ちなみに県民は、回転寿司のレーンで回っている皿は「サンプル」だと思っており、**食べたいものは注文するのが一般的。**最近はタッチパネル方式も増えている。

●**天然フグの水揚げ量。**フグといえば下関市のある山口県や大阪府を思い浮かべる人も多いだろうが、じつは石川県が1位。特に七尾湾はトラフグの産卵場になっている。

## ご当地の有名キャラクター

ひゃくまんさん（石川県）／のってィ（野々市市）／カブッキー（小松市）／にゃんたろう（かほく市）／あさがおっさん（白山市）／みつけたろう（珠洲市）

## 特徴的な方言

あぐるしー（騒がしい）／**あせくらしー**（忙しい）／あへない（恥ずかしい）／いちがいもん（頑固者）／**いちゃけな**（かわいらしい）／いんぎらーっと（ゆっくりと）／うざくらしー（面倒な）／かたがる（傾く）／**かやる**（倒れる）／がざむざと（とりとめもなく）／くどい（塩辛い）／こそがしー（くすぐったい）／**ごたむく**（理屈を言う）／しょむない（味がうすい）／**じゃまない**（大丈夫だ）／ちゃべ（おしゃべりな人）／でかいこと（たくさん）／**はがいしー**（悔しい）／はつめーな（利口な）／べんこな（ませた）／ものい（体調が悪くつらい）

## 出身有名人

阿部信行、林銑十郎、**森喜朗**（首相）／畠山一清（荏原製作所創業者）／安宅弥吉（安宅産業創業者）／野口遵（日窒コンツェルン創業者）／亀山敬司（DMM.com創業者）／**西田幾多郎**、三宅雪嶺（哲学者）／徳田八十吉（陶芸家）／松田権六（蒔絵師）／**泉鏡花**、杉森久英、徳田秋声、唯川恵（作家）／**室生犀星**（詩人）／**永井豪**（漫画家）／道場六三郎（料理

人）／中田ヤスタカ（音楽プロデューサー）／加賀大介（作詞家）／浅川マキ（歌手）／鹿賀丈史、田中美里、浜辺美波（俳優）／出羽ノ花、輪島（大相撲）／松本薫（柔道）／**松井秀喜**（野球）／神和住純（テニス）／ダンディ坂野（芸人）

**お土産**

ノドグロ一夜干、きんつば、起上もなか、友禅ころも、じろ飴、焼き麩、加賀棒茶、とり野菜みそ、みそまんじゅう、揚げ浜塩田の塩、金箔工芸品、輪島塗、九谷焼

**企業**

加賀ケーブル、大同工業、石川テレビ放送、今村証券、加賀製紙、金沢エンジニアリングシステムズ、テレビ金沢、北陸鉄道、北國銀行、北國新聞

**有名高校**

**金沢泉丘**、金沢大学附属、小松、金沢二水、七尾、金沢桜丘、**星稜**、金沢

**名所旧跡**

**兼六園**、白米千枚田、岩間の噴泉塔群、金沢城、**気多大社**、七尾マリンパーク、山中温泉、粟津温泉、近江町市場

**行事**

**金沢百万石まつり**、加賀萬歳、加賀獅子、おかえり祭り、ほうらい祭り、お旅まつり、能登キリコ祭り、奥能登あえのこと、能登のアマメハギ

**特産品**

レンコン、金時草、小豆、ブドウ、麩、アマエビ、ズワイガニ、スルメイカ、カレイ、ブリ、ノドグロ、フグ、牛肉、陶器、漆器、金箔、友禅

⑱

# 福井県

## 「幸福度ランキング」はつねに上位の秘密

★面積…4190㎢（全国34位）
★人口…76万4076人（全国43位）
★人口密度…182人／㎢（全国31位）
★旧国名…越前国、若狭国

県庁所在地と主要都市

**ご当地の鉄板ネタ**

●1982年から恐竜の化石が続々と出土し、現在では「**恐竜王国**」として知られる。勝山市にある恐竜博物館は年間80万人、累計900万人が訪れる人気スポットとなっている。

●小学校時代から、とにかく宿題の量が多い。そのおかげもあり、福井は**小中学生の学力も体力も常に全国トップレベル**。国公立進学率も高いことで知られる。

●大ヒット映画『**チア☆ダン**』のモデル**は福井商業高チアリーダー部「JETS」**。現在も世界大会では、優勝候補の常連である。

●小倉百人一首競技かるたの強豪選手を多数輩出する「**かるた王国**」として全国

に有名。競技かるたを題材にした映画『ちはやふる』の聖地の一つにもなっている。

●1804年から続く黒龍酒造の名酒**「黒龍」は皇族にも愛飲され、著名人のファンも多い**。福井県出身の俳優、宇野重吉は、死の直前「最後に、1杯でいいから黒龍を飲みたい」と語ったというエピソードもある。

●ひんやりとおいしい**「水ようかん」**。夏のお菓子のイメージがあるが、**福井では冬に食べる**。江戸時代に丁稚奉公が盛んで、よそに働きに出た子どもたちが正月に持ち帰る土産が水ようかんだったというのが、その理由。

●地方活性化を目的とし、2008年にスタートした**「ふるさと納税」を発案したのは、西川一誠福井県知事**。

●小浜(おばま)市は、名前が一緒ということで、かつてアメリカの大統領にオバマ氏が就任した際、**「オバマを勝手に応援する会」**を有志が結成。大統領退任時にもイベントが催された。

●若狭市や敦賀(つるが)市のある**嶺南(れいなん)地方**は、昔は滋賀県に含まれていたため、方言も近畿方言に分類される。**買い物も金沢より京都・名古屋に出かけがち**。

**ご当地の地雷ネタ**

●サスペンスドラマのロケ地によく使われる**東尋坊(とうじんぼう)**は観光地として知られるが、同時に自殺の名所としても有名。女性が1人で訪れると、自殺防止見回りボランティアに声をかけられることがある。

●2015年に長野—金沢間を走る北陸新幹線が開業。当時は富山・金沢・能登(のと)

の3拠点を結ぶ「北陸トライアングル地帯」が人気観光地化すると予測された。**同じ北陸なのに福井県だけ入らず。**

●福井の交通系ICカード「ICOUSA」は、市内4ルートを走るコミュニティバス「すまいる」以外で使えず、**「日本一残念な交通系ICカード」**と揶揄されている。

●吉田郡には曹洞宗の大本山・**永平寺**がある。しかし、県民は浄土真宗の信徒が多いとか。

●**日本で唯一「イオン」がない。**だが県内で人気の専門店街「ラブリーパートナー・エルパ」があるので、残念に思っている人はあまりいない。

●某ネットサイトのランキングで**「いい男が多そうな都道府県」では福井県が1位。**しかし「いい女が多そうな都道府県」では最下位。活躍している女性タレントの数の少なさが影響しているとの意見も。

### 県民性

#### ・のんびりしつつも自立心旺盛

山や海など自然に恵まれたのどかな風土、さらには北陸3県のうち一番人口も少ないことから、のんびりしつつも勤勉で忍耐強いという性質を持っている。

西側の若狭地方は、古くから朝鮮半島との交流が盛んに行なわれていたとされ、大陸の文化がいち早く入ってきたとも考えられている。それゆえ「新しい物」には敏感で、自分中心で物事を進めたいという自立心も旺盛だ。

#### ・貯蓄残高は常にトップクラス

北部の越前地方は、歴史的に見ると源

平の争乱や、南北朝の内乱、戦国大名の争いなど、戦乱に巻き込まれることも少なくなかった。それゆえ、「何かあったときのための備えを怠ってはならない」という慎重さも培われ、1世帯当たりの貯蓄金残高は、全国トップクラスの常連である。

関西圏に近いことから、商業も発達。雪国特有の粘り強さに加え効率よく利益を上げる工夫をするので、越前商人は、要領が良く商才に長けていると全国的に名を馳せた。あまりにも上手に利益を得ていくため、「越前詐欺」と呼ばれたほどである。その越前商人のプライドは受け継がれ、現在も社長輩出率がとても高い。

**・県民の幸福度もトップクラス**

コツコツ努力を重ねる堅実な生活を大切にし、なおかつ実利を優先する。控えめに見えて、主張すべきところはちゃんと主張する、はっきりした性格も加わって、「今の生活に満足している」という人は県民の9割近くにものぼる。

**全国No.1**

●**幸福度ランキング**。これまで3度も1位に輝いている。高い教育水準や良好な経済・雇用環境が主な理由とされている。

●**就職率**。人口10万人当たりの**社長輩出率でも、38年間トップ**の座を維持。

●**ハープの生産・販売台数**。日本国内で唯一のハープ専門メーカーが、永平寺町の「青山ハープ」である。

●**メガネフレームの出荷額**。国内シェアは90％で、「デザインのイタリア」「価格の中国」に並び「技術・品質の日本」として世界三大産地の一つに数えられる。

## ご当地の有名キャラクター

はぴりゅう、ジュラチック（福井県）／朝倉ゆめまる（福井市）／湯巡権三（あわら市）／ちかもんくん（鯖江市）／がんばリュー（勝山市）

## 特徴的な方言

あたる（もらう）／**いいもん**（よいもの）／いけえ（大きい）／**いっちょうらい**（一張羅）／うるしがる（喜ぶ）／**おちょきんしねま**（正座しなさい）／おもっしょい（面白い）／おんぼりと（気長に）／がぼった（はまった）／**きねの**（いらっしゃい）／けなるい（羨ましい）／**しなあっと**／（何気なく）／**だちゃかん**（駄目）／だんねえ（差し支えない）／だんねの（どういたしまして）／**ちゅんちゅん**（とても熱いさま）／ちょっこし（少し）／つれ（同伴者）／**つるつるいっぱい**（こぼれるぎりぎりまで）／のうのう（ねえねえ）／ひってもんに（とても）／ほや・ほやって（そうだ）

## 出身有名人

岡田啓介（首相）／黒川康正（弁護士）／**住友政友**（住友グループ家祖）／山本猛夫（山善創業者）／飯田新七（高島屋創業者）／内藤豊次（エーザイ創業者）／**元谷芙美子**（アパホテル取締役社長）／田崎史郎（政治評論家）／石川光陽（写真家）／秋山徳蔵（料理人）／**水上勉**（作家）／**いわさきちひろ**、かこさとし（絵本作家）／**桂正和**（漫画家）／久里洋二（アニメーター）／三屋裕子（バレーボール）／天龍源一郎（プロレス）／**宇野重**

**吉**、大和田伸也・獏兄弟、津田寛治（俳優）／**五木ひろし**（歌手）／川本真琴（ミュージシャン）／清水国明、高橋愛（タレント）／道端カレン・ジェシカ・アンジェリカ三姉妹（モデル）／花菱アチャコ、村本大輔（芸人）

**お土産**

越前蕎麦、**羽二重餅**、水ようかん、五月(さつき)ケ瀬(がせ)煎餅、けんけら、花らっきょ、**手すきおぼろ昆布**、雲丹醤(うにひしお)、胡麻豆腐、**若狭カレイ**、小鯛ささ漬、**竹田の油揚げ**、塩うに、六方焼

**企業**

熊谷組、三谷セキサン、サカイオーベックス、セーレン、シャルマン、フクビ化学工業、ＡＬＬ ＣＯＮＮＥＣＴ、ハシノメディカル、福井新聞、福井銀行

**有名高校**

藤島、高志、武生(たけふ)、**福井商業**、北陸、敦賀気比(つるがけひ)

**名所旧跡**

丸岡城、東尋坊、**永平寺**、鳥浜貝塚、一乗谷朝倉氏遺跡、あわら温泉、明通寺三重塔、**熊川宿**、気比神宮、**恐竜化石発掘地**、平泉寺白山神社、越前大野城

**行事**

勝山左義長まつり、三国祭、**福井フェニックスまつり**、オシッサマのお渡り、越前萬歳、王の舞、六斎念仏、水海(みずうみ)の田楽能舞、宇波西(うわせ)神社の神事芸能

**特産品**

コシヒカリ、水仙、六条大麦、ラッキョウ、越前ガニ、バフンウニ、サワラ、羽二重、越前和紙、若狭塗

# ⑲ 山梨県

## いまも生きる「めちゃかもん」の気風

★面積…4465㎢（全国32位）
★人口…80万7725人（全国42位）
★人口密度…181人／㎢（全国32位）
★旧国名…甲斐国

県庁所在地と主要都市

### ご当地の鉄板ネタ

●1962年まで、**「山梨交通電車線」という私鉄の路線が存在していた**。国鉄甲府駅の駅前広場にあった甲府駅前駅から荒川を越え、そこから甲斐青柳駅に至っていた郊外型路面電車で、**通称は「ボロ電」**。現在の荒川橋バス停が橋の真ん中にあるのは、その名残であるという。

●甲府市、甲州市、甲斐市と「甲」の付く市が3つ存在し、**日本で唯一、外国語を使った南アルプス市**がある。またオウム事件のときの中継で、上九一色村（現在は甲府市と富士河口湖町に編入）を正しく読めないアナウンサーに、テレビ越しに注意した人もいたとか。

●都留市には、**公立大学としては唯一の**

**教員養成系の大学である都留文科大学が**ある。ただし、通っている学生の9割は他県出身者という。

●「もつ煮」といえば鶏か馬の内臓を使った「桜もつ」。特に**「甲府鳥もつ煮」は2010年の「B-1グランプリ」で優勝を**さらった。ただし、蕎麦屋が発祥なので焼鳥屋で売っていないことも。

●**赤飯は小豆の代わりに甘納豆を入れ、**食紅で色を付けるため、派手なピンク色をしていて甘い。

●**カツ丼といえば、**ご飯の上にトンカツとキャベツのせん切りが載っている**「ソースカツ丼」**のこと。カツを煮込んで卵でとじたものは「煮かつ丼」と呼ぶ。

●北杜（ほくと）市にある金精軒が製造販売する**「信玄餅」**は、楊枝を刺して食べるとき、黒蜜ときな粉がこぼれるため、メーカーのすすめる食べ方がある。そして県民のほとんどは、それを会得している。

## ご当地の地雷ネタ

●**「山があるのに山梨（山無し）県、海がないのに甲斐（貝）の国」**と言われることに、少し腹が立つ。

●中部地方に属し、また首都圏にも属し、長野県、新潟県とセットで「甲信越」と呼ばれることもあり、静岡県、長野県とのセットで「甲信静」と呼ばれることもあるというふうに、**帰属がややこしい。**

●対向車の有無にかかわらず、**減速なしで右折する「山梨ルール」**が存在する。また、片側一車線の道路では、対向車線に入って追い越しを行なうことも。クルマで県外から県内に入るときは、要注意。

●方言で「あなた、こっちへ来なさい」を**「おまん、こっちんこ〜」**と言う。「おまん」で区切ってくれればいいが、続けて話されると関東方面の人は赤面してしまう。また、「飛んでくる」というのは「走ってくる」。さらに、背中をかいてもらいたいときは**「背中かじって」**。これらを聞くと、他県人は必ず驚く。

●**富士山は絶対に山梨のもの**だと思っていて、所有権に関しては静岡県には強い敵対心がある。また、「山梨から見える裏富士のほうが女富士でキレイ」という自慢をしがち。実際、千円札の裏に描かれている富士山は山梨県側から見たもの。さらに、**富士五湖は静岡県に、清里(きよさと)高原は長野県にあると誤解されやすい**ことにモヤモヤしている。

**県民性**

### ・甲州商人の誕生

盆地ゆえに夏は暑く冬は寒さが厳しい。そのうえ土地が痩(や)せていて、米作には向かない。そんな環境で暮らす人たちは農作物の栽培よりも、商品を売ることで生計を立てる。「甲州商人」の誕生である。

甲州商人は利にさとく、商才に長けていたことから「めちゃかもん」と呼ばれた。これは負けず嫌いでずる賢く、執念深い甲州人を指す言葉だ。

### ・金銭感覚はバツグン

ただ、「めちゃかもん」の気風は、しっかりとした金銭感覚を県民に植え付けた。生活の心配がなくても働き続けたいと思う人が多く、1人当たりの預貯金残高も多い。

100万人当たりの図書館の数が全国でトップレベルなのも、「本は買うものではなく借りるもの」という意識があるのかもしれない。

・**団結力に富むが、お上には従順?**

そして、全国に誇れる県民性といえるのが郷土への愛情と団結心だ。山梨県は全域が旧甲斐国であるため、地域差が少ない。また、ほとんどの県民は、いまだに武田信玄というカリスマを敬っている。

意識調査でも、地域の行政に満足し、近所に信頼できる人が多いと答えた人が多い。この団結心を示すのが「講(こう)」というグループで、複数の講に所属し相互に助け合って暮らしている。

ただ、そんな土地柄であるため、政治の変化に疎(うと)く、行政に従っていれば間違いはないと考える人も多い。「調子に乗るな」を意味する「ちょびちょびしちょし」という言葉が、県民の本質を表していると言えるだろう。

**全国No.1**

●**ミネラルウォーターの生産量。**四方を囲んだ山々から湧き出る水が良質で、それを利用したミネラルウォーターが多く生産される。さらに消費地である都市圏に近いという、地理的な優位性も大きい。

●**ブドウ、桃、スモモの収穫量。**ブドウは2位である長野県の約1・3倍。桃は山梨県と2位の福島県、3位の長野県で国内の約7割を占める。

●**貴金属製装身具の製造事業所数。**かつて水晶の産地として栄えたこともあり、現在も宝石加工が盛ん。その宝石を目当てにインド人の宝石商が多く移り住み、人口10万人当たりのインド料理店の数は東京都に次いで2位。

**ご当地の有名キャラクター**

武田菱丸、カルチャくん（山梨県）／ブードくん・モモンちゃん（甲州市）／とまチュウ（中央市）／たまじまる（上野原市）／おつたろう（大月市）／ふじぴょん（富士河口湖町）／姫まりもちゃん（山中湖村）／フッキー（笛吹市）

**特徴的な方言**

いく～（何～）／いっさら（全く）／**いんめー**（少し）／**うら**（わたし）／**おいし**（あなた）／かじる（引っかく）／くむ（交換する）／くるみ（くるぶし）／～さ（～んだよ）／**しゅわい**（強情）／しーける（元気がない）／じぶり（本降り、長雨）／せつない（苦しい）／たいへん（たくさん）／だたいが（突然）／ちゃきー（ずるい）／**ちょびちょびする**（いたずらする）／てっずし（不器用）／とぶ（走る）／**のぶい**（ずうずうしい）／**ぶちゃる**（捨てる）／ぶさらう（殴る）／ぼこ（子ども）／みぐさい（見苦しい）／**もちにいく**（取りに行く）／**やせったい**（落ち着かない）／わにわにする（ふざける）

**出身有名人**

石橋湛山（首相）／**金丸信**（政治家）／**小林一三**（阪急東宝グループ創始者）／小佐野賢治（国際興業グループ創始者）／辻信太郎（サンリオ創業者）／坂本孝（ブックオフコーポレーション創業者）／齊藤寛（シャトレーゼホールディングス創業者）／赤尾好夫（旺文社創業者）／

**大村智**（化学者）／**飯田蛇笏**（俳人）／**林真理子**、**山本周五郎**（作家）／武内直子、吉沢やすみ（漫画家）／**堀内恒夫**（野球）／**中田英寿**（サッカー）／ジャンボ鶴田、**武藤敬司**（プロレス）／サンプラザ中野くん、田原俊彦、宮沢和史（歌手）／小松菜奈、根津甚八、**三浦友和**（俳優）／マキタスポーツ（芸人）

**お土産**

フジヤマクッキー、**信玄餅**、ほうとう、甲州レーズン、ジャージーミルク、**甲州ワイン**、**甲州印伝**、水晶細工、甲州印章、甲州雨畑硯、西島手漉き和紙

**企業**

ファナック、シチズン電子、よっちゃん食品工業、シャトレーゼ、旭食品、山梨放送、山梨日日新聞社、テレビ山梨、山梨中央銀行、富士急ハイランド

**有名高校**

**甲府第一**、甲府南、甲府東、吉田、駿台甲府、**山梨学院**、日本航空

**名所旧跡**

武田神社、**躑躅ヶ崎館**、甲府城、ハイジの村、**清里高原**、湯村温泉、**富士急ハイランド**、富士五湖、忍野八海

**行事**

**吉田の火祭り**、**信玄公祭り**、神明の花火大会、南部の火祭り、一之瀬高橋の春駒、下吉田の流鏑馬祭り

**特産品**

キャベツ、レタス、ブドウ、桃、スモモ、ニジマス、ヤマメ、牛肉、牛乳、ミネラルウォーター、ワイン、水晶、硯、印章、鬼瓦、錦鯉

# 長野県

理屈好きで議論好き。でも行動が伴わない?!

★面積…1万3561㎢（全国4位）
★人口…203万7622人（全国16位）
★人口密度…150人／㎢（全国38位）
★旧国名…信濃（しなの）国

長野市
上田市
松本市
飯田市

県庁所在地と主要都市

## ご当地の鉄板ネタ

●高い山々に囲まれている地域性から、**県民の多くが実家の標高を答えられる。**小学校低学年から、立体地図を用いて標高について徹底的に学習するという。また、遠足が登山である。

●地形が長く、地域間でもかなりの距離があるため、長野県全体を「長野」と意識している県民は少ない。県民にとって**長野県は「信州」という認識であり、長野といえば「長野市」を想像する**という。

●1899年、浅井洌（れつ）氏により作詞された**長野県歌『信濃の国』**は、長野の地理や名所がふんだんに盛り込まれているので、学校の教材としてもよく用いられる。それゆえ、**校歌よりも熱心に覚えさせら**

**れる人も多く、県民の多くは空で歌える。**

●日本一標高の高い茅野市は高度800mにあるため、お湯が97度で沸騰する。

●飴関係の出店で盛り上がる松本市の**「松本あめ市」**。この祭りの由来は、上杉謙信の「敵に塩を送る」エピソードから。送った塩が松本の地に届いたのが1569年の1月11日であり、これを記念して始まった塩市があめ市に進化した。

●食卓には、必ずと言っていいほど**「八幡屋礒五郎」の七味**が置いてある。

●掃除の時間中に黙々と掃除をする**「無言清掃」が、9割の小中学校で行なわれている。**禅寺の修行の流れからきたもので、「黙想始め」の校内放送とともに、ひと言も発せず掃除するという。

●野尻湖では、1948年にナウマンゾウの臼歯が発見され、以後、約8万点にも及ぶ化石が見つかっている。**日本中でここまで多くのナウマンゾウの化石が見つかっているのは、野尻湖のみ。**

●北アルプス中央部に、歌手の野口五郎氏の芸名の由来となっている**「野口五郎岳」**がある。なお、野口氏は岐阜県出身。

### ご当地の地雷ネタ

●上伊那地方では、**天竜川にすむ「ざざ虫」を佃煮にして食べる風習が残る。**イナゴの佃煮やハチの子もお土産品にあるため、長野県民は「昆虫を日常的に食べる」と誤解を生んだ。実際は日常的ではなく、稀に食すくらいである。

●スーパーに山積みになるほど大人気の食品といえば**「ホモソーセージ」**と**「ビタミンちくわ」**。長野県のソウルフードとも言われるが、「ホモソーセージ」の本社は東京都、「ビタミンちくわ」の本社は石川県である。

●**長野県の夏休みは平均22・8日間と世界的にも短い**ことで知られていたが、2019年になってようやく県教委が延長を決定した。

●「小布施(おぶせ)くりんこ」「中野ションションション」「小諸(こもろ)ドカンショ」「須坂カッタカタ」「松本ぼんぼん」「飯田りんごん」など、**奇妙な名前の祭りが多い。**

●**長野市と松本市のライバル意識は根深い。**特に松本の人々は「長野に県庁の座を奪われた」と思っている。

●「信州の一つ残し」という言葉があり、**「最後の一つは遠慮する」という風習が**あり、ピザやお菓子など皆でシェアする食べ物は、必ず一つ残ってしまう。

## 県民性

### ・義理堅く律義で真面目

海に面さない長野県は、開発が進むまで、人が住む場所は山間の盆地で交通の便も良くなく、地域の交流も少なかった。それゆえ町や村の規律がすべてであり、義理堅く律義な性格が根付いていった。

山に囲まれ、林業や土木業が発展していたことも、気が長く、信心深い性格が培われた大きな理由の一つである。さらに、冬場の厳しい気候も「真面目で曲がったことが嫌い」という気質に拍車をかけることになった。

### ・トップクラスの長寿県

室町時代末期に成立したとされる書物『人国記』には、「義理が強く臆(おく)することもなく、百人のうち九十人は律義である」という長野の地域性を記述した文章があるという。

また、真面目ゆえに生活も規則正しい人が多く、常に長寿のランキングでは首位を争っている。しかし、その裏返しで柔軟性に欠け融通が利かない面もあり、ジョークがあまり通じない県民性も知られている。

**・議論好きで自説は曲げない?**

江戸時代には寺子屋の数が日本一、明治時代に就学率が日本一を誇った歴史もあり、「勉強して社会に役立つ」ことを尊ぶ空気が根付いている。現在でも博物館や公民館の数は全国でもトップクラスで、教育県としても名高い。

そんな環境から、県民は理屈好きで議論を好む傾向にある。自分の考えこそ「正解で当然」と唱えることが多く、相手の反論には必ず根拠を求め、追究していく。ただ、実行が伴わず、「コタツ文化」などと言われてしまうこともあるようだ。

**全国No.1**

**●レタスの収穫量。**冷涼で昼夜の寒暖差も激しい気候が高原野菜の栽培に最適。

**●平均寿命。**高齢化率は全国で9番目の県ながら、高齢者の就業率が4割であり、在宅医療も充実していることから、男女ともに毎年首位の座を争っている。

**●野菜の摂取量。**長野県は農業が盛んで、セロリやワサビ、くるみなどの生産量も多い。さらに、食事の際に野菜から先に食べる**「サキベジ」の普及**を県が主導するなどの活動も活発だ。

●**林業生産額**。特に栽培きのこ類の生産は盛んで、全国シェアの24％を占めている。木工職人も多く、ギターの出荷量も日本一である。

**ご当地の有名キャラクター**

アルクマ、信州なび助（長野県）／アルプちゃん（松本市）／セロリン・ヤッピー・ピカタン（原村）／イーナちゃん（伊那市）／ぽぉ（飯田市）／めん子ちゃん（信州新町）／おおまぴょん（大町市）

**特徴的な方言**

**あくされる**（ふざける）／**あばね**（また明日ね）／おつくべ（正座）／**おやす**（終わりにする）／おらっち（私の家）／～かっちゃ（～かしら）／～かや（～かしら）／**きなしに**（うっかり）／ごーさわぐ（悔しくて腹が立つ）／こんぼこ（赤ん坊）／**さかる**（繁盛する）／しみる（寒い、凍える）／ずく（根性）／～だら（ですよ、だよ）／ときに（とりあえず）／**なから**（だいたい）／ひとっきり（少しの時間）／**べちゃる**（捨てる）／までー（まめまめしい）／めた（余計に）／**めったった**（いよいよ）／もーもーしい（うっとうしい）／**やくやく**（わざわざ）

**出身有名人**

**五島慶太**（東京急行電鉄創業者）／田口利八（西濃運輸創業者）／樫山純三（オンワード樫山創業者）／依田巽（ティーワイリミテッド創業者）／藤沢昭和（ヨドバシカメラ創業者）／**岩波茂雄**（岩波書店創業者）／古田晁（筑摩書房創業者）／菱田春草（画家）／猪瀬直樹、**新田次郎**、椋鳩十、吉岡忍（作家）／児玉幸多

（歴史学者）／**草間彌生**（芸術家）／伊藤理佐（漫画家）／上条恒彦（歌手）／**久石譲**（作曲家）／**池上彰**（ジャーナリスト）／新海誠（アニメ監督）／**小平奈緒**（スピードスケート）／上村愛子（モーグルスキー）／**崔洋一**、降旗康男（映画監督）／5代目柳家小さん（落語家）／杏子、美川憲一（歌手）／田中要次、古川雄大、峰竜太（俳優）／乙葉（タレント）／藤森慎吾、鉄拳（芸人）

**お土産**

おやき、**野沢菜**、山賊焼き、**ローメン**、鯉こく、五平餅、みすゞ飴、信州味噌、信州ワイン、**イナゴの佃煮**、角寒天、市田柿、栗かのこ

**企業**

セイコーエプソン、キッセイ薬品工業、信濃毎日新聞、ホクト、北野建設、星野リゾート、八十二銀行

**有名高校**

**長野**、**松本深志**、屋代、上田、野沢北、飯田、岡谷工業、**佐久長聖**、松商学園

**名所旧跡**

**妻籠宿**、旧開智学校、**野尻湖**、**松本城**、河童橋、片倉館、奈良井宿、上田城跡、中町通り、高遠城址公園

**行事**

**三九郎**、**諏訪大社の御柱祭と御頭祭**、田立花馬祭、長野びんずる、飯縄火祭り

**特産品**

レタス、セロリ、ワサビ、くるみ、白菜、ブドウ、マッタケ、舞茸、エノキタケ、イワナ、ヤマメ、佐久鯉、信州サーモン、木曽ヒノキ、戸隠蕎麦

# ㉑ 岐阜県

## 〝名古屋の植民地〟と揶揄されるわけ

★面積…1万621㎢(全国7位)
★人口…197万9516人(全国17位)
★人口密度…186人/㎢(全国30位)
★旧国名…美濃国、飛騨国

**ご当地の鉄板ネタ**

●**日本最高気温40・8℃を叩き出した多治見市**では、夏の暑い日に多治見駅前をウロウロしていると、テレビのインタビューを受ける確率が高い。また、酷暑の中でテレビ中継に出演する、ゆるキャラ「うながっぱ」の〝中の人〟を心配する声が多数上がる。

県庁所在地と主要都市

●多治見市に本社があるスーパーマーケットやホームセンターを運営する「バロー」は、別名「**最も暑い所に本社がある東証一部上場企業**」である。

●甘柿の中で生産量が最も多い品種・富有柿は、瑞穂市で1857年に栽培が始まった柿の木が起源とされている。

●飛騨古川駅の改札やタクシー乗り場、

飛騨市図書館など**アニメの「聖地」**と呼ばれる場所が多く、「飛騨古川さくら物産館」ではパネル展も行なわれた。

●県内を横断する国道156号線は**「いちころ」**と呼ばれ、数字の語呂合わせだけでなく、川沿いを走るため、**「ガードレールを越えると落ちてイチコロ」**が由来という説もある。ちなみに258号線は「にぃごおぱ」、21号線は「にーいち」。

●盆踊りで**荻野目洋子の『ダンシングヒーロー』**が流れる。1991年に美濃加茂(みのかも)市で採用されたのが周辺地域にも伝わっていったとされるが、その理由は不明。この曲が流れ始めると、皆ノリノリになって踊りの輪に入っていくという。

●正月の雑煮は、すまし汁に角餅を入れて餅菜（正月菜）という小松菜に似た野菜を載せるシンプルなもの。地域によっては、ここに**砂糖を入れて食べる**。

### ご当地の地雷ネタ

●美濃地方は名古屋都市圏のベッドタウンとなっていて、ショッピングなどで名古屋へ出かける人も多い。また、美濃国の大半の郡がかつて尾張(おわり)藩領だったので、文化的には名古屋の影響がかなり強く**『やっぱ岐阜は名古屋の植民地!?』**（まつお出版）という本も出されるほどだ。

●岐阜駅の北口広場には**黄金に輝く織田信長像**が立っている。これは岐阜市制120年を記念して、地元の企業が寄付金を募って寄贈したもの。その中には、**中日新聞と発行部数を争う岐阜新聞**の名もある。両者の争いは地元でも有名で、信長像建造の際にも意地の張り合いが生じたらしい。信長像を正面から撮影しようとすると、背後に岐阜新聞の看板が映り込むため、対決の結果は岐阜新聞に軍配が上がったようだ。

●県内の修学旅行生がミッキーを池に水没させてしまったため、ディズニーへの出入りが禁止されてしまったという**「ミッキー池ポチャ事件」**だが、真偽は不明で、都市伝説という人もあれば、実際に落とした先輩を知っているという人もいる。最近ではディズニーランドへの修学旅行も解禁されてきているそうだ。

●**電話ボックスが、夜になると緑色に光る。**心理的に落ち着くというのが理由らしいが、闇に浮かぶ緑色の姿は、かなり不気味。そんな電話ボックスも、携帯電話の普及でかなり数は減ってきている。

**県民性**

## ・美濃の「輪中根性」とは？

岐阜県は南部の美濃地方と北部の飛驒(ひだ)地方に分かれ、県民性も大きく異なる。美濃の人々の気質を表すのが「輪中根性(わじゅう)」という言葉だ。

「輪中」とは、大規模な堤防に囲まれた地域のこと。美濃には木曽川、長良川、揖斐(いび)川の3河川が集中していて、大雨が降ると氾濫してしまう。そのために、堤防でぐるりと囲んで村落を水害から守ったのだが、同時に閉鎖性も生まれた。

同じ輪中の人たちは結束して洪水から村を守ろうとするが、ほかの輪中が堤防の決壊で被災すれば水の流れが変わって、自分のところは助かる。この視野が狭くて身内のみを重んじる気質が輪中根性であり、地域や血縁者の結束が強くてつき合いも大事にするものの、他所の人間には冷たい。

**・相互扶助の精神が息づく**

また、戦国時代には支配者が頻繁に変わり、江戸時代は小藩が乱立したことから、傍観者を決め込み、相手に合わせる傾向が強い。とはいえ、相互扶助の精神が息づいていてボランティアに熱心という長所もある。

飛騨地方もボランティア精神が強く、昔から「結（ゆい）」という小集団が助け合って暮らしている。白川郷の合掌造りが維持されているのも、絢爛豪華な「飛騨高山祭」が綿々と受け継がれているのも、このシステムによるところが大きい。

さらに周囲を山に囲まれ、耕地に乏（とぼ）しい飛騨の人々は勤勉で倹約家。ただ、閉鎖的な気性は美濃と同じようだ。

**全国No.1**

●**1世帯当たりの喫茶店への支出費**。名古屋市の喫茶店のモーニングはドリンク1杯の値段でパン、サラダや卵が付くことで有名だが、岐阜ではそれ以上に豪華なモーニングを提供する店もあるとか。

●**刃物の生産量**。特に関市は、ドイツのゾーリンゲン、イングランドのシェフィールドと並んで「世界三大刃物産地」と称される。カミソリで有名なメーカー「貝印」も創業は関市。

●**滝の数**。落差5m以上の滝だけでも約200か所。水が酒に変わった伝説で有名な「養老の滝」も養老町にある。

●**食品サンプル生産量**。シェアは60%。

食品サンプルの生みの親で、サンプルメーカー「いわさき」の創業者、岩崎瀧三は郡上市の出身である。

## ご当地の有名キャラクター

うーたん（岐阜市）／ちゃちゃまる（池田町）／すえっこくん（陶町）／おがっきぃ・おおあむちゃん（大垣市）／とみぱん（富加町）／**うながっぱ**（多治見市）

## 特徴的な方言

あいさ（あいだ）／**あかる**（こぼれる）／あばばする（溺れる）／**うちんた**（私たち）／おそがい・おそげぇ（恐ろしい）／おんさる（いらっしゃる）／かう（掛ける）／**がばり**（画鋲）／からかす（こぼす）／かんこー（工夫・検討）／ぎざ（縁起）／きもい（窮屈）／**くろにえ**（青アザ）／**けなるい**（うらやましい）／こわす（両替する）／～からかして（～しまくる）／知らすか（知らない）／**だだくさ**（しまりがない）／たんちん（馬鹿）／でら（とても）／**なまかわ**（怠惰）／ばりかく（ひっかく）／**B紙**（模造紙）／まわし（準備）／～やら（～だよね）

## 出身有名人

長瀬富郎（花王創業者）／早矢仕有的（丸善創業者）／水野利八（ミズノ創業者）／安田隆夫（ドン・キホーテ創業者）／朝井リョウ、**池井戸潤**、**島崎藤村**（作家）／**北川悦吏子**（脚本家）／日比野克彦（美術家）／**山本寛斎**（ファッションデザイナー）／わかやまけん（絵本作家）／伊藤潤二（漫画家）／嶋基宏（野球）／**高橋尚子**（マラソン）／棚橋弘至、橋本真也（プロレス）／**綾野剛**、伊藤英明、岡田義徳、酒井敏也、**田中邦衛**、寺脇康文、細川茂樹（俳優）／清春、野口五郎（歌手）／草野満代、近藤サト（アナウンサー）／熊田曜子、**清水ミチコ**、鈴木ちなみ（タレント）／Mr.マリック（マジシャン）／流れ星（芸人）

**お土産**

登り鮎、栗きんとん、起き上り最中、**ふるーつ大福**、雪たる満・都鳥、味噌入大垣せんべい、栗柿、からすみ、明宝ハム、**朴葉（ほおば）味噌**、**さるぼぼ**、美濃焼、美濃和紙、一位一刀彫（いちいいっとうぼり）

**企業**

岐阜新聞、大垣共立銀行、十六銀行、ヒマラヤ、西濃運輸、イビデン、バロー、三甲、中部薬品、電算システム、たんぽぽ薬局

**有名高校**

岐阜、大垣北、岐阜北、加納、関、岐阜商業、中京学院大学附属中京、大垣日大

**名所旧跡**

白川郷、安国寺、**下呂温泉**、長良川温泉、宇津江四十八滝、養老の滝、日本ライン、関ヶ原古戦場、岐阜城、金華山、日本大正村

**行事**

手力（てじから）の火祭、池ノ上みそぎ祭り、**長良川鵜飼**、ぎふ信長まつり、長良川花火大会、大垣祭、十万石まつり、大垣花火大会、多治見まつり、**高山祭**、土岐美濃焼まつり、**郡上（ぐじょう）おどり**、古川祭、どぶろく祭り

**特産品**

柿、飛騨牛、鮎、枝豆、栗、刃物、和紙、美濃焼、食品サンプル

# ㉒ 静岡県

## 穏やかな県民性だが JR東海とは衝突しがち

★面積…7777㎢（全国13位）
★人口…362万6506人（全国10位）
★人口密度…466人／㎢（全国13位）
★旧国名…伊豆（いず）国、駿河（するが）国、遠江（とおとうみ）国

沼津市
富士市
静岡市
浜松市

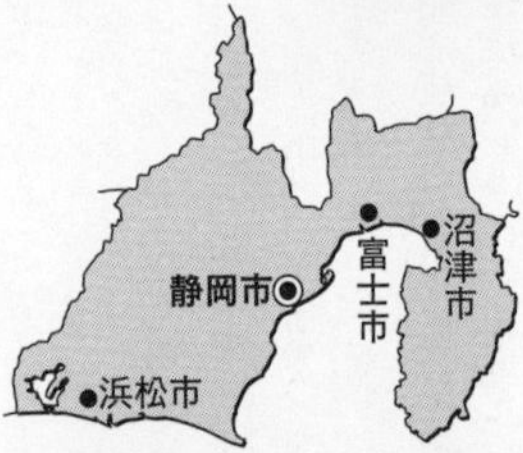

県庁所在地と主要都市

### ご当地の鉄板ネタ

●埼玉県、広島県とともに「サッカー御三家」と呼ばれるほど、**高校サッカーが地域に深く根差している**。野球を校技とするのが一般的だった大正時代、藤枝市の旧制志太（しだ）中学校（現・藤枝東高校）初代校長がサッカーを取り入れたのが、始まりだとされている。三浦知良（かずよし）氏など、多くのJリーガーを輩出している。

●ファミリーレストラン**「げんこつハンバーグの炭焼きレストランさわやか」が大人気**。袋井（ふくろい）市にある本社工場から、毎日お店の発注に応じて出荷するというこだわりで、県外では提供されない。

●お茶どころのためか、**学校の給食では「お茶のやかん係」がある**。新聞には茶の

取引市場や相場が掲載されている。

●**東海大地震に備え、防災対策に熱心に取り組む。**通学中は徒歩でもヘルメットを着用しているところがあり、学校では月1回の頻度で防災訓練が行なわれる。抜きうちで訓練があることも。

●富士市のご当地グルメ**「富士宮やきそば」**は、B級グルメの人気を決める「B-1グランプリ」の初代王者に輝いた。

●**沼津港深海水族館**は世界初の「深海」をテーマにした水族館。シーラカンスの冷凍標本を見ることができるのも、世界でここだけだ。

●**小学校では「横断中」と書かれたナイロン製のサブバッグが定番。**1968年、クルマが急激に普及し「交通戦争」と揶揄(やゆ)されるほど事故が増えたことをきっかけに、静岡市の宮原商店が製造を始めた。

●東伊豆町にある**熱川(あたがわ)バナナワニ園には、140頭のワニがいることで有名。**さらに、日本で唯一、アマゾンマナティーとニシレッサーパンダが飼育されているという、挑戦的な動植物園である。

## ご当地の地雷ネタ

●**JR東海と静岡県は因縁が深い。**2002年には「のぞみ」の値上げに伴い、静岡県に停車するひかりとこだまの特急料金まで同一に値上げするJR東日本の方針に対して、**知事が「通行税を課すことを真剣に検討する」と猛反発。**18年には、リニアモーターカーのトンネル工事に関してもバトルが勃発している。

●浜松市は、政令指定20都市で10万人当たりの**人身事故件数が、18年まで10年連**

続**ワースト1**になった。

●1999〜2010年までの「平成の大合併」により、静岡市に合併された清水市。**現在は「清水区」となっているが、いまだに慣れないという地元民が多数。**

●富士山の2合目にある、遊園地「ぐりんぱ」(静岡県裾野市)内にある、シルバニアファミリーの世界を等身大にした**「シルバニアビレッジ」は、濃霧になるとミステリーゾーン的で怖い**と話題に。

●静岡ローカルで流れている**パチンコ店「コンコルド」のCM**は、何がしたいのかさっぱりわからないとして有名。

●愛知県以外の東海地区**「年収の低い企業ランキング」**で、ワースト10のうち、静岡県に本社がある企業が7企業もランクインした。

県民性

## ・3つに分かれる県民性

日本の東西の分岐点に位置するため、どちらの文化や性質も受け入れられる、おおらかさと開放的な気質が育った。全体的に温暖な気候の影響で、穏やかでのんびりマイペースである。

ただ、昔は駿河、遠江、伊豆の3つの国に分かれており、地形も東西に長いので、性格的には3つの地区で大きく異なる部分もある。

## ・遠江の「やらまいか」精神とは

駿河と呼ばれた現在の中部エリアは気候も温暖で過ごしやすく、人の往来も多かったので柔軟性があり、人情深いタイプが多い。

対して、西部の遠江は年中強い風が吹

き、温暖とはいえ厳しい環境を強いられることも多かった。それゆえ、中部に比べ、ビジネスに関してはかなりシビアである。

また、江戸時代、遠江にあった浜松藩は、東西の往来の要所とされていた。それゆえ、文化を一早く先取りしようとする意気込みがある。これは「ようし、やろうぜ」「やってやろう」という意味の「やらまいか」精神と呼ばれている。

**・のんびりしすぎて餓死しそう?!**

伊豆地方は、県内で最ものんびりし、消極的であるとされる。昔から伊豆地方の人は、食べ物が底をついても自分から動かないほどの受け身的な気質を「伊豆餓死」と揶揄（やゆ）されるほどである。

さらに言えば、静岡県は「川文化」と呼ばれ、川を一つ越えるだけで、文化や言葉が変わることでも知られている。たとえば、正月のしめ縄の種類だけでも県内で11種類あるという。

**全国No.1**

**●茶の生産量。**全国シェアの4割を占めている。温暖な気候が栽培に適しており、牧之原（まきのはら）、磐田原（いわたはら）などが有名。

**●ピアノの出荷量・出荷額。**出荷量は約3万5000台、出荷額は約182億円で全国随一。生産工場は5事業所ある。

**●サクラエビの漁獲量。**透明感のある美しい桜色をしたサクラエビは、駿河湾の特産。漁が開始されれば、富士川の河川敷はサクラエビの天日干しが敷き詰められ、真っ赤に染まる。

**●60歳以上の働く意欲のある高齢者に仕**

事を提供する、**シルバー人材センターの設置率**。平成12年4月、全国で初めて市町村への設置率が100%となった。現在も県の全35市町に設置されている。

**ご当地の有名キャラクター**

ふじっぴー（静岡県）／駿府の竹千代くん（静岡市）／かんたくん（清水区）／出世大名家康くん（浜松市）／しっぺい（磐田市）／すそのん（裾野市）

**特徴的な方言**

あみゃあら（あなたたち）／**いじゃ**（行こう）／うらっち（自分たち）／**ええかん**（たくさん）／おこうこ（お漬物）／かじる（引っ掻く）／**かたす**（仲間に入れる）／くすがる（刺さる）／けっこい（きれいい）／しゃんべー（おしゃべり）／**しょろしょろ**（ぐずぐず）／しょんない（しょうがない）／すかす（開けておく）／**たごる**（さぼる）／～だに（～だよ）／**ちんぷりかえる**（怒る・拗ねる）／とぶ（走る）／とんじゃかない（気にしない）／ぬくとい（温かい）／**のっくむ**（飲む）／**やっきりする**（腹が立つ）／**やらまいか**（やろうじゃないか）

**出身有名人**

**鈴木梅太郎**（農芸化学者）／斉藤知一郎（大昭和製紙創業者）／**豊田佐吉**（トヨタグループ創始者）／**本田宗一郎**（本田技研創業者）／岩崎恭子、古橋廣之進（競泳）／中山雅史、長谷部誠、**三浦知良**（サッカー）／**伊藤美誠**（卓球）／室伏広治（ハンマー投げ）／志茂田景樹（作家）／渡部陽一（カメラマン）／天野喜孝（イラストレーター）／見城徹（幻冬舎創業者）／**大岡信**（詩人）／**さくらももこ**（漫画家）／春風亭昇太（落語家）／**齋藤孝**（教育学者）／市毛良枝、**加藤剛**、岸本加代子、**里見浩太朗**、柴田恭兵、**長澤まさみ**、**広瀬アリス・すず姉妹**（俳優）／電気グルーヴ（ミュージシャン）／久保田利伸、研ナオコ、百田夏菜子（歌手）

**お土産**

**うなぎパイ**、**静岡茶**、**安倍川餅**、こっこ、ようかんぱん、**黒はんぺん**、**わさび漬**、静岡おでん、谷岡の甘栗、バリ勝男クン、田子の月もなか、あげ潮

**企業**

スズキ、ヤマハ発動機、菊池建設、本田技研工業、テルモ、河合楽器製作所、はごろもフーズ、静岡銀行、秀英予備校、ローランド、浜松ホトニクス

**有名高校**

**静岡**、**浜松北**、**沼津東**、清水東、富士、磐田南、韮山（にらやま）、静岡東、藤枝東、東海大翔洋、静岡雙葉、常葉（とこは）大菊川

**名所旧跡**

**浜松城**、清水次郎長旧宅、**蓬莱橋**（ほうらい）、**沼津港深海水族館**、浮月楼（ふげつろう）、久能山（くのうざん）東照宮、**韮山反射炉**、起雲閣、**登呂遺跡**

**行事**

河津桜まつり、**大瀬まつり**、**浜松まつり**、**掛川大祭**、豊積（とよづみ）神社お太鼓まつり、可睡（かすい）斎（さい）秋葉の火まつり、浅間大社例大祭、焼津神社大祭荒祭、清水巴川灯ろうまつり

**特産品**

茶、温室メロン、温州ミカン、ワサビ、天竜杉、カツオ、マグロ、サクラエビ、しらす、ウナギ、オートバイ

## ㉓ 愛知県

**名古屋グルメの多くは三重県発祥だって?!**

★面積…5173㎢（全国27位）
★人口…754万2632人（全国4位）
★人口密度…1458人／㎢（全国5位）
★旧国名…三河国、尾張国

県庁所在地と主要都市

**ご当地の鉄板ネタ**

●小牧市にある間々観音（龍音寺）は、室町時代中頃に創建された古刹。その別名は**「おっぱい寺」**。境内はおっぱいが付いた手水場に、おっぱいの絵馬、おっぱいのお守りなどおっぱい尽くし。寺院は授乳や乳房の発育などにご利益があるとされ、**妊婦やカップルから人気が高い。**

●名鉄百貨店メンズ館1階エントランスにいるマネキン**「ナナちゃん」**は、身長6・1m、スリーサイズが上から207・180・215cmと抜群のプロポーション。**2020年で47歳になるマネキン界の美魔女。**

●他府県の人間にはわからない謎の暗号**「4M1T」**。これは名古屋にある百貨店の総称で、松坂屋、三越、名鉄、丸栄の頭文字を取った「4M」に髙島屋の「T」を加えたもの。だが丸栄が2018年に閉店したため、今後は「3M1T」などと呼ばれるかもしれない？

●東海市には『トマトで健康づくり条例』がある。**カゴメ株式会社発祥の地**であることにちなんだ「毎月10日はトマトの日」「トマトジュースによる乾杯の奨励」などが盛り込まれている。

●名古屋ではジャンケンをするとき**「チヨキ」を「ピー」と言う**。これはピースサインの「ピー」が由来と考えられる。

●**名古屋港水族館**には、見た目が気持ち悪すぎて20年間バックヤードで封印されていた**シワヒモムシ**がいる。全長約70㎝で、その名のとおりシワシワの紐のような姿をしている。ゴムのように伸び縮みする様は「生きている腸」のようなグロテスクさだが、一旦展示されると**そのキモさがかえって反響を呼び、水族館の人気者**になった。

## ご当地の地雷ネタ

●2005年、**美浜町と南知多町を合併**する計画が公表されたが、その新市名は「南セントレア市」。これは「中部国際空港（愛称・セントレア）の南に位置するから」という理由であったが、地元民から反対意見が続出し、計画は消滅。なお合併協議会が提案した新市名の中には**「遷都麗空市」**と暴走族が付けそうな名前もあった。

●名古屋名物の**「天むす」も「味噌カツ」もじつは三重県が発祥**。だが、これを指摘しても**「名古屋の天むすはエビが大きい」「広めてやったのは名古屋」**と地元愛を前面に出した反論が待ち受けている。

●2019年夏、半田市の職員有志はクールビズでポロシャツを着用したが、その背中には「12／2」という分数が記されていた。これは**「12／2」＝「6」、すなわち「半ダース」と読み「半田市」を連想してほしい**という市長肝煎りのダジャレだったが、市民に浸透することはなかった。

●「ちんちん」は方言で「熱々」を意味するが、他府県で**「すごいちんちん！」**などと言うと周囲を凍らせる羽目になる。

●方言では「〜しないで」を「〜しんで」と発音。**「一緒にしんで」**と言っても、心中を持ちかけているわけではない。

## 県民性

### ・県内でも大きく異なる気質

愛知県は東部の三河地方と、西部の尾張地方に分けられ、もともと別の国だったことから、住民の気質にも違いがある。徳川家の出身地である三河地方は古くから農業地域であったためか住民は団結力が強く、同時に閉鎖的だとされる。

一方、織田信長や豊臣秀吉を出した尾張地方は、熱田湊を中心に栄えた商業都市。そのため義理人情より損得勘定を優先する気質が見られたという。

### ・安さが一番、次に量、最後に味？

県民の大きな特徴が倹約家であること。愛知では昔から「一安二量三味」という言葉があり、これは「安さが一番、次に量、最後に味」という意味で、ここからも県民の金銭感覚がうかがえる。ビジネスの場面でも、商談で値切り、見積もりで値切り、納品時にも値切る「三段値切り」という習慣があるなど、とにかくお金にシビアな一面がある。

その理由は江戸時代初期に尾張藩が財政難に陥った際、領民に勤倹貯蓄を奨励したことの名残とする説もある。

**・保守的な人が多いわけ**

地元志向が強く、県内の大学への進学率は国内トップ。トヨタなど有力企業が多く、地元で就職する学生も多い。そのため県外に出る人は少なく、地域コミュニティや親戚とのつながりも強い。

保守的で体面にこだわる傾向があり、「娘を3人持つと家が潰れる」と言われたほど名古屋の嫁入り道具は豪華だったが、これも外聞を気にする県民性ゆえか。

**全国No.1**

**●キャベツ、シソ、フキ、冬瓜、イチジクなどの農作物の収穫量。**特にキャベツの栽培の始まりは明治時代中期と全国で最も古い。現在でも「野崎中生キャベツ」をはじめ、多くの優良な品種を全国に送り出している。

**●自動車の出荷台数。**トヨタのお膝元であるだけに、普通乗用車の出荷台数は全国の約3割を占めている。また乗用車の保有台数も日本一。

**●木魚の生産量。**日本で生産されている木魚は県内の愛西市や一宮市のみで、工房も5、6軒程度。原木の乾燥に相当な時間を要するため、完成には10年程度かかるという。

●エレベーターの生産数。三菱電機稲沢(いなざわ)製作所がトップシェアを誇る。

### ご当地の有名キャラクター

はち丸くん、おけわんこ（名古屋市）／だし丸くん（半田市）／いなッピー（稲沢市）／せとちゃん（瀬戸市）／つし丸（津島市）／道風くん（春日井市）／きーぼー（安城市）／いなりん（豊川市）

### 特徴的な方言

あらすか（あるはずがない）／おみゃあ（おまえ）／かう（鍵などをかける）／**けった**（自転車）／こわす（お金などをくずす）／〜してちょう（〜してください）／しゃびしゃび（水っぽくなる様）／たわけた（馬鹿げた）／**ちんちん**（熱々）／つる（運ぶ）／でら（とても）／**ときんときん**（尖っている）／〜に（〜ね）［例：かわいいに］／〜まい（〜しようよ）［例：食べよまい］／**ぱーぱー**（開けっ放し）／ひきずり（すきやき）／ひとなる（成長する）／まわし（準備）／やっとかめ（久しぶり）／〜りん（〜して）［例：食べりん］

### 出身有名人

相馬半治（明治製菓創業者）／田中恭一（メニコン創業者）／蟹江一太郎（カゴメ創業者）／盛田昭夫（ソニー創業者の1人）／小林誠、**益川敏英**（ノーベル物理学賞受賞者）／萱野稔人（哲学者）／海部俊樹（首相）／市川房枝（婦人運動家）／大沢在昌、城山三郎、**中村文則**、野沢尚（作家）／**藤井聡太**（将棋棋士）／**林修**（予備校講師）／江川達也、**鳥山明**（漫画家）／**浅田真央**、安藤美姫（フィギュアスケート）／**イチロー**、金田正一（野球）／岡村孝子、加藤ミリヤ（歌手）／瀬戸朝香、**舘ひろし**、玉木宏、戸田恵子、**松平健**（俳優）／天野ひろゆき、スピードワゴン（芸人）

**お土産**

ういろう、きしめん、**えびせんべい**、きよめ餅、鬼まんじゅう、味噌おでん、味噌カツ、**手羽先**、守口漬、八丁味噌、名古屋コーチン、**小倉トースト**、蒲郡（がまごおり）ミカン、知多牛、ひつまぶし、瀬戸焼

**企業**

トヨタ自動車、メニコン、デンソー、シヤチハタ、リンナイ、カゴメ、スギホールディングス、東建コーポレーション、愛知銀行、中京銀行、名古屋鉄道、ニッセイ、ミツカン、ヴィレッジヴァンガード

**有名高校**

**旭丘**（あさひがおか）、岡崎、一宮、明和、刈谷、時習館、向陽、**東海**、滝、南山、**愛工大名電**、中京大中京

**名所旧跡**

**名古屋城**、**犬山城**、岡崎城、**熱田神宮**、日間賀島（ひまか）、明治村、**リトルワールド**、東山動物園、レゴランド・ジャパン

**行事**

岡田春まつり、風まつり、足助（あすけ）祭り、せと陶祖まつり、知立（ちりゅう）まつり、亀崎潮干祭、梅酒盛（うめさかもり）神事、太閤まつり

**特産品**

キャベツ、ブロッコリー、白菜、三つ葉、大葉、ナス、フキ、小麦、豚肉、抹茶、アサリ、ウナギ、ワタリガニ、クルマエビ、のり、三河材（木材・製材品）

## あなたは青ネギ派？　それとも白ネギ派？――都道府県ずんずん調査③

関西人が東京に行って驚くことの一つが、うどんのツユの濃さとネギの白さだ。

奈良時代にネギが中国から伝わったときから、寒い北部由来の白ネギと温暖な南部の青ネギに分かれていたとされ、そのまま日本の風土にも合わせて栽培されたといわれている。

では「その境界線は？」というと、静岡、愛知から岐阜、石川、富山にいたるあたりだとされる。なぜなら、愛知には「越津ネギ」という青白両方の特徴を兼ね備えたネギが栽培されているからだ。

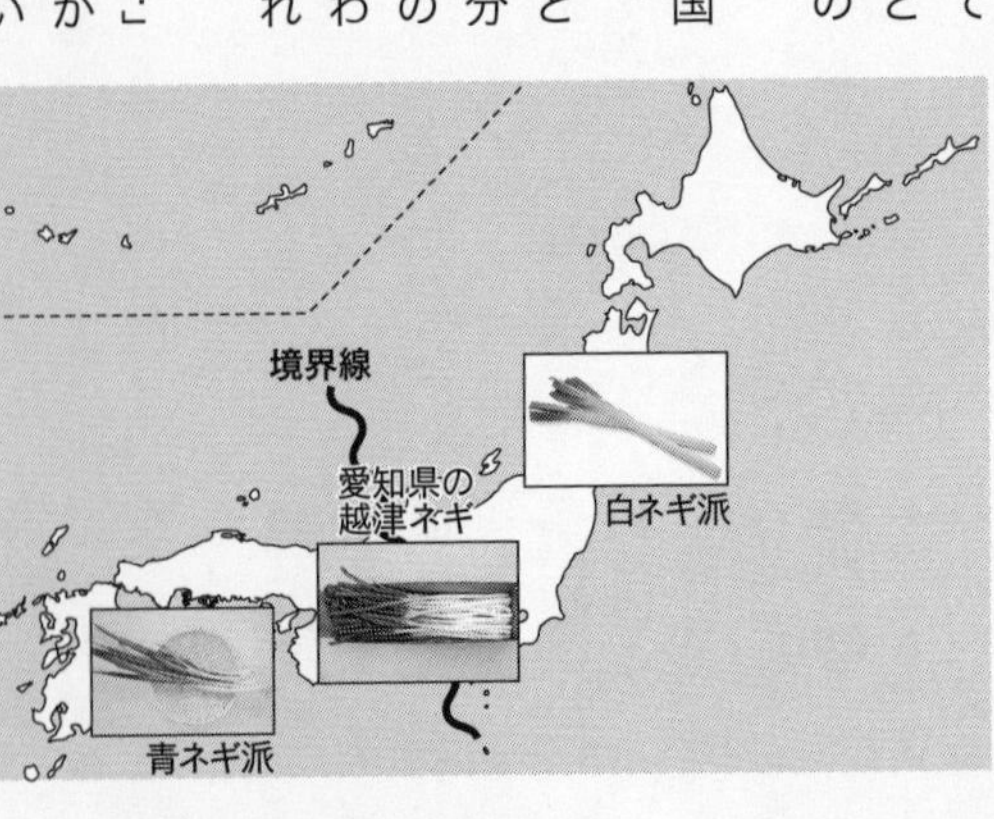


さらに言うと「駅そば」の薬味ネギは、静岡県の熱海駅と三島駅で変わるとされる。一般的なうどん屋、そば屋で使われるネギも、岐阜県の関ケ原あたりで、青ネギが使われるところと白ネギが使われるところが半々くらいになるようだ。

たとえば、出身地を
聞かれたときに「兵庫県」と
言わないのが兵庫県民！

# 近畿地方
## の話のネタ

㉔

# 三重県

何かと名古屋には持っていかれやすい

★面積…5774㎢（全国25位）
★人口…177万2011人（全国22位）
★人口密度…307人／㎢（全国20位）
★旧国名…伊勢国、伊賀国、志摩国、紀伊国

県庁所在地と主要都市

**ご当地の鉄板ネタ**

●県内のパーキングエリアで食べられる牛丼やカレーなどのメニューでは、**牛肉が松阪牛**である率が高い。

●世界大会16連覇を記録し、「霊長類最強女子」の異名を持つ元レスリング選手・吉田沙保里氏の出身地である津市には、彼女の名前にちなんだ**スポーツ施設「サオリーナ」**がある。命名は吉田氏本人。

●井村屋やおやつカンパニー、マスヤなど、**お菓子の業界が元気**で、あずきバーやベビースターラーメン、おにぎりせんべいも三重県発祥なのが誇り。いちご大福も、津市のとらや本店が発祥の地という説も。

●伊勢地域では、正月だけでなく一年

中、民家の玄関に**「蘇民将来子孫家門」と書いた札（門符）を吊ったしめ縄が掛けられている。**昔、暴風雨に往生した牛頭天王という神を、蘇民将来という人物が一晩泊めた。そのお礼に牛頭天王が、厄除けとして門符をお守りとするよう教えたことが由来とされている。

●**桑名市の「ナガシマスパーランド」**は、じつは世界レベルで有名な遊園地。２０１８年には「世界で最も人気のある25の遊園地」の19位にランクインしている。

●伊勢神宮には毎月１日、早起きして神宮へお参りする「朔日参り」という習わしがある。これに合わせ、**赤福では１日限定の「朔日餅」が販売される。**２月は豆大福など、毎月餅の種類が違う（１月は販売しないので11種類）のも楽しい。

●小学校の遠足で、**ＨＯＮＤＡの鈴鹿製作所で工場見学→鈴鹿サーキット**というクルマ好きには垂涎の的のコースがある。

●昔は公害が社会問題化していた**四日市の石油化学コンビナートだが、今は「工場萌え」の夜景スポットで有名に。**写真集が出版されるなど観光地化している。

### ご当地の地雷ネタ

●子どもに人気の「名古屋アンパンマンミュージアム」は桑名市にあるのに「名古屋」と付く。また、名古屋名物の天むす、ういろう、味噌カツもじつは三重県が発祥。

●**尾鷲市は面積の90％が山林。何かと名古屋に持っていかれやすい。**ＪＲは電車でなく汽車が走り、尾鷲駅に停車するのは、上下合わせて一日28本。最悪の場合、１本逃すと３時間待つことになる。

●四日市に伝わる、特異な**からくり山車（だし）**「**大入道**」は怖すぎて子どもが泣く。

●三重県は中部地方なのか、近畿地方なのか、東海地方なのか。県民もいまいちわかっていない。

●県庁がある「**津市」は日本一短い駅名**として有名。さらに「世界一短い駅名」としてギネス登録を目指したが、ローマ字読みで「TSU」となるため、「Z」の一文字を「つ」として読ませるという強引さを見せようとした。

●**津市のルーブル彫刻美術館**は、れっきとしたフランスのルーブル美術館の姉妹館。1987年の開館時には、ルーブル美術館の会長もテープカットに訪れた。しかし**なぜか認知度は低く、B級スポット扱い**されることも。

## 県民性

**・安定した土地ゆえあくせくしない**

黒潮の影響で温暖な気候が続き、漁業・農業も盛んという食に恵まれた土地。さらには伊勢神宮があり、神話時代から祈願に訪れる人の往来は、途絶えたことがないという。それゆえ、あくせくせずとも生活が安定しており、欲や上昇志向をあまり持たない人が多い。

江戸時代には「伊勢商人」が有名となったが、こちらもあまりお金を派手に回すタイプではなく「倹約家」という点で注目を浴びていたようだ。

**・秘めたる反骨精神の持ち主**

ただ、季節を問わず全国各地から訪れる参拝客を相手にしてきたので、社交スキルは高いし、楽しいことも大好き。開放的で愛想のよい気風が育まれた。同時に「神様のお膝元」という確固たるプライドも根付いており、嘘や人をだますことは徹底的に嫌う。

大都市で強烈な個性を持つ名古屋と大阪の中間にあるため、控えめで柔軟性が高いが、同時に「両県に負けたくない」という反骨精神も強く持っている。

**・三重県男子は「夫にしたい」?!**

商売的には、三重が持つ真面目な気質と、名古屋・大阪のしたたかな拝金主義をちゃっかり取り入れ、東京で成功を収める人が多い。このように、故郷から出て自分の良さと周囲の良いところをプラスし、才能を花開かせるのも三重県民の特徴である。

また、喫煙や飲酒の量が、どちらも全国的に低く、金銭的にも堅実で派手な使い方をしないことから、「夫にしたい県民」では常に上位にランクインしている。

**全国No.1**

●**海女（あま）の人数。**全国シェアの約半分の人数を占める。

●**自動販売機の出荷率。**四日市市にある富士電機三重工場は、東京ドーム5つ分の敷地面積で、世界でも堂々のトップシェアを誇る。

●**伊勢エビの水揚げ量。**漁は10月から4月まで行なわれる。10月1日に志摩（しま）市で水揚げした伊勢エビが伊勢神宮に奉納され、解禁となる。

●**真珠装身具の出荷量。**愛知県の宇和島（うわじま）と並び、志摩市は真珠の養殖の産地として有名。

●**鳥羽水族館は、生物飼育種類数が日本一。**約1200種が飼育されている。

## ご当地の有名キャラクター

う～まちゃん、いせわんこ（三重県）／シロモチくん（津市）／いが☆グリオ（伊賀市）／うめぼ～や（いなべ市）／こにゅうどうくん（四日市市）／すずか茶んｎ（鈴鹿市）

## 特徴的な方言

あいべ（歩いて）／いどころ寝（うたた寝）／いらう（触る）／うざ（雑）／**おいない**（来て）／おおきん（ありがとう）／おだつ（ふざける）／おっとっしゃー（あれまあ）／がいなもんじゃ（たいしたもんだ）／**かんがえて**（気をつけて）／かんぴたん（干からびた）／～げな（～そうだ）／ごうわく（腹が立つ）／ささって（あさって）／**しろかさ**（知るわけがない）／たらう（届く）／だんない（大丈夫）／**つる**（運ぶ）／どべ（最下位）／**なんなん**（どうしたの）／はしかい（かゆい）／みしゃげる（壊れる）／**～やに**（～ですよ）／**～ややんやん**（～できない）／よめく（叫ぶ）

## 出身有名人

**三井高利**（三井財閥創始者）／**御木本幸吉**（ミキモト創業者）／近藤淳也（はてな創業者）／村山龍平（朝日新聞社創業者）／**岡田克也**（政治家）／**高畑勲**（アニメ映画監督）／**市川崑**、和田勉（映画監督）／三重ノ海（大相撲）／**瀬古利彦**（マラソン）／**吉田沙保里**（レスリング）／小椋久美子（バドミントン）／榊莫山（書家）／**江戸川乱歩**（作家）／ドン小西（ファッションデザイナー）／あべ静江、鳥羽一郎、**西野カナ**、**平井堅**、山川豊（歌手）／**植木等**、椎名桔平、田中哲司、夏樹陽子、水野美紀（俳優）／林家菊丸（落語家）／磯野貴理子（タレント）／夢眠ねむ（アイドル・実業家）

**お土産**

**赤福餅**、へんば餅、かたやき、虎屋ういろ、**伊勢うどん**、太閤出世餅、**松阪牛しぐれ煮**、おきん餅、なが餅、へんば餅、シェルレーヌ、伊賀焼き、四日市萬古焼

**企業**

ICDAホールディングス、カネソウ、井村屋、MIEコーポレーション、柿安本店、ジャパンマテリアル、日本ハム、おやつカンパニー、赤福、マスヤ、鈴鹿英数学院

**有名高校**

津、四日市、伊勢、桑名、白山、川越、高田、暁、海星、三重

**名所旧跡**

**伊勢神宮**、**夫婦岩**、**熊野古道馬越峠**、鬼ケ城、賓日館、丸山千枚田、伊賀上野城、横山展望台、松坂城、関宿、御城番屋敷、六華苑、椿大神社、本居宣長旧宅

**行事**

上野天神祭、伊勢大神楽、伊勢神宮の御木曳、初午大祭、桑名石取祭、**多度祭**、上野天神祭、海女の祭典しろんご祭、**夫婦岩の大注連縄張神事**

**特産品**

伊勢茶、ミカン、カツオ、伊勢エビ、真珠、カキ、のり、ハナビラダケ、サツキ、ツツジ、尾鷲ヒノキ

## ㉕ 滋賀県

### 最新家電に目がなく、情報通でボランティア好き

★面積…4017㎢（全国38位）
★人口…141万3774人（全国26位）
★人口密度…352人／㎢（全国15位）
★旧国名…近江（おうみ）国

県庁所在地と主要都市

**ご当地の鉄板ネタ**

●**彦根市民が一家に1台は持っていると**いう「**カロム盤**」。これは盤上に並べた平たい玉を指で弾き、四隅の穴に落とすボードゲームで、インドが発祥とされる。一時は全国に普及するも次第に廃（すた）れ、彦根市にだけ残る。現在でも**カロム日本選手権大会**が行なわれ、毎年600人を超える参加者が集まる。

●雪深いイメージのない滋賀だが、1927年には**米原（まいばら）市の伊吹山で約11・8m**、じつに**ビル4階の高さに相当する積雪**が観測されたことがある。これは世界最深積雪記録としてギネスに認定された。この数字は今でも破られていない、また破られても困る大記録である。

**●かつて大津市には「琵琶湖タワー」という遊園地が存在した。**目玉は高さ108mと当時世界一を誇った「イーゴス108」。名前の由来は「すごーい」を逆さにしたもので、そのネーミングセンスもなかなかすごい。2001年に施設は廃業したが、観覧車は10年以上にわたってメンテナンスが続けられた後、解体されてベトナムに輸出された。

**●**近江八幡（おうみはちまん）市では、琵琶湖に棲息（せいそく）する**ブラックバスを材料にした「よそものコロッケ」**を販売。「よそもの」とは外来魚の意味だが、ブラックバスは高たんぱくで低脂肪、あっさりした味で評判が良く、よそものでありながらご当地グルメの仲間入りを果たした。また**滋賀の小学校の給食では、ブラックバスのから揚げやフライが出ることがある**という。

**●**マヨネーズで和えた刻みたくあんのペーストをコッペパンで挟んだ「**サラダパン」は滋賀のローカルフード**だが、全国販売されていると信じている県民も多い。

**ご当地の地雷ネタ**

**●守山市には「浮気」という、ドキッとするような町名がある。**もっとも、読み方は「うわき」ではなく「ふけ」。湧水が多く、水が「蒸け」ているような土地の様子から「浮気」に転じたとされる。

**●**草津市の琵琶湖畔で毎年行なわれる**イナズマロックフェス**。イナズマの由来は滋賀県の「滋」の字が稲妻に見えることに由来するという。一方、**滋賀ナンバーの「滋」はゲジゲジに見えるため**、ゲジゲジナンバー（ゲジナン）と揶揄（やゆ）されることもある。

**●京都人からけなされた際に、県民が使う定番の反撃フレーズといえば「琵琶湖の水を止めるぞ」**。しかし、琵琶湖疏水取水口は京都市の管轄なので実行は不可能である。

●県民が誇りとする琵琶湖だが、年によっては**「琵琶湖虫（オオユスリカ）」と呼ばれる全長1㎝の虫が大量発生**することがある。毒はないものの住宅の壁や車などにびっしりと張り付く光景は、まさにホラー。琵琶湖周辺に住むなら、この虫と共存する覚悟が必要だ。

●草津市民だと告げると、他府県民から結構な確率で「あの温泉で有名な……」と言われる。市役所にも時折、群馬県の草津温泉の問い合わせがあるとか。

県民性

**・近江商人を生んだ地**

滋賀県は東海道・北陸道・中山道の三道が交わる交通の要衝であったため、早くから商業が栄えたエリアだった。そんな土地柄で生まれたのが「近江商人」で、質素・倹約・勤勉をモットーに全国を行脚。各地で資本と信用を積み立て、のちに伊藤忠商事や丸紅、髙島屋のルーツとなる商家を築く者が現れる。

この近江商人の伝統を受け継ぐ県民もやはり堅実で正直、そして粘り強い性質の人間が多いとされる。

**・ネットワーク重視で商売繁盛**

近江商人が成功を収めた理由の一つとして考えられるのが、彼らが情報強者であったことだ。近江商人は、行商の過程で各地の情報や都の情勢などをいち早く入手することができ、これが彼らの商売の大きなサポートになったことは想像に難くない。

２０１４年の時点でパソコンやスマートフォンの普及率が全国１位なのも、情報を重視した近江商人のＤＮＡの影響とみることができるだろう。

**・ボランティア好き&好奇心旺盛**

さらに滋賀県はボランティア活動の年間行動者率が全国上位。その理由も「買い手よし、売り手よし、世間よし」のいわゆる「三方よし」や、見返りを求めず陰で善行を施す「隠徳善事」など、近江商人が大切にし続けた精神性が反映されたためと考えられている。

ちなみに滋賀県では、食器洗い機やシステムキッチンなどの最新家電の普及率が高い。そのことから真面目なだけでなく、好奇心旺盛で新し物好きという県民気質もうかがうことができる。

**全国No.1 ●肉用牛の飼養農家1戸当たりの頭数。**

日本最古のブランド牛といわれる滋賀の「近江牛」は、きめ細かい肉質や甘い脂、高い霜降り度合いが特徴。松阪牛や神戸牛に比べてもリーズナブルだ。

**●「飛び出し坊や」の看板の設置数。**「飛び出し坊や」は旧・八日市市（現・東近江市）の発案で１９７３年に作られたのが始まり。発祥の地だけあって近江商人や甲賀忍者、大河ドラマの主役になった「お江（ごう）」などをモチーフにした人形が見られ、そのバリエーションは豊富だ。

●**パンの購入数量。**理由は不明だが、「戦後の大津には進駐軍の拠点があったため、市民がパンに親しむ土壌ができていたのではないか」との意見もある。

**ご当地の有名キャラクター**

タボくん（滋賀県）／**ひこにゃん**、ひこちゅう（彦根市）／おおつ光ルくん（大津市）／さらさちゃん（高島市）／もーりー（守山市）／たび丸（草津市）

**特徴的な方言**

**ええほん**（いいって）／がいっと（力いっぱい）／かす（米を研ぐ）／かてる（凍てつく）／**きゃんた**（来た、来られた）／きんまい（きれい）／ごえんさん（和尚さん）／せつろしい（忙しい）／**せんどする**（退屈する）／だんない（問題ない）／**～にい**（～しようよ）［例：行こうにい」／～ね（～の家）［例：うちね」／ほえない（あっけない）／**ほっこりした**（疲れた）／**まつばる**（絡まる）／めいぼ（ものもらい）／ももける（毛羽立つ）／**もんてくる**（帰ってくる）／よぞい（おぞましい）／**～らった**（～していた）［例：食べてらった」

**出身有名人**

**伊藤忠兵衛**（伊藤忠財閥2代目当主）／**堤康次郎**（西武グループ創業者）／夏原平次郎（平和堂創業者）／**宇野宗佑**（首相）／武村正義（政治家）／**尾木直樹**（教育評論家）／**田原総一郎**（ジャーナリスト）／北村想（劇作家）／上田慎一郎（映画監督）／幸田真音、団鬼六、姫野カオルコ（作家）／森田まさのり（漫画家）／ヒロ・ヤマガタ（美術家）／**桐**

**生祥秀**（陸上）／**武豊**、福永祐一（騎手）／山中慎介（ボクシング）／乾貴士、井原正巳（サッカー）／岡林信康、**西川貴教**（歌手）／烏丸せつこ、林遣都（俳優）／松居一代（タレント）／ダイアン、野性爆弾、ひょっこりはん（芸人）

**お土産**

バームクーヘン、丁稚羊羹、いもつぶし、のっぺいうどん、**近江牛**、近江米、三井寺力餅、**鮒ずし**、鯖寿司、赤こんにゃく、日野菜漬、丁子麩、焼鯖そうめん、鮎の佃煮、**信楽焼**

**企業**

メタルアート、平和堂、フジテック、日本電気硝子、滋賀銀行、タカラバイオ、アテクト、近江鉄道、三東工業、永昌堂印刷

**有名高校**

**膳所**、**彦根東**、石山、東大津、野洲、比叡山、近江、立命館守山、近江兄弟社

**名所旧跡**

**比叡山延暦寺**、園城寺、**彦根城**、安土城跡、**竹生島**、石山寺、近江神宮、**瀬田の唐橋**、雄琴温泉、黒壁スクエア、びわ湖バレイ、滋賀農業公園ブルーメの丘、**甲賀の里忍術村**

**行事**

**大津祭**、八日市大凧まつり、近江神宮例祭、**水口曳山まつり**、多賀祭り、日野祭、篠田の花火、兵主祭、西市辺裸まつり

**特産品**

かんぴょう、カブ、水菜、日野菜、黒豆、メロン、ブドウ、しゃも、牛肉、鮎、ビワマス、しじみ、ホンモロコ、イサザ

# ㉖ 京都府

伝統を大事にするが「日本初」も大好き！

★面積…4612㎢（全国31位）
★人口…257万2814人（全国13位）
★人口密度…558人／㎢（全国10位）
★旧国名…山城国、丹後国

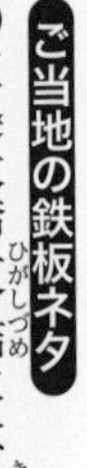


●三条大橋東詰には勤王思想家・**高山彦九郎の像**が設置されており、待ち合わせ場所にも利用される。ただ、その際には**「土下座前」と呼ばれる**ことがしばしば。その理由は像が両掌と両膝を付いているためだが、これは土下座ではなく、あくまで京都御所への礼拝の姿である。

舞鶴市
亀岡市
京都市
宇治市

府庁所在地と主要都市

●京都の惣菜や家庭料理を**「おばんざい」と呼ぶのは、他府県の人間だけ。**京都人は日常生活でこの言葉を使うことはなく普通に「おかず」と言う。

●景観に厳しい京都では、建築物の高さにも神経を尖らせている。市内のあるホテルが改装工事を行ない、高層化した際には**「○○ホテルの宿泊客は参拝お断り」**

**という看板を立てた寺院もあったとか。**

●プロサッカーチーム・京都サンガF・Cのホームグランドは現在、亀岡市にある「**サンガスタジアム by KYOCERA**」だが、それ以前の本拠地の正式名称は「京都市西京極総合運動公園陸上競技場兼球戯場」という恐ろしく長いものであった。

●京都には市内の東西の通りの名を盛り込んだ唄があり、その歌い出しは「**♪丸竹夷二押御池姉三六角蛸錦**（まるたけえべすに　おしおいけ　あねさん　ろっかくたこにしき）」というもの。それぞれ丸太町・竹屋町・夷川などの通りの名から1文字取られており、**覚えておくと迷子にならない**という。なお、南北の通りの名の唄も存在する。

●**日本初の近代小学校は、京都に造られた。**それを記念して上京区富小路御池角守山町に「日本最初小学校　柳池校」の碑がある。これは1869年の開校で3年後の学校制度創設より早い。

●伏見稲荷神社の門前では「**スズメの丸焼き」が売られている。**伏見稲荷はもともと五穀豊穣の神様で、米を食べるスズメは大敵。そこでスズメを退治するために丸焼き料理が生まれたと伝わる。肉の表面はカリッとしており、**脳味噌にはレバーのようなコクがある**という。

### ご当地の地雷ネタ

●祇園四条には「**と、いうわけで。**」という、どういうわけで付けたのか知りたくなる名前のラブホテルがある。また京都市内や亀岡市には「**De・MASSE**」、**すなわち「でまっせ」**と、なかなか射幸心を煽(あお)ってくる店名のパチンコ店が存在する。

●京都では「おい！」と偉そうに店員を呼びつける客に対しては、その横柄(おうへい)な態度のぶん料金をふっかける**「おいおい税」なる課税システムが存在する**という都市伝説がある。

●2014年に、ある大手食品メーカーが発表した**「都道府県別〝快便〟ランキング」によると、京都はワースト1位**。なぜ京都が「便秘大国」となったのかは謎である。

●京都人は婉曲(えんきょく)な表現を好むと言われ、たとえば**「何を着ても似合わはりますなあ」**は「そんな格好して恥ずかしいないんかい」で、**「元気のええお子さんですなあ」**は「やかましい子どもやな、静かにさせなさい」の意味であるという。

**県民性**

**・なぜ「よそ者」に冷たい？**

千年以上にわたり日本の中心として君臨しただけあって、その歴史をバックボーンに持つ京都人のプライドの高さは日本一。「京都の人が〝先の大戦〟と言えば応仁の乱のこと」「京都では十代住まないと京都人とは認められない」といった言説が聞かれるのも、京都人の気位の高さが広く認知されているためだろう。

その自尊心の強さゆえ、京都人はよそ者に冷たく排他的な一面があるとされる。ただ京都は、室町時代には応仁の乱、幕末には蛤(はまぐり)御門(ごもん)の変など「よそ者」が持ち込んだ戦乱により、街を焼け野原にされた過去がある。そのことから、他人をたやすく立ち入らせない風土が育ったという見方もある。

**・婉曲表現は身を守る知恵**

また京都人と言えば「京のぶぶ漬け」の逸話に見られるように、やたらと物事を婉曲に表現することで知られている。

しかしこの独特なコミュニケーション法も、都での権力闘争をつぶさに見続けてきた京都人が、他人との無用な衝突を避けるために編み出した知恵の一つであったと考えられるだろう。

**・じつは「日本初」が大好き**

歴史や伝統を重視する一方、常に新しい文化を取り入れる柔軟さを持ち合わせているのも京都人の特徴だ。実際、日本で最初に小学校が生まれたのは京都で、路面電車や水力発電所の登場も京都が初。映画の上映会が初めて行なわれたのも京都である。

この〝初物尽くし〟も「京都こそが新しい文化の発信地にふさわしい」という京都人のプライドの表れかもしれない。

**全国No.1**

**●人口10万人当たりの大学数。**全国平均の0・67校に対し京都は倍の1・31校。京都には伝統を重んじながらも、新たな文化の育成に努める気風があり、大学の設置にも力が入れられた。また大学進学率も、東京を凌いで全国1位。

**●国指定伝統的工芸品の数。**西陣織、京鹿の子絞(かのこしぼり)、京友禅、京組紐(くみひも)などの染織、織物。また京仏壇、京漆器、京指物、京焼・清水焼、京扇子などの諸工芸、計17の工芸品が指定され、その数は全国最多。

**●コーヒーの消費量。**大学が多いため、学生や教員がカフェでコーヒーを飲む文化が根付いたのではないかと考えられている。またコーヒーとセットで食すためか、パンの消費量も日本でトップクラス。

### ご当地の有名キャラクター

まゆまろ（京都府）／明智かめまる（亀岡市）／チャチャ王国のおうじちゃま（宇治市）／いづみ姫（木津川市）／ネギーマン（久御山町）／ふなやん（伊根町）

### 特徴的な方言

あんじょう（うまく）／いけず（意地悪）／**おてしょ**（小皿）／おぶ（お茶）／かにここ（ぎりぎり）／**かんにん**（許して）／きばる（頑張る）／**～しはる**（～される）［丁寧語］／けなるい（羨ましい）／**ごきんとはんに**（ご丁寧に）／こうとな（地味だが品のある様）／じゅんさいな（曖昧な）／**はばかりさん**（ご苦労さま）／はんなり（上品で晴れやかな様）／ほっこりする（ほっとする）／まいまい（うろうろする）／**まったり**（落ち着きのある様）／**～よし**（～しなさい）［軽い命令］

### 出身有名人

樋口廣太郎（アサヒビール中興の祖）／内貴清兵衛（日本新薬創業者）／**今西錦司**（文化人類学者）／**鷲田清一**（哲学者）／中坊公平（弁護士）／**北大路魯山人**（芸術家）／綾辻行人、**村上春樹**、山本兼一、**綿矢りさ**（作家）／野中広務、前原誠司（政治家）／**佐渡裕**（指揮者）／**牧野省三**（映画監督）／衣笠祥雄、**野村克也**、吉田義男（野球）／**釜本邦茂**（サッカー）／尾崎亜美、倖田來未、つじあやの、**都はるみ**（歌手）／**上岡龍太郎**、坂下千里子、杉本彩、中澤裕子、浜村淳（タレント）／近藤正臣、**佐々木蔵之介**、玉山鉄二、**津川雅彦**、吉岡里帆（俳優）／千原兄弟、ブラックマヨネーズ（芸人）

### お土産

しば漬、**千枚漬**、葛まんじゅう、**麩まんじゅう**、金平糖、豆餅、**生八つ橋**、鯖寿司、舞鶴かまぼこ、**宇治茶**、鯖へしこ、にしん蕎麦、茶蕎麦、七味唐辛子、あぶらとり紙、京扇子

### 企業

任天堂、アイフル、王将フードサービス、京セラ、京都銀行、島津製作所、三洋化学、佐川急便、京福電鉄、日本電産、村田製作所、ローム、ワコール

### 有名高校

**洛北**、**鴨沂**（おうき）、銅駝（どうだ）美術工芸、堀川、西京、嵯峨野、京都教育大付属、桃山、南陽、山城、伏見工業、**洛星**、**洛南**、東山、花園、龍谷大附属平安、京都外大西

### 名所旧跡

二条城、**桂離宮**、京都御所、金閣寺、銀閣寺、平安神宮、**竜安寺**、伏見稲荷大社、**清水寺**、伊根の舟屋、東映太秦（うずまさ）映画村、京都水族館、京都鉄道博物館、**天橋立**

### 行事

**葵祭**、**祇園祭**、**時代祭**、**五山送り火**、下鴨神社流し雛、北野天満宮梅花祭、今宮神社やすらい祭、城南宮曲水（じょうなんぐうきょくすい）の宴

### 特産品

壬生菜（みぶな）、マツタケ、くわい、瓜、タケノコ、カブ、えびいも、ほんしめじ、栗、黒豆、茶、松葉ガニ、グジ、和紙、和ロウソク、北山杉

㉗

# 大阪府

## 我は強いが人当たりはいい。その気質は商都ゆえ

★面積…1905㎢（全国46位）
★人口…881万9226人（全国3位）
★人口密度…4630人／㎢（全国2位）
★旧国名…河内国（かわち）、和泉国（いずみ）、摂津国（せっつ）

府庁所在地と主要都市

大阪市
東大阪市
堺市
岸和田市

**ご当地の鉄板ネタ**

●2006年、大阪市は路上喫煙禁止の啓発用マスコットキャラクターを発表。それが赤ずきんをモチーフにした「アカンずきん」で、彼女は路上喫煙者を見つけると**「歩きたばこはアカンずきん！」**と注意して回るのが任務。大阪市では、禁止区域での喫煙がピーク時に比べ1割程度にまで激減したというから、アカンずきんの活躍もあったのかもしれない。

●**「だんじり祭り」**は岸和田市だけでなく、**府下のほとんどで行なわれる。**ただし、形は「大阪型」「堺型」「石川型」「岸和田型」などに分けられ、祭りの形式も地域によって異なる。

●フグ料理や水炊きを愛好する食文化が

あるため、**大阪人はかなりのポン酢好き。**中でも大人気なのが八尾（やお）市にある旭食品の「旭ポンズ」だ。芳醇（ほうじゅん）で濃厚な味わいのダシと、味を引き締めるスダチの香りは圧倒的な支持を受け、**大阪では一家に1本あると**まで噂（うわさ）されている。

●日本を代表する食文化の一つ**「回転寿司」の始まり**は1958年、東大阪市にオープンした元禄（げんろく）産業の「廻る元禄寿司1号店」。創業者がある日、ビール工場のベルトコンベアを見て「寿司をコンベアに載せて客席に届けたら、効率的に注文をさばくことができる」と思い付いたのがきっかけという。

●**福島区の「TKPゲートタワービル」**は地上16階建てのオフィスビルだが、その5階から7階のエリアには何と阪神高速が通っている。これは、1980年代に地権者のビルの新築計画と都市計画による道路工事の時期が重なったことが原因。地権者側が頑（がん）として譲らず、その結果、**「ビルに道路を貫通させる」**という史上稀（まれ）に見る妥協案が出されたのだ。

## ご当地の地雷ネタ

●ラブホテルの休憩利用は全国的に2〜3時間が相場とされるが、大阪では1時間単位のところも珍しくない。何事にもせっかちな大阪人へのサービスとされるが、他府県民からは**「大阪の男性はそんなに○漏なのか」**という声も。

●標準語の「とても」に対応する大阪弁は**「ごっつ」「めっちゃ（めっさ）」「死ぬほど」「アホほど」「鬼のように」「バリバリ」**などバラエティ豊か。一方、道案内などの際、大阪人は「ビヤーッと進む」「キュッと曲がる」「サッと左」など独特の擬態語を用いるため、他府県民を混乱させる。

●「シュッとしてる」はイケメンに対する最大の賛辞。

●**大阪府の警察官募集のポスター**は「草食系より大阪府警」「ごめんですんだら警察いらんわ」「見て見ぬふりか、それとも警察官か」など、**ツッコミどころ満載のキャッチフレーズが多い**。中でも「テレビでは、ルパンが逃げてもよろこべる」はひねりすぎて意味がわからない。

**県民性**

**・序列より「個人」が大事**

江戸時代「天下の台所」と謳われ、一大商業都市として発展を遂げた大阪。その繁栄に多大なる貢献をしたのが「大坂商人」である。商都であったために「序列」を重視する武家の文化が根付かず、個人の才覚を重んじる風土があった。

このような社会で成功するには人一倍働くだけでなく、経済感覚を研ぎ澄まし、人づき合いを上手にして人脈を増やす必要がある。そうした価値観が、エネルギッシュで我が強く、それでいて人当たりの良い大阪人の気質を育む土壌になったと考えられる。

**・汚く稼いで、きれいに使う?**

また、シビアな金銭感覚から「がめつい」というイメージを持たれがちだ。確かに府民の貯蓄率は高く、1人当たりの個人預金残高は全国上位クラス。

しかし決して守銭奴というわけではな

く、かつての船場商人が「汚う稼いで、きれいに使え」をモットーとしたように、自分が価値を認めたものには惜しみなく金を使う享楽的な一面もある。

**・河内・和泉地方の気風は異なる**

だが、大阪府は全国で2番目に狭い土地ながら、摂津国、河内国、和泉国の3つに分かれ、それぞれ気性も違う。「大阪人気質」は都市部に当てはまり、農業や漁業が主産業だったほかの地域と文化も金銭感覚も異なる。特に河内・和泉地方は比較的排他的で気が荒い。特に岸和田藩が治めていた和泉地方は紀州徳川藩にも近く、武家文化も浸透していた。

狭いエリアに、異なった気質を持つ府民が暮らしている。大阪とは、そんな「けったい」な場所でもあるのだ。

**全国No.1**

**●パチンコ玉の生産量。**大東市に本拠を置く「光ナノテック」は、国内のパチンコ玉の約70%のシェアを持つトップメーカーである。

**●つまようじの生産量。**河内長野市の地場産業で、昭和末期にはほぼ１００%のシェアを誇った。

**●歯ブラシの生産量。**生産が始まったのは明治時代初期で、当時の政府が軍隊用の歯ブラシの製造を大阪の商人に依頼したのがきっかけといわれる。

**●訪日外国人の訪問率。**観光庁の「外国人消費動向調査」によると、２０１９年の年間訪問率は東京、京都を押えて1位。**道頓堀やＵＳＪ、梅田スカイビル、黒門市場の人気が高い。**

### ご当地の有名キャラクター

もずやん（大阪府）／このはちゃん（此花区）／はにたん（高槻市）／滝ノ道ゆずる（箕面（みのお）市）／トライくん（東大阪市）／イヌナキン（泉佐野市）

### 特徴的な方言

**いちびり**（ふざけている様子・お調子者）／**いらち**（せっかち）／いわす（[体を]傷める）／えらい（しんどい）／**おおきに**（ありがとう）／おかん（お母さん）／けったいな（奇妙な）／**こすい**（ずるい）／～さかい（～だから）／**さら**（新品）／ずぼら（横着）／せわしない（忙しい）／どんならん（どうにもならない）／～なはれ（～なさい）[軽い命令]／**パチもん**（にせもの）／**ぼちぼち**（まあまあ・そろそろ）／ややこ（赤ちゃん）

### 出身有名人

幣原喜重郎（首相）／**藤田田**（日本マクドナルド創業者）／**鳥井信治郎**（サントリー創業者）／**中内切**（ダイエー創業者）／**折口信夫**（民俗学者）／**安藤忠雄**（建築家）／**開高健**、川上未映子、**川端康成**、**司馬遼太郎**、田辺聖子、筒井康隆、直木三十五、**東野圭吾**、藤本義一（作家）／**さいとうたかを**（漫画家）／**コシノ三姉妹**（ファッションデザイナー）／阪本順治（映画監督）／**ダルビッシュ有**、**野茂英雄**（野球）／**本田圭佑**（サッカー）／**河島英五**、川中美幸、**谷村新司**、和田アキ子（歌手）／**黒木華**、沢口靖子、菅田将暉、**高畑充希**、豊川悦司、内藤剛志（俳優）／オール阪神・巨人、**笑福亭鶴瓶**、ナインティナイン、中川家（芸人）

**お土産**

**豚まん**、**堂島ロール**、岩おこし、けし餅、塩昆布、水ナス漬、**旭ポンズ**、箱寿司、泉州タオル、食品サンプル

**企業**

パナソニック、シャープ、ダイキン工業、ヤンマー、クボタ、吉本興業、松竹芸能、カプコン、OSK日本歌劇団、ハウス食品、大塚食品、江崎グリコ、サントリーホールディングス、ダイドードリンコ、日清食品、東レ、帝人、グンゼ、クラレ、サンスター、ロート製薬、小林製薬、竹中工務店、鴻池組、銭高組、積水ハウス、伊藤忠商事、ダスキン、髙島屋、近鉄百貨店、ダイハツ工業、西日本旅客鉄道、阪急電鉄、阪神電気鉄道、京阪電気鉄道、南海電気鉄道、近畿日本鉄道、りそな銀行、日本生命保険、関西テレビ放送

**有名高校**

**北野**、**天王寺**、**茨木**、**大手前**、**三国丘**、**大阪星光学院**、**四天王寺**、清風、明星、**大阪桐蔭**、**履正社**、PL学園

**名所旧跡**

**大阪城**、岸和田城、住吉大社、四天王寺、大阪天満宮、百舌鳥・古市古墳群、万博記念公園、**USJ**、**海遊館**、通天閣

**行事**

**天神祭**、住吉祭、愛染祭り、**今宮十日戎**、**岸和田だんじり祭**、**PL花火大会**、四天王寺どやどや、八尾河内音頭まつり

**特産品**

春菊、フキ、グリーンピース、ブドウ、ナス、ずいき、白菜、レンコン、三つ葉、若ゴボウ、鰯、カレイ、鯵

# ㉘ 兵庫県

## 県民が「兵庫県出身」とは言わないわけ

★面積…8401㎢（全国12位）
★人口…544万6223人（全国7位）
★人口密度…648人／㎢（全国8位）
★旧国名…摂津(せっつ)国、播磨(はりま)国、丹波(たんば)国、但馬(たじま)国、淡路(あわじ)国

県庁所在地と主要都市

**ご当地の鉄板ネタ**

●神戸創業の老舗洋服店**「ファミリア」**はとてもポピュラーで、特に布製手提げカバンは、阪神間の女子学生の通学用サブカバンとして定番だ。

●**「今川焼」を「御座候(ござそうろう)」と呼ぶ。**姫路の和菓子屋「御座候」が圧倒的人気を誇っているのが理由。

●**モロゾフのプリンの容器**は、捨てずに小物入れに使う。**神戸風月堂のゴーフルの缶**もやはり捨てずにとっておく。

●西脇市には、日本列島の東西・南北の分布のほぼ中央、東経135度と北緯35度の交差地点にある**「日本へそ公園」**がある。

●兵庫の高級スーパーの代名詞は**「いか**

**りスーパー」**。紙袋は捨てずに集めてしまいがちである。

●姫路城の近く、西国三十三カ所の霊場でもある**書写山・圓教寺**は映画『ラストサムライ』、NHK大河ドラマ『軍師官兵衛』などのロケ地としても有名。

●**阪急電車**は独特の「**マルーンカラー**」**とレトロな内装で大人気**。シートにはアンゴラ山羊の生地が使われている。

●小・中学生の体育では、先生の指示に「**ハイ**」**ではなく**「**ヤーッ!**」と答える。

●**新幹線で停車する駅**が、新神戸駅、西明石駅、姫路駅、相生駅と4つもある。

●**松蔭女子学院の夏服**は純白のワンピース。おしゃれなことに加え、5月に衣替えとひと足早いことから、必ずメディアで報道される、夏の風物詩となっている。

### ご当地の地雷ネタ

●神戸市周辺出身の人は、聞かれる前から「神戸出身」と宣言しがち。ただし、**西宮市、芦屋市、宝塚市の人は神戸出身とは言わない**。もちろん兵庫県出身とは、口が裂けても言わない。

●市外局番が「06」ということもあり、**尼崎市は大阪府と誤解されやすい**。甲子園球場も「阪神タイガース＝大阪」という印象からか、西宮市にあるのに大阪にあると思われがち。

●兵庫県の方言とひと口に言っても、神戸弁と播州弁では大きく印象が違う。**播州弁は濁音が多く、語尾のイントネーションが強いため「日本一汚い」**とまで言われてしまうことも。

●**大阪国際空港は大阪ではなく兵庫県に**

**ある。**しかも国際定期便は、関西国際空港に移ったため存在しない。

●瀬戸内海と日本海に面し、都市部と過疎地もはっきりしているため県のイメージが定まらない。地域性がバラバラで**「ヒョーゴスラビア」と揶揄(やゆ)**されることも。

●意外にも神戸市は、現在人口減少率が日本一。**２０１１年の１５４万５０００人をピークに減少**に転じている。

●阪神間には海岸と六甲山系の間に阪神、JR、阪急と3路線が走っているが、**阪急沿線のセレブは、阪神に乗るのを避けたがる。**特に甲子園球場でタイガース戦があるときは、絶対に乗らない。

## 県民性

**・「県」としてのまとまりはない**

兵庫県は明治時代に、但馬国、丹波国、播磨国、摂津国、淡路国の5つが統合された広大な地域だ。当時は人口も東京府、大阪府をしのいでおり「雄県兵庫」とも呼ばれた。

県民は現在も当時の栄華を誇りにしており、全体的にプライドは高いが、地域に固執することはなくコミュニケーション力に長けているとされる。ただし、各地域の個性はバラバラで「兵庫県」としてのまとまりは、さほど強くない。

**・ファッション発信地としての誇り**

瀬戸内海側に面した摂津国は江戸時代より、大阪入りする船の寄港や北前船の回船業により繁栄していたことから、積極性があり都会的である。

特に明治に開港した神戸港は、交易のために外国人たちが居留し、国際都市として発展した。そのため、今でも神戸地区は好奇心が旺盛であり流行に敏感で、「日本を代表するファッション発信地」という自覚がとても強い。

### ・地域により気風はバラバラ

西部の播磨地方は温暖な気候により、農業・漁業が盛ん。古くから「豊穣の国」と呼ばれている。瀬戸内海に面した「浜手」と中国山地にかかる「山手」ともに、住人は祭り好きでおおらかだ。

寒暖差が激しい厳しい気候の中、農業を生業とする日本海側の丹波・但馬は素朴で勤勉。海に囲まれた淡路は開放的で辛抱に弱いが、臨機応変が利く。

このように、地域で色が完全に別れているため、出身地を聞かれても「兵庫県」ではなく、地域で答える人が多い。

### 全国No.1

●**1世帯当たりの純資産。**「純資産」とは各世帯の貯蓄額から負債額を引いた金額。兵庫には関西を代表する高級住宅街「芦屋」があり、まさにイメージ通りだ。

●**そうめんの生産量。**播州そうめんと呼ばれ、特に揖保(いぼ)川流域のたつの市、宍粟(しそう)市、姫路市、揖保郡、佐用(さよ)郡の3市2郡で作られた「揖保乃糸」は全国的に有名。

●**紅茶の消費量。**兵庫ではパン食が普及していることも大きく関係している。同じ理由で、マーガリンの消費量も日本トップの座を常に争っている。

●**日本酒の生産量。**白鶴、大関など県内各地に大小100近い酒造メーカーが存在する。「灘(なだ)の生一本(きいっぽん)」と呼ばれ、江戸時代から続く生産地「灘五郷」は有名。

### ご当地の有名キャラクター

はばタン（兵庫県）／ワケトン、トコトン、ワケニャン、ワケピー（神戸市）／あまっこ（尼崎市）／玄武岩の玄さん（豊岡市）／陣たくん（播州市）／にっしー（西脇市）／きんたくん（川西市）

### 特徴的な方言

**あんじょう**（調子よく）／いける（できる）／**いぬ**（帰る）／えらい（すごい）／**おうじょうする**（困る）／おる（いる）／**かしわ**（鶏肉）／こーへん（来ない？）／こらえてえな（我慢して）／さら（新しい）／**～しとお？**（～してる？）／**ほかす**（捨てる）／**ちゃり**（自転車）／ちょー（ねえ）／なおす（片づける）／なんべん（何回）／**はりこむ**（おごる）／日番（日直）／**へたれ**（根性なし）／**べっちょない**（大丈夫）／めっちゃ・ばり（すごく・とても）／**めばちこ**（ものもらい）／やってもた（やってしまった）／**～やんなあ**（～だよね）／ようさん（たくさん）

### 出身有名人

**美濃部達吉**（法学者）／嘉納治五郎（柔道家）／柳田國男（民俗学者）／**野依良治**（化学者）／**白洲次郎**（実業家）／三木谷浩史（楽天創業者）／**横尾忠則**（美術家）／小池百合子（東京都知事）／桂枝雀、**桂米朝**（落語家）／高田賢三（ファッションデザイナー）／車谷長吉、中島らも、灰谷健次郎、山田風太郎、横溝正史（作家）／**手塚治虫**、横山光輝（漫画家）／淀川長治（映画評論家）／**阿久悠**（作詞家）／**植村直己**（冒険家）／田中将

大（野球）／浅野ゆう子、**有村架純**、上野樹里、北川景子、鈴木亮平、**堤真一**、戸田恵梨香、生瀬勝久、のん、藤原紀香（俳優）／あいみょん、松浦亜弥（歌手）／上沼恵美子、**ダウンタウン**（タレント）

### お土産

**炭酸せんべい**、**牛肉しぐれ煮**、出石（いずし）そば、玉椿、塩味饅頭、丹波栗、神戸プリン、淡路玉ねぎスープ、書写千年杉、丹波黒大豆、**いかなごくぎ煮**

### 企業

神戸製鋼、ワールド、モロゾフ、ノーリツ、ネスレ日本、ノエビア、メノガイア、布亀、伊藤ハム、ビオフェルミン製薬、タカヤマ

### 有名高校

神戸大付属中教、**長田**、**神戸**、**姫路西**、加古川東、西宮、宝塚北、小野、尼崎、**灘**、**甲陽学院**、白陵、神戸女学院、報徳学園、六甲学院、須磨学園

### 名所旧跡

明石海峡大橋、**姫路城**、竹田城跡、生野（いくの）銀山、五色塚古墳、北野異人館、**城崎温泉**、好古（こうこ）園、**南京町**、**宝塚大劇場**、余部（あまるべ）鉄橋、六甲山、有馬温泉

### 行事

**西宮神社開門神事**、春節祭、**灘のけんか祭り**、**相生ペーロン祭**、湯村の火祭り、丹波三番叟、百太夫神社祭、奇祭はも祭、**南京町春節祭**、神戸まつり

### 特産品

手延べそうめん、タマネギ、小豆、マツタケ、ホタルイカ、タコ、カキ、塩、皮革、丹波牛、栃の実、立杭（たちくい）焼、線香

# ㉙奈良県

東大・京大の合格率がNo.1である理由

★面積…3691㎢（全国40位）
★人口…132万6292人（全国29位）
★人口密度…359人／㎢（全国14位）
★旧国名…大和国

県庁所在地と主要都市

**ご当地の鉄板ネタ**

●有名なゆるキャラ「**せんとくん**」。小坊主に鹿の角が生えたその姿は、発表当初「**気持ち悪い**」「**仏を冒涜している**」と猛反発を受けた。制作費が1千万円以上かかったことも批判の的となり、そのあまりの評判の悪さから別団体が、聖徳太子の生まれ変わりという「**なーむくん**」を担ぎ出す。不仲が噂された2体であったが、これに**仲裁を申し出たのが滋賀のゆるキャラ「ひこにゃん」**で、両者は無事和解が成立。せんとくんも現在では「慣れれば可愛い」と評価を高めている。

●奈良の名物料理「**柿の葉寿司**」。寿司をラッピングするのに柿の葉が用いられたのは、殺菌作用があり保存手段として適していたためとされる。また、柿の葉の香気が寿司に移ることで風味も豊かに。そのため少数派ながら、**柿の葉ごと食べる人もいる**という。

●大阪と奈良の県境にある**生駒山上遊園地**は、1929年に開園した県内唯一の遊園地で、目玉は高さ40mの空中遊覧を楽しめる「飛行塔」だ。だが、この人気アトラクションは戦時中、**「防空監視所」として軍事利用されていた**過去がある。大阪に発令された空襲警報の多くは「飛行塔」で得られた情報によるものだったのだ。

●近年、**新たな奈良名物として注目されているのが「蘇」**。これは牛乳をゆっくりと煮つめた古代のチーズで、7世紀末には天香久山の付近で造られたという記録もある。

●正月のお雑煮で、「餅を汁から取り出し、きな粉をつけて食べる」という**「きな粉雑煮」**がある。

## ご当地の地雷ネタ

●奈良の土産物店には**「鹿のふん」**という、食すのに勇気がいる名前のお菓子が売られている。また**「大仏さまの鼻くそ」**という罰当たりなネーミングの菓子も販売されていたが、さすがに東大寺からクレームが入り商標登録は抹消された。

●**奈良と和歌山の間で、その出身地を巡ってモメている有名人が明石家さんま氏。**「生まれは和歌山」と主張する和歌山県民に対し、奈良サイドは「学生時代は奈良で過ごした」と反論。ただ、吉本興業のホームページでは「和歌山出身」と記されているため、**奈良県民はゴリ押ししないほうがいいかもしれない。**

●2002年夏の甲子園大会に出場した智辯学園が、3回戦で戦った相手は**和歌山智辯学園**。両校は兄弟校であるため帽子やユニフォームのデザイン、色調までがすべて同じで、違うのは左腕に記された県名ぐらい。**どちらが攻撃中かわからないほど見分けがつかない**様は、さながら紅白戦のようだった。なお試合に勝利したのは、和歌山のほうの智辯。

●**県内の宿泊施設の客室数は全国最下位**級で、海外のガイドブックにも「奈良への観光は3時間で十分」と書かれる始末。さらに奈良の夜は早く、メインストリートの「東向商店街」でさえも19～20時には大半の店がシャッターを下ろす。

## 県民性

### ・豊かな地ゆえ、おっとりした気質

「奈良の寝倒れ」という言葉がある。これは人が働いているときも寝てばかりで身上を潰すという意味で、県民のおっとりした性分を表す例えとされている。

大和から河内にかけては、温暖な気候で冷害も少なかったため、早くから肥沃な穀倉地帯として発展した。古代に「ヤマト王権」が成立したゆえんでもある。

また台風の影響が少なく、さらには硬い地盤のおかげで地震の被害に遭うことも稀。そんな安全で恵まれた大和の地形が、のんびりした気質を育む要因になったと考えられる。

### ・奈良県民は養子向き？

昔の大阪の商家では「養子は大和から

もらえ」という言葉があった。これは、野心がない奈良の若者なら家を乗っ取られる心配もなく、思うままに教育できるという意味であったと言われている。

ただ、古くは政治・文化の中心地として栄えたため、現在の県民にもその自負があるのか教育水準は高く、県民に占める大学・大学院卒の割合は国内トップクラス。また小中学生の通塾率も屈指の高さで、教育に熱心な県民性がうかがえる。

**・出世欲は乏しいが金銭感覚はバッチリ**

もっとも従来ののんびり屋とマイペースぶりが顔を出すためか、出世欲に乏しく、中間管理職に留まる人が多い傾向にあるという。

その一方、金銭感覚はしっかりしており、これは金にシビアな大阪との行き来が多かったことで身に付いた堅実さといわれている。

**全国No.1**

**●靴下の生産量。**ストッキングを含めた国内シェアは約35%で、主な生産地は広陵町や大和高田市。これらの地域は江戸時代から「大和木綿」と呼ばれる種類の綿作りが盛んで、それが靴下製造につながっていった。

**●貝ボタンの生産量。**全国シェアの約8割を占める川西町の地場産業。海の無い地域に貝が持ち込まれたのは、このエリアがかつて大阪と奈良を結ぶ船運の集散地であったためと考えられている。

**●東大・京大の合格率。**奈良には有名進学校が多い一方、県内に有力な国立大学が少ないことが、東大・京大合格率の高さの要因とされる。

### ご当地の有名キャラクター

**せんとくん**、まんとくん、なーむくん（奈良県）／しかまろくん（奈良市）／蓮花ちゃん（葛城市）／ゴセンちゃん（御所市）／つえみちゃん（御杖村）／かぐやちゃん（広陵町）／雪丸（王寺町）

### 特徴的な方言

あいさに（間に）／**あくち**（口のできもの）／おとろしい（面倒くさい）／**おとんぼう**（末っ子）／**かえこと**（交換）／かたげる（担ぐ）／ぐいち（ちぐはぐ）／**こまこい**（せこい）／しらこい（しらじらしい）／**ずくずく**（びしょびしょ）／せたろう（背負う）／たばる（お供えを下げる）／**つむ**（混む）／てんご（いたずら）／**とこぎり**（徹底的に）／はしかい（すばしっこい）／はんがい（腹が立つ）／**ぺちゃこい**（平たい）／または（かゆい）／〜みぃ（〜ね）［例：そんでみぃ＝それでね］

### 出身有名人

辻本憲三（カプコン創業者）／吉川元偉（元国連大使）／入江泰吉（写真家）／中村泰士（作曲家）／保田與重郎（文芸評論家）／富本憲吉（陶芸家）／**井筒和幸**、**河瀬直美**、高橋伴明（映画監督）／住井すゑ、森見登美彦（作家）／**楳図かずお**、森下裕美（漫画家）／**野村忠宏**（柔道）／**村田諒太**（ボクシング）／門田博光、駒田徳広、**三浦大輔**（野球）／楢崎正剛（サッカー）／徳勝龍（大相撲）／脇阪寿一（カーレーサー）／**尾野真千子**、加藤雅也、吹石一恵、磨赤兒、八嶋智人

（俳優）／岩本計介、杉本清（アナウンサー）／城島茂、**堂本剛**（アイドル）／三戸なつめ（モデル）／酒井藍、中岡創一、ゆりやんレトリィバァ、笑い飯（芸人）

**お土産**

**柿の葉寿司**、奈良漬、柿もなか、柿バター、みかさまんじゅう、大仏プリン、蘇、レインボーラムネ、**葛餅**、大和肉鶏、きな粉だんご、**三輪そうめん**、奈良はちみつ、茶粥、古代米、茶せん

**企業**

GMB、南都銀行、タカトリ、ヒラノテクシード、奈良交通、いそかわ、大和ガス、近鉄ケーブルネットワーク、中川政七商店、呉竹

**有名高校**

奈良、畝傍、郡山、添上、奈良女子大付属中教、**東大寺学園**、西大和学園、帝塚山、奈良学園、**天理**、**智辯学園**、奈良育英

**名所旧跡**

**東大寺**、興福寺、法隆寺、元興寺、唐招提寺、談山神社、石上神宮、春日山原生林、吉野山、奈良公園、**平城宮跡**、谷瀬の吊り橋、**山の辺の道**、石舞台古墳、ならまち、洞川温泉、生駒山上遊園地

**行事**

**若草山焼き**、大文字送り火、春日若宮おん祭り、**東大寺のお水取り**、奈良燈花会、興福寺の文殊会、龍田大社風鎮大祭、**鹿の角切り**

**特産品**

イチゴ、トマト、柿、スイカ、ナス、レタス、大和イモ、梅、茶、ブナシメジ、しいたけ、しゃも、そうめん、台杉、菊

㉚

# 和歌山県

## 県民は、ミカンと梅干を買ったことがない?!

★面積…4725㎢（全国30位）
★人口…91万6843人（全国40位）
★人口密度…194人／㎢（全国29位）
★旧国名…紀伊(きい)国

**ご当地の鉄板ネタ**

●白浜(しらはま)町のアドベンチャーワールドで飼育されている**パンダの永明(えいめい)は、**これまで**に15頭の子をもうけている。**２０２０年6月に28歳、人間の年齢でいえば**80歳の大台を超えても、まだまだ繁殖を目指す**という絶倫パンダだ。あやかりたい中高年男性も多いことだろう。

県庁所在地と主要都市

●その収穫量が多いことから、和歌山県民にはお金を出して**ミカンと梅干を買うという意識がない。**また、和歌山県民に知り合いのいる他府県の家には、秋になるとミカンが箱で届く。

●テレビ番組で優勝し、一躍有名となった**和歌山ラーメン**は地元で「中華そば」と呼び、ラーメン店には必ずと言っていいほど「**早寿司**」**というひと口サイズのサバ寿司が置かれ、一緒に食べる**。ラーメンの麺は「黄そば」と呼び、本来の「そば麺」は「黒そば」と呼ぶ。

●**梅の最高級品種である「南高梅**（なんこうばい）」は明治時代に「高田梅」として栽培を始めた高田貞楠（さだぐす）氏と、最良品種として認定されるための調査に尽力したのが県立南部高校の教諭と生徒だったため、高田氏と校名にちなんで名付けられた。

●和歌山県唯一の村である**北山村**は、周囲を奈良県と三重県に囲まれた**全国で唯一の飛び地自治体**。

●**南紀の名産物「なれ寿司」**は滋賀県の「フナ寿司」と同じ、酢を使わない発酵食品。ただ、通常フナ寿司のご飯は食べないが、なれ寿司はご飯と一緒に食べる。

●**熊野地方に伝わる「めはり寿司」**は、寿司とはいえども酢メシではなく、おにぎりを高菜漬けの葉で巻いたもの。素朴かつ野趣あふれる味で一食の価値あり。

●**玉林園の「グリーンソフト」**は約60年前に誕生した、全国で初めての抹茶入りソフトクリーム。

●「ラルクアンシエルのｈｙｄｅは和歌山市土入（どうにゅう）出身なので、逆読みにして『入土（＝はいど）』にした」「和歌山駅に近鉄百貨店があるのは、近鉄が和歌山まで延伸する計画を立てていたから」という都市伝説がある。

**ご当地の地雷ネタ**

●和歌山で唯一の空港は**南紀白浜空港**。しかし県の中心地である和歌山市からは遠く、しかも羽田便のみの就航となっていて**ビジネスの利便性は良くない**。和歌山市にもっとも近い空港は大阪府の「関西国際空港」だが、JRは日根野駅、南海線は泉佐野駅で乗り換える必要があり、直行はできない。

●**和歌山市内随一の繁華街「ぶらくり丁」**の近くには風俗街があり、いまでも「ト○コ風呂」という看板を上げたソープランドがある。

●**国立和歌山大学**の学生は地元出身者よりも大阪出身者のほうが多く、卒業後の就職先も和歌山より圧倒的に大阪が多い。

●真っ白な砂浜で有名な**白良浜**(しららはま)**の砂**は、じつはオーストラリアから輸入したもの。

●**「ざ行」の発音が苦手**で、「ざじずぜぞ」は「だぢづでど」（雑巾＝どうきん／全部＝でんぶ）となる。

## 県民性

### ・閉鎖性がない、開けた〝田舎〟

本州の最南端に位置する温暖な気候風土もあって、気性はおおらか。熊野や高野山への参拝者や南紀の観光客を迎え入れていた歴史もあり、来訪者には親切だし、海外への移住者も多かったので排他的な考えを持つ人は少ない。

ただし、江戸時代には徳川御三家の一つとして栄え、しかも紀州徳川家は8代吉宗(よしむね)と14代家茂(いえもち)という2人の将軍を出した。そのうえ、江戸時代後期には9万の人口を擁した全国8位の都市だったこともあってか、和歌山市民のプライドは意外に高い。

### ・「近畿のオマケ」と自嘲するが…

それでも他府県民にライバル意識を持

つことはなく、逆に「近畿のオマケ」と自嘲もする。ちなみに、近畿2府4県の人口ランクで、5位は奈良県の約130万人。和歌山県は約92万人なのでダントツの最下位だ。

**・平等主義で貯蓄意識は高い**

和歌山の方言には敬語がないといわれるが、これは江戸時代に入るまで有力な武家支配者が現れなかったためとも考えられている。つまり、武家社会に求められる絶対的な主従関係が希薄（きはく）なため、言葉で上下関係を示す必要がなかったのだ。

作家の司馬遼太郎は、これを土佐弁と同じとし、明治時代の自由民権運動が土佐と紀州で起きたのは、平等意識が強かったためとしている。

貯蓄意識が高く、県民1人当たりの預貯金残高は全国で4位。紀州徳川家による質素倹約の影響や、地震・洪水・台風といった自然災害の多さが影響しているともいわれている。

**全国No.1**

●**ミカン、梅、柿、はっさくの収穫量。**果樹王国と呼ばれるほど果実の収穫量が多く、1位以外でもスモモ、キウイフルーツ、デコポン、ネーブルオレンジは3位、桃は5位にランクインしている。

●**蚊取り線香の生産数。**「金鳥」でおなじみの大日本除虫菊の創業者・上山英一郎は有田市の出身。創業も同地（現本社は大阪）で、今も生産数は日本一。

●**麻雀牌の生産数。**御坊（ごぼう）市の大洋化学がトップシェアを誇る。

●**オートバイ・スクーターの普及率。**傾斜の強い土地を利用して梅やミカンは栽培されるが、農道が狭くて自動車は不便。そのために2輪車、とくにミニバイクが普及したとの説がある。

## ご当地の有名キャラクター

キノピー（和歌山県）／吉宗くん、たけのこまん、たま駅長代理（和歌山市）／しらぺん、くえ太郎（白浜町）／かきたん（橋本市）／みーやちゃん（御坊市）

## 特徴的な方言

**あが・あがら**（自分・自分ら）／あにやん（お兄さん）／あれやー（あらまー）［感嘆］／**いっかど**（たくさん、大変）／いぬ（帰る）／おいやん（おじさん）／おねやん（お姉さん）／おもしゃい（おもしろい）／**かだら**（身体）／かまん（かまわない）／**じょう**（しょっちゅう、いつも）／**せたらう**（背負う）／つむ（混む）／つれもて（一緒に）／**水セッタ**（ビーチサンダル）／**もじける**（壊れる）／やにこい（とっても）／〜やん（〜ない）［例：しやん＝しない］／**〜らよ**（です・ます）

## 出身有名人

**松下幸之助**（松下電器産業創業者）／上山英一郎（大日本除虫菊創業者）／田嶋一雄（ミノルタカメラ創業者）／**南方熊楠**（博物学・民俗学者）／竹中平蔵（経済学者）／有吉佐和子、**佐藤春夫**、津本陽、**中上健次**（作家）／片山哲（首相）／二階俊博（政治家）／小野田寛郎（陸軍少尉）／筒香嘉智、西本幸雄、**東尾修**、藤田平（野球）／駒野友一（サッカー）／**前畑秀子**（競泳）／田中和仁・理恵・佑典

きょうだい（体操）／北公次、**坂本冬美**、**天童よしみ**、**hyde**（歌手）／小西博之、小林稔侍、溝端淳平（俳優）／デューク更家（ウォーキング研究家）／東陽一（映画監督）／中瀬ゆかり（編集者）／HIRO（芸人）／桂文福（落語家）

**お土産**

**梅干**、**めはり寿司**、**金山寺味噌**、湯浅醤油、**那智黒**、和歌山ラーメン、**なれ寿司**、高野豆腐、ごま豆腐、釜揚げしらす、かげろう、柚（ゆず）もなか、**じゃばらぽん酢**、本（ほん）ノ字（のじ）饅頭

**企業**

紀陽銀行、島精機製作所、オークワ、マツゲン、玉林園、テレビ和歌山、和歌山放送、駿河屋、和歌山電鉄鐵、和歌山バス、大洋化学

**有名高校**

**桐蔭**、向陽、星林、市立和歌山、箕島（みのしま）、**智辯学園和歌山**、近大附属和歌山、高野山、和歌山信愛、開智学園、初芝橋本

**名所旧跡**

和歌山城、**熊野古道**、熊野三山、**高野山**、根来寺、瀞八丁（どろはっちょう）、友ヶ島、白浜温泉、龍神温泉、生石高原（おいし）、**アドベンチャーワールド**、和歌山マリーナシティ

**行事**

淡島神社雛流し、**那智の扇祭**、真田まつり、熊野速玉祭、白良浜花火大会、丹生（にう）神社笑い祭り、高野の火まつり

**特産品**

梅、ミカン、柿、はっさく、桃、じゃばら、山椒、マグロ、カツオ、クジラ、クエ、タチウオ、備長炭、漆、たわし

## 目がテン！　おらが街のヘンな条例――都道府県ずんずん調査④

まずは〝名前がヘン〟な条例から。

福島県川俣町の**『友♡ゆう♡の日』を定める条例**を挙げたい。これは「青少年の未来の豊かな個性や新たな文化の創造性を醸成するため（以下略）、自ら考え行動できる力を身に付けるために、生涯学習を推進し、健やかに成長することを願」って、毎月第2土日曜を「友♡ゆう♡の日」とする条例で、本当にハートマークが採用されている。

「この町ならでは」と言えるのが、兵庫県芦屋市の**「地区計画の区域内における建築物の制限に関する条例」**。同様の条例は各地にあるが、芦屋市の場合、屈指の高級住宅街である六麓荘町で、400㎡以上の一戸建てしか新規建築を認めないとした。高さにも制限がありマンションの乱立を防止。「豪邸条例」と呼ばれる。

物議をかもした香川県の「ゲーム規制条例」同様〝大きなお世話〟といえるのが宮崎県高千穂町の**「家庭読者条例」**。各家庭が学校の策定した読書計画に積極的に参加し協力するよう求めているが、行政に言われる筋合いのものではなかろう。

ほかにも、おにぎりの具に梅干しを使うことを奨励したり（和歌山県みなべ町）、焼酎による「おもてなし」に努めるよう求めたり（鹿児島県）、条文に方言を使ってみたり（高知市）と〝斜め上〟な条例は数多い。

# 中国・四国地方の話のネタ

たとえば、意外にも
松山市民は「坊ちゃん」
推しではない！

## ㉛ 鳥取県

人口は全国最少だが、Uターン移住者は日本一！

★面積…3507㎢（全国41位）
★人口…55万2471人（全国最下位）
★人口密度…158人／㎢（全国37位）
★旧国名…因幡国、伯耆国

ご当地の鉄板ネタ

●神話**「因幡の白ウサギ」**の舞台とされる白兎神社があるため、鳥取県では「桃太郎」と同じレベルで保育園や幼稚園で読み聞かせられる昔話の定番。だが、**日本全国ではあまり知名度が高くない**と知り、ショックを受ける人もいるとか。

●高級食材が安く入手可能。**冬は松葉ガニが安く**、岩美町の中学校では年に1度給食に出るという。また**メロンの生産でも有名**で、ご近所からお裾分けで回ってくることも多い。

●地元の牛乳メーカーといえば**大山乳業の「白バラ牛乳」**。牛の健康診断ともいわれる「牛群検定」の受診率は、ほぼ100％と都道府県でトップを誇る名品。給

県庁所在地と主要都市

食に出るのも白バラ牛乳で、**県民のソウルドリンク**との呼び声も高い。

●**米子市の小学校のスクール水着は蛍光のオレンジ色。**暗い色だとプールの色と混同するので、危険に備え、視認性を重視した結果だという。

●二つの有名キャラの名を冠した空港がある。東の鳥取空港の愛称は**「鳥取砂丘コナン空港」**。2015年に採用された。西は米子空港で愛称**「米子鬼太郎空港」**。『名探偵コナン』の原作者・青山剛昌氏、『ゲゲゲの鬼太郎』の原作者・水木しげる氏が鳥取出身であることから実現し、空港自体がファンにはたまらない観光地となっている。

●**鳥取では電車を「汽車」と呼ぶ。**歴史ある鉄道資産も多く残され、**「昭和」「あめつち」などのレトロ観光列車**が鉄道ファンに大人気だ。ただ、通常の路線は1時間に1本ほどしか運行していないため、乗り遅れると大変なことになる。

●**鳥取県知事の平井伸治氏**は「鳥取にはスタバはないけど、日本一のスナバがある」「とっとりで待っとります!」など、**ダジャレでのPRで注目されている。**

**ご当地の地雷ネタ**

●勘違いしている人も多いだろうが、**鳥取砂丘の大きさは、青森県にある「猿ヶ森砂丘」に次いで全国2位。**そのため「観光可能な砂丘では日本一広い」とわざわざ説明される。

●知事がネタにしていたように、**日本で最後にスターバックスが出店**し、その開店時には1000人以上が待機した。しかし、スタバがないことを逆手に取った「すなば珈琲」がオープンしていたので、**スタバがなくても特に問題はなかったと**訴える地元民も多い。「すなば珈琲」は、現在も鳥取の人気スポットとして健在。

●鳥取城跡のマスコットキャラクター「**かつ江（渇え）さん**」は、豊臣秀吉による鳥取城攻めの際、籠城（ろうじょう）して多くの餓死者を出した「鳥取の渇え殺し」をモチーフにしたものだった。そのため苦情が殺到し、お披露目3日目で公開停止に。

●**智頭（ちず）急行の無人駅「恋山形（こいやまがた）駅」**。その駅名から、ピンクに塗り「恋がかなう駅」としてPRされた。現在では週末になると多くの人が訪れる人気スポットになったが、ほとんどがクルマで訪れるため、利用客は相変わらず少ないという。

**県民性**

・**大きく二つに分かれる気性**

県内は東西で因幡地方と伯耆地方に分けられる。東部の因幡地方は農地が多く、とても勤勉で口数が少ない。一方の伯耆地方は、木綿や鉄の産業が栄えたため商売で生計を立てている人が多く、社交的で商人気質が旺盛とされる。

ただ、全体的に天候の差が激しく、さらに土地が痩（や）せているという厳しい環境の中、地元民は協力し合って自然の脅威を克服し、また、自然の恵みも互いに分け合って過ごしてきた歴史がある。

・**協調性がありすぎて優柔不断？**

それゆえ、親切で真面目な県民性が培（つちか）われた。また、密接した人間関係に慣れているため性格も粘り強く、ボランティア精神が豊かでもある。

その協調性や控えめさは、時に「優柔不断」な一面としても顕著(けんちょ)に出るようだ。

県民性を表す言葉が「煮えたら食わぁ」である。これは、鍋料理がぐつぐつ煮えていても誰かが「そろそろ煮えた？」と言うまで誰も箸をつけない、人の顔色をうかがう性格を表したものだという。

**・Uターン移住者数は日本一！**

このように、控えめでありながらも郷土に対する愛は深く、「自分は地元好きだと思うランキング」で堂々1位に輝いたこともある。

ただ「表現しないのが美徳」という傾向と、昔からのつながりを大事にする気質で、新しいアイデアを取り入れることに時間がかかるともいわれていた。現在ではそこからの脱却を図るべく、移住者を積極的に募る改革を経て、Uターン移住者数は日本一に輝くほどになっている。

**全国No.1**

**●ラッキョウの生産量。**江戸時代から、ラッキョウの自家用の栽培が広まったと伝わる。品種は「ラクダ系」「玉系」が主。給食にも普通に出るという。

**●カレールウの購入金額。**ラッキョウと相性のいいカレーは大きな支持を得ており、毎年新潟県と首位の座を争う。**保守的で王道を好む県民性や、共働き率が高**いことが理由に挙げられるという。なお、即席麺の購入金額も鳥取市が日本一。

**●人口の少なさ。**しかし、最近では「住みたい田舎ベストランキング」に上位ランクを果たした。しかも**その7割近くが**

**30代以下**といい、若い層にも暮らしやすさが注目され始めている。

**ご当地の有名キャラクター**

**トリピー**、とりモー（鳥取県）／ナシータ・カニーラ（鳥取市）／ヨネギーズ（米子市）／ピロロ・ポロロ（南部町）／むきぱんだ（大山町）

**特徴的な方言**

**あいまち**（けが・事故）／あげな（ああいった）／**うちげ**（私の家）／えっと（たくさん）／えーにょば（いい女・美人）／**かばち**（屁理屈・無駄口）／**がんじょする**（頑張る）／きなんせ（お越しください）／〜けぇ（〜だから）／**〜ごしなれ**（ください）／しぇたもんだ（信じられない）／しらしらする（むかむかする）／しわい（固い）／たいぎ（面倒臭い）／**だったも**（いつも）／**〜だっちゃ**（〜だよ）／だらす（馬鹿）／ですです（その通りです）／どげすー（どうする）／**なんだいや**（どうしたの）／〜ばいや（〜しよう）／**ばんなりまして**（こんばんは）／わったいな（びっくりした）

**出身有名人**

**鬼塚喜八郎**（アシックス創業者）／磯野長蔵（キリンビール設立発起人）／石破二朗・茂父子（政治家）／**石浦**、琴櫻（大相撲）／小林繁、**角盈男**（野球）／武尊（K-1）／マキ上田（プロレス）／川中香緒里（アーチェリー）／山下佐知子（マラソン）／門脇誠一郎（柔道）／尾崎翠、桜庭一樹（作家）／**青山剛昌**、谷口ジロー、**水木しげる**（漫画家）／**岡本喜八**（映画監督）／岡野貞一（作曲家）

／岡本おさみ（作詞家）／**藤原聡**（歌手）／ＭＡＬＴＡ（サックス奏者）／小野ヤスシ、瀧本美織、司葉子、松本若菜、山本舞香、蓮佛美沙子（俳優）／上田まりえ（アナウンサー）／**イモトアヤコ**（タレント）／**宮川大助**、まひる（芸人）

**お土産**

とうふちくわ、**あんぽ柿**、砂の丘、するめ糀漬、とち餅、**ふろしきまんじゅう**、**吾左衛門鮓**、二十世紀梨カレー、かにみそバーニヤカウダ、砂たまご、白兎焼、瑞泉、牛ノ戸焼

**企業**

山陰酸素工業、日ノ丸産業、美保テクノス、日本ＮＥＲ株式会社、八幡コーポレーション、一条工務店山陰、井木組、岡田商店、久大建材、日本海新聞、鳥取銀行

**有名高校**

**鳥取西**、米子東、倉吉東、鳥取城北、鳥取中央育英

**名所旧跡**

**鳥取砂丘**、**大山**、**水木しげるロード**、**皆生温泉**、米子城跡、鳥取城跡、仁風閣、白壁土蔵群、境水道大橋、赤瓦十号館、倉吉鉄道記念館、芦津渓谷、白兎海岸

**行事**

**鳥取しゃんしゃん祭り**、宇倍神社例大祭、米子がいな祭、みなと祭、酒津のトンドウ、**もちがせ流しびな**、関金御幸行列

**特産品**

二十世紀梨、スイカ、メロン、松葉ガニ、砂丘ラッキョウ、原木しいたけ、大山どり、鮎、岩ガキ、白ハタ、白ネギ、イガイ、オガ炭、倉吉絣

㉜

# 島根県

真面目度ランキングがあれば
ぶっちぎりで1位

★面積…6708㎢（全国19位）
★人口…66万8854人（全国46位）
★人口密度…99・7人／㎢（全国43位）
★旧国名…出雲（いずも）国、石見（いわみ）国、隠岐（おき）国

県庁所在地と主要都市

隠岐諸島
安来市
松江市
出雲市
浜田市

**ご当地の鉄板ネタ**

●全国的に10月は「神無月（かんなづき）」と呼ばれるが、出雲大社に神々が集まるとされるので、**出雲地方では「神在月（かみありづき）」**と呼ばれる。

●安来（やすぎ）市は、どじょうの養殖が全国2位の生産量。学校給食にどじょうが出るし、小・中・高等学校の**授業の一環で安来節やどじょうすくい踊り、銭太鼓（ぜにだいこ）を習う。**

●**人気アニメ『秘密結社鷹の爪』**の登場人物「吉田くん」は「しまねSuper大使」。作者のフロッグマンも、しまねコンテンツ産業振興アドバイザーや松江観光大使を務める。

●**世界遺産に認定されている石見銀山遺跡。**大航海時代の16世紀にはすでに、ヨーロッパで作成された地図に、石見銀山

が「銀鉱山王国」と記載されていたほど有名だった。

●岩手県、宮崎県と並んで神楽が盛んな「**神楽県**」である。大きく「出雲神楽」「石見神楽」「隠岐神楽」の3つに分けられ、演目は約30種類ある。

●古代から受け継がれる**製鉄技術「たたら製鉄」**が有名。日本独自の製鉄法で、江戸から明治時代は、島根の鉄は国内の生産量の半分以上を占めたとされる。

●京都、金沢と並ぶ**日本三大菓子・茶処**として知られる松江。お土産としても人気の**和菓子「若草」**は、江戸時代後期、茶道不昧流を完成させた松江藩7代藩主で茶人の松平治郷（不昧）が命名。

●360度海に囲まれた**隠岐の島の高校生の通学手段はフェリー**。海がしけたら休校になるため、天気予報に詳しくなる。

●隠岐の島の深刻な人口減を危惧した取り組みが功を奏し、今や**隠岐島前高校**は全国から生徒が集まる人気校。

●東部から西部にかけて話されている**出雲弁**は『古事記』や『日本書紀』などに使われている古代日本語とほぼ同じで、**日本語のルーツ**とされる。

●シジミの漁獲量が全国一の**宍道湖の底に、ネッシーならぬ「シッシー」が住んでいる**と都市伝説が流れたことがある。もちろん真相はいまだ謎。

**ご当地の地雷ネタ**

●どっちがどっちなのかわからないと言われる島根と鳥取。**島根は鳥取の左です。**

●国内最大規模のノートPC生産拠点「島根富士通」があるにもかかわらず、細田守監督の劇場版アニメ『デジモンアドベンチャー　ぼくらのウォーゲーム！』で**「島根にパソコンなんてあるわけない」**というセリフが登場する。

●「Uターンしてくるのは神様ばかり」などのコピーが話題の**『島根自虐カレンダー』**。その通りなので、県民は皆納得。しかも結構売れている。

●**中高年の引きこもり該当者**が全国の平均に比べ、突出している島根県。しかも53％が40代以上であるが、理由は不明。

●出雲地区では**「感染性胃腸炎」**のことを**「腸感冒（ちょうかんぼう）」と呼ぶ**。そしてこれが正式な病名だと信じている人も多い。

●島根県の**公立高校では、修学旅行を実施しない**学校が多い。

●**神社の数が全国1位**で名所も多いが、交通の便が不便なので、電車の乗り換えを間違えると時間つぶしで一日が終わってしまう。

**県民性**

**・引っ込み思案で保守的**

全体的に自然豊かで、ゆったりとしたのは共通しているが、東西に細長く、県東部の出雲地方と西部の石見地方、そして日本海に浮かぶ隠岐島という3つの地方で性格が異なる。

出雲地方は日本神話の言い伝えが残り「黄泉（よみ）の国の入り口」とされた地域。神社も多く「神々の土地」という自負とプライドがあるから、我慢強く勤勉な人が多い。また、雨天が多いため、屋内に閉じこもることが多く、さらには交通の不便さもあることから、引っ込み思案で保守的な性格も培われた。

現在も松江は観光地として人気になる要素が十分あるのだが、アピールが苦手で、ひたすら粘り「待つ」姿勢が、なかなか知名度が上がらない理由の一つといえるだろう。

**・全体に真面目。とにかく真面目**

石見地方は、古くから北前船などが寄港する港がいくつかあったため、新しい物を取り入れ、他地域の交流も盛んに行なわれた。そのため、山陰地方の中では明るくオープンな性格の人が多い。

隠岐は遠流の地であった歴史もあり、独自の文化が根付いている。また、行商など出稼ぎで商売をする人も多く、独立心が旺盛である。ただ、本土から離れているため、島根県民という意識があまりなく、「隠岐出身」と自己紹介する人も多いようだ。

3つの地区で差はあるものの、全体的に「真面目」であることは、シートベルト着用率が全国1位、納税率が全国1位など、ランキングにも顕著に出ている。

**全国No.1**

**●牡丹の生産量。**島根県花にも指定されている。松江市八束町の大根島が日本一の生産地で、八束町の牡丹の品種は500種類、年間約64万5千本にもなり、海外にも輸出されている。

**●しじみの漁獲量。**味噌汁の定番である、ヤマトしじみのブランドとして有名なのが宍道湖のしじみ。その漁獲量は、全国の漁獲量の4割以上を占めている。

**●県税納付率。**平成20年度から11年連続で日本一。平成30年は99・29%とほぼ100%に近い。ちなみに、**選挙の投票率の高さも日本一**である。

**●赤い羽根共同募金の1人当たり募金額。**なんと21年間トップの座をキープし、金額も全国平均の倍を誇る。

**ご当地の有名キャラクター**

**しまねっこ**（島根県）／あっぱれくん（松江市）／あらエッサくん（安来町）／つわみん（津和野町）／おんすう　ふらたろう（出雲市）／ゆず子（益田市）

**特徴的な方言**

あとかた（先日）／いしき（さっぱり・全く）／いんぐりもんぐり（優柔不断）／**おじぇ**（怖い）／**おっちらと**（ゆっくり）／がいな（すごい・大きい）／**ござっしゃい**（おいで・いらっしゃい）／**～しちょう**（～している）／そげに（そんなに）／たばこ（休憩）／**だんだん**（ありがとう）／**ちょっこし**（少し）／**つばえる**（はしゃぐ）／どげしゃもねえ（どうしようもない）／どげな（どう？）／ばんげ（夕方）／べったべった（何度も・毎回）／ほんならけ（じゃあね）／**まめなかね**（元気ですか）／**めげる**（壊れる）

**出身有名人**

**竹下登**（首相）／多根良尾（メガネの三城創業者）／岩谷直治（岩谷産業創業者）／難波利三、法月綸太郎、**森鷗外**（作家）／三浦義武（缶コーヒーの発明者）／園山俊二（漫画家）／安野光雅（画家）／**河井寛次郎**（陶芸家）／**森英恵**（ファッションデザイナー）／**隠岐の海**（大相撲）／アニマル浜口、豊田真奈美（プロレス）

／**錦織圭**（テニス）／梨田昌孝（野球）／錦織良成（映画監督）／**里見香奈**（女流棋士）／**竹内まりや**、浜田真理子（歌手）／宮根誠司（アナウンサー）／芦田伸介、江角マキコ、佐野史郎、白木みのる、田中美佐子、**渡瀬恒彦**、**渡哲也**（俳優）／山内健司（芸人）

**お土産**

**赤てん**、**あご野焼き**、どじょう掬い饅頭、しまねワイン、一夜干し、鯖の塩辛、三年熟成醤油、高麗人参茶、**若草**、オロチの爪、津田かぶ漬、石州和紙、**海士乃塩**、出西窯の和食器

**企業**

山陰パナソニック、今井産業、一畑百貨店、原商、島根電工、山陰合同銀行、ジュンテンドー、株式会社オーエムツーネットワーク、島根富士通

**有名高校**

**松江北**、出雲、大田、益田、平田、開星、石見智翠館、益田東

**名所旧跡**

**出雲大社**、稲佐の浜、出雲日御碕灯台、玉造温泉、**松江城**、**石見銀山遺跡**、足立美術館、江島大橋、鬼の舌震、太鼓谷稲成神社、湯の川温泉、**ローソク島**

**行事**

出雲大社大礼祭、松江城お城まつり、松江武者行列、**ホーランエンヤ**、松江水郷祭、諸手船神事

**特産品**

しじみ、ブリ、板ワカメ、ブドウ、出雲蕎麦、しまね和牛、生姜、ノドグロ、サザエ、どじょう、米、雲州そろばん

## ㉝ 岡山県

「大都会岡山」がネットで盛り上がったわけとは

★面積…7114㎢（全国17位）
★人口…188万5263人（全国20位）
★人口密度…265人／㎢（全国24位）
★旧国名…備前国、備中国、美作国

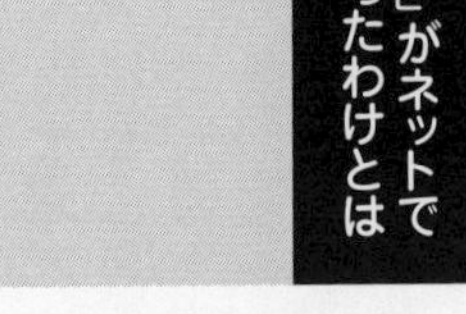

### ご当地の鉄板ネタ

●西日本最大級の養鶏場がある**美咲町は「たまごかけごはん」の聖地**として有名。幕末〜明治期に活躍した岡山出身のジャーナリスト、**岸田吟香が日本で初めて卵かけご飯を食したのが始まり**という。生みたて卵と棚田米のシンプルなおいしさを生かすため、専用の醤油を開発するなど独自の工夫を凝らした店も。

●桃の収穫量が多いので、県民にとって**桃は「買うもの」ではなく「もらうもの」**。食べ飽きてジュースにすることも多い。

●**岡山駅前の桃太郎像**は、サザエさんのオープニングにも登場したことがある待ち合わせ場所の定番。冬になると桃に包まれたイルミネーションを演出するため、

**準備期間は桃太郎が檻に閉じ込められたような外観になる。**

●「刑部（おさかべ）」「美袋（みなぎ）」「飽浦（あくら）」「百々（どうどう）」など、**県民ですら読むのが難しい地名が**多い。

●「晴れの国」と呼ばれるほど晴天が多いので、天気予報で**降水確率が50％くらいでは誰も傘を持ち歩かない**。台風が来ると予報されても、県民の多くは「逸（そ）れる」と思っているという。

●**岡山市の造山（つくりやま）古墳**は全国で第4位の大きさ。世界遺産「百舌鳥（もず）・古市古墳群」（大阪府）にある古墳以外では最大である。

●**世界初のカラオケボックス**は岡山市の「イエローBOXカラオケ広場」。1985年にコンテナを改造してオープンした。

●**「キムラヤのパン」**は岡山県で知らない人がいないほど有名。特に、ロールパンの中に、たっぷりのマヨネーズとたくあんの千切りが入った**「たくあんサラダロール」**は売り切れることも多い。

●**かつ丼はデミグラスソースをかけた「デミカツ丼」**がスタンダードで、岡山駅近くの「味司 野村」が発祥の地。

## ご当地の地雷ネタ

●岡山県ではない別の大都会の画像を「岡山県」と言い張ってネタにする**「大都会岡山」がネットで話題になった**ことがある。これは、徳島県出身で10代を岡山で過ごした歌手の**アンジェラ・アキ氏**が「（徳島から見れば）岡山県は大都会だ」と発言したことに、視聴者が過剰反応したのがきっかけという説も。

●県民の計算高く、プライドが高い性格を**大宅壮一（おおやそういち）が「日本のユダヤ人」と評し**

たという。これがネットで「岡山県人は性格が悪い」とまとめられて広がり、県民は大変迷惑している。

●県内で最も知名度の高い**倉敷(くらしき)市と岡山市は仲が悪い**。そのため、合併するという話があったが流れた。なお、倉敷出身者は「岡山県出身」と言わずに「倉敷出身」と自己紹介する人も多い。

●車の車線変更や右左折では、多くの人がウィンカーを出さない。県内では交差点前にウィンカー使用を促す**「★合図」マークがグリーンで書かれている**ほど。

●県内に通る用水路は道路との間に柵がなく、転落事故が相次いでいる。

●お隣の広島県に強いライバル心があり、野球では**広島カープの話はタブー**。多くが阪神タイガースのファンだという。

## 県民性

**・協調性がなく我が道を行く**

温暖な気候のせいもあり、基本的に明るく前向き。ただ、自然災害が少ないことから地域民同士で協力する必要性が低く、人づき合いは淡泊で協調性がない。そのため、少しのきっかけで独自の道を歩み才能を開花できる可能性が高い。

奇抜なアイデアを出し、反対意見が多くても強引に押し通すことから「偏屈が多い」ともいわれる。その所以は、奈良時代は「鍬(くわ)」、平安時代には「刀」を作る工業が盛んな地域だったことから失敗が許されず、理論立てた考え方が必要になったからだと考えられる。

**・教育水準はトップレベル**

特に瀬戸内海と山陽道が通る備前は、

陸海交通の要であったため、独特の緊張感が常にただよっていた。さらには、したたかな大坂商人と取引をする必要があったため、計算高さ、合理的な考え方も加わっていったようだ。

江戸時代に入ってからは、各所に寺子屋が多く立ち、教育が推奨された。これにより、現在でも教育水準は全国で最高レベル。このことから勤勉でプライドが高い性質がさらに強まった。

**・複雑な自虐性はどこから？**

また「岡山の二度泣き」という言葉がある。これは、岡山に住めば、よそ者に対する排他的な風土に泣き、他都市へ移り住めば岡山から離れられる嬉しさで再び泣く、という意味。この言葉どおり「自分だけは別」という前提で、岡山の土地柄を自虐的に嫌ってこきおろすという、かなり複雑な気質も知られている。

**全国No.1**

**●デニムの生産量。**倉敷市児島地区は1880年、民間初となる下村紡績所が設立されて以降、繊維の町として有名に。過去、足袋（たび）や学生服の製造でも生産量が日本一だった。その知識が、現在はデニム生産に活かされている。

**●白桃の生産量。**「くだもの王国おかやま」と呼ばれ、ピオーネやマスカットも有名だが、特に白桃は岡山特産品の代名詞的存在である。清水白桃は全国シェアの約60％を誇っている。

**●ヒノキ素材の生産量。**岡山は林業が盛んで、海外からも注目されている。

**●都道府県立図書館の個人貸出数。**平均

約140万冊で、これは全国平均の3倍の冊数である。

**ご当地の有名キャラクター**

ももっち、うらっち（岡山県）／チュッピー（総社市）／まにぞう（真庭市）／やかっぴー（矢掛町）／マービーちゃん（真備町）／みまちゃん（美作市）

**特徴的な方言**

おえん（ダメ）／おめぇ（あなた）／き**よーてー**（怖い）／**けなりー**（羨ましい）／**〜じゃ**（〜だ・です）／すんげない（さびしい）／〜せられ・〜ちゃい（〜しなさい）／たわん（足りない）／**ちーたー**（ちょっとは）／ちばける・いぬる（家に帰る）／てごー（手伝う）／**でーでぇ**（誰ですか）／**てーてーてー**（炊いておいて）／でーれー（すごい）／どねー（どのように）／**なんしょんなら**（何をしているの）／はよしねー（早くしなさい）／ひょんなげ（不思議な）／**ふうがわりい**（恥ずかしい）／ぼっけー・もんげー（すごい）／やっちもねー（つまらない）／**わやくそ**（むちゃくちゃ）

**出身有名人**

**犬養毅**（首相）／相賀武夫（小学館・集英社の創業者）／岡崎嘉平太（元全日空社長）／**高橋大輔**（フィギュアスケート）／辰吉丈一郎（ボクシング）／有森裕子（マラソン）／**渋野日向子**（ゴルフ）／森末慎二（体操）／**星野仙一**（野球）／石津謙介（VAN創業者）／**大島渚**、中田秀夫（映画監督）／水野晴郎（映画評論家）／土屋賢二（哲学者）／**大山康晴**（将棋棋士）／竹久夢二（画家）／あさのあつこ、岩井志麻子、**重松清**、柴田錬三郎（作家）／**青木雄二**、**いしいひさいち**、一条ゆかり、**岸本斉史**（漫画家）／オダギリジョー、桜井日奈子、宅麻伸（俳優）／尾上松之助（歌舞伎役者）／**稲葉浩志**、葛城ユキ、甲本ヒロト（歌手）／**千鳥**、ブルゾンちえみ（芸人）

**お土産**

**きびだんご**、むらすずめ、ニューピオーネ、清水白桃、**倉敷ジーンズ**、落合羊羹、倉敷帆布、蒜山（ひるぜん）ジャージー牛乳、勝山竹細工、ゆべし、岡山海苔

**企業**

ベネッセコーポレーション、サンマルクホールディングス、サンワサプライ、山田養蜂場、カバヤ食品、はるやまホールディングス

**有名高校**

**岡山朝日**、岡山操山（そうざん）、岡山大安寺中教、岡山城東、岡山芳泉、岡山一宮、倉敷青陵、岡山白陵、岡山学芸館、明誠学院

**名所旧跡**

**旧閑谷（しずたに）学校**、鬼ノ城（きのじょう）、津山城、醍醐（だいご）桜、**大坍和西（おおはがにし）の棚田**、**倉敷美観地区**、吉備津彦神社、岡山城、**後楽園**、備中国分寺、井倉峡、最上稲荷、旧野崎家住宅

**行事**

三原渡り拍子、語法祭、福力荒神社大祭、**西大寺会陽（えよう）**（裸祭り）、弘法寺、踟供養（ねりくよう）、**おかやま桃太郎まつり**、矢掛（やかげ）の宿場まつり

**特産品**

白桃、マスカット、ピオーネ、ママカリ、サワラ、洋梨、ひょうたん、オリーブ、しいたけ、黒大豆、米、烏城彫（うじょうぼり）、備前焼

34

# 広島県

中国・四国の県からは"苦手"とされているって?!

★面積…8480㎢(全国11位)
★人口…279万8628人(全国12位)
★人口密度…330人/㎢(全国17位)
★旧国名…安芸国、備後国

県庁所在地と主要都市

ご当地の鉄板ネタ

●日本で唯一の市民球団、**広島カープは県民の誇り**。広島市の小学校では、カープの歴史や人気の理由を考え、思考力や表現力を養うことを目的とした「**カープについて考える授業**」が行なわれているところもある。

●メロンパンを「サンライズ」と呼ぶ。

●書店の「**フタバ図書**」はDVDやCDのレンタル販売から、ゲームソフトの販売など幅広く運営し、広島県では有名。それゆえ、全国区だと勘違いしている県民も多いとか。

●自動車メーカー「マツダ」の本社があり、**社会見学は、マツダ自動車工場に行く小学校も多い**。

●ソウルフード「お好み焼き」へのこだわりが強く、人口10万人当たりの登録店舗数が日本一。**お好み焼きをわざわざ「広島焼」と呼ぶのは、県内ではタブー。**

●世界遺産登録されている**厳島(いつくしま)神社**。台風でよく一部崩壊するが、全体が崩れないように、**わざと壊れやすくしてある。**壊れることが多い床の部分は、強い水圧で防ぎようがないため、そこは犠牲にして本体の骨組みを守っているのだ。

●鹿といえば奈良を思い浮かべるが、**宮島(みやじま)にも鹿が多い。**ただし、野生に戻すことを目標にしているため餌やりは禁止。

●広島市立の小中学校の約89%が、**広島原爆の日を登校日にする「8・6登校」**を実施している。投下時刻に黙とうをした後、平和について考える「平和学習」が行なわれる。

●日本では18都市で路面電車を運行しているが、その中でも**広電西広島—広電宮島口間は、営業キロが19㎞と最長。**

## ご当地の地雷ネタ

●広島市と呉(くれ)市では1950年頃から広島抗争が起こり、『仁義なき戦い』『孤狼の血』など映画にもなった。これで**ヤクザが多いというイメージがついてしまい、**「山口組本部がある」と誤解されることが多い。

●「正直、苦手な都道府県はどこ?」というアンケートで、東は「大阪府」、西は「東京都」が圧倒的に多い中、広島県にも票が多く集まり、**岡山、島根、山口、愛媛など周辺の県から〝苦手意識〟を持たれていることが明らかになった。**

●**カップルで宮島に行くと別れる**という都市伝説がある。これは江戸時代の中頃、宮島の町屋通りには遊郭があり、男が遊んでいるのがバレてしまうことが由来だと言われている。

●広島市は1976年以降、**可燃ゴミは紙袋で出すというルール**だったが、湿って破れてしまうなど市民から不評だった。2018年からはポリ袋で出すのもOKになっている。

●広島で「**流れる**」といえば、キャバクラやゲイバーなどが軒を連ねる**広島市最大の歓楽街「流川」**に行くという意味である。

●三原市に広島空港があるが、山の中で広島市からも遠く、「**日本一不便な主要空港**」と呼ばれている。

**県民性**

### ・楽天的で細かいことは気にしない

瀬戸内海に面した豊かな自然と、天候に恵まれた温暖な地域性もあり、気性は明るくておおらか。新進的で行動力のある性質も、古くから陸海ともに交易の拠点となっていたことが大きく影響しているようだ。

広島で起こった暴力団の抗争をもとにした映画『仁義なき戦い』の大ヒットにより荒々しいイメージが優先しているが、基本的にはおだやかな性格である。

鎌倉・南北朝時代に成立した安芸の浄土真宗は現在でも盛んで、「南無阿弥陀仏」と、お経さえ唱えれば極楽へ行けるという教えが、楽天的で細かいことを気にしない気質に拍車をかけたとも考えられている。

**・プライドが高く開拓精神も旺盛**

また、中国・四国地方の中核であるという愛郷精神、さらには広島市には、明治期から旧日本陸軍の第五師団司令部が置かれ、「軍都」と呼ばれたことから強いプライドを持つ。原爆による被爆の経験があるため平和への意識は高く、関連の教育や取組みは世界的にも有名だ。

意外なところでは、全国第1位の移民送出県であること。海外移住はハワイ王国政府と日本政府の間で、渡航や労働に関する協定が結ばれたことから始まる。1885年、国がハワイへの移民の募集を全国的にかけたところ、広島県からの応募が約3分の1を占めたという。

その後、11万人もの県民が移住し、活躍していることからも、フロンティア精神の旺盛さがうかがえる。

**全国No.1**

**●ソースの消費量。**1人当たり平均95㎖。広島市にオタフクソースの本社があり、社員はお好み焼き以外にも、**揚げ物や目玉焼き、カレーの隠し味などあらゆる料理にソースを使う**という。

**●ヤスリの生産量。**江戸後期に、大坂から職人が故郷の呉市仁方(にがた)町に技術を持ち帰り、広まったといわれている。現在では国内シェア95%を誇る地場産業として知られている。

**●カキの漁獲量。**国内シェア約60%で年間2万トン。2位の宮城県の5倍以上と、圧倒的な差をつけての首位をキープしている。

## ご当地の有名キャラクター

ブンカッキー、ひろしま清盛、アダピィ、モーリー（広島県）／きりこちゃん（三次市）／ももねこさま（竹原市）／ふでりん（熊野町）／のん太（東広島市）

## 特徴的な方言

あがーに（あのように）／**あつい**（痛い）／あらましな（乱暴な）／いけにゃー（駄目なら）／いっさんきに（大量に）／**いなげな**（変な）／いぬる（帰る）／いらう（触る）／**ええがの**（いいけど）／えっと（たくさん）／**おどりゃ**（お前・きさま）／かもう（からかう）／～がんす（ございます）／**～じゃけ・じゃけん**（～だから）／～しんさい（～しなさい）／**たいぎぃ**（疲れた・面倒臭い）／たちまち（とりあえず）／たわん（届かない）／ちびる（減る）／てごして（手伝って）／**なんぼう**（幾ら）／ねき（近く）／はぶてる（不機嫌になる）／**ほうじゃのう**（そうだなあ）／わや（むちゃくちゃ）

## 出身有名人

**池田勇人**、**宮澤喜一**（首相）／寺田和正（サマンサタバサジャパンリミテッド創業者）／矢野博文（大創産業創業者）／田島治子（サカイ引越センター創業者）／武田正彦（ピエール・カルダン・ジャパン創業者）／**金本知憲**、二岡智宏、**張本勲**、**村田兆治**（野球）／岡本綾子（ゴルフ）／森下洋子（バレリーナ）／**阿川弘之**、**松本清張**、湊かなえ、和田竜（作家）／**かわぐちかいじ**、こうの史代、**中沢啓治**、和田慎二（漫画家）／**三宅一生**（ファッションデザイナー）／辻村寿三郎（人形作家）／**大林宣彦**（映画監督）／綾瀬はるか、**平幹二郎**、戸田菜穂（俳優）／**奥田民生**、吉川晃司、**西城秀樹**、世良公則、**浜田省吾**、**Perfume**、ポルノグラフィティ、**矢沢永吉**（歌手）／**有吉弘行**（タレント）

**お土産**

**もみじ饅頭**、尾道ラーメン、保命酒、はっさくゼリー、アンコールオレンジ、音戸ちりめん山椒、**お好み・焼きそばソース**、鳥皮味噌煮、深川珈琲、**牡蠣のオイル漬け**、牡蠣醤油味付海苔

**企業**

マツダ、青山商事、テックコーポレーション、三泰産業、セーラー万年筆、オタフクソース、中国新聞、広島銀行、福屋、ポプラ、福山通運、大創産業、フジタ

**有名高校**

**広島大学付属**、広島大学附属福山、広島、基町、舟入、世羅、祇園北、広島商業、**広島学院**、**修道**、広島女学院、広陵

**名所旧跡**

**厳島神社**、**しまなみ海道**、原爆ドーム、**広島平和記念公園**、弥山、**鞆の浦**、多々羅大橋、安国寺不動院、福山城、長浦毒物貯蔵庫跡、千光寺公園

**行事**

**管弦祭**、尾道ベッチャー祭り、呉みなと祭、**三原やっさ祭り**、比和牛供養田植、三次の鵜飼、お手火神事、尾道薪能

**特産品**

カキ、はっさく、ピオーネ、オレンジ、レモン、トマト、祇園柿、クワイ、広島菜、ミルキークイーン、熊野筆、福山琴

# ㉟ 山口県

## 明日の天気は、福岡と広島の予報から予測する

★面積…6113㎢（全国23位）
★人口…134万7041人（全国27位）
★人口密度…220人／㎢（全国28位）
★旧国名…周防国、長門国

**ご当地の鉄板ネタ**

●下関市はいわずと知れたフグの町。**県民は「ふく」と言う**ので、他県の人からは「服」についての話をしていると思われることもあるとか。

●**歴代首相を多く輩出し、政治家や実業家が多い。**また、明治政府を作り近代日本を引っ張ってきた県として、誇りに思っている人が多い。人口が多い県ではないが、**NHKの契約件数や朝日新聞の購読者数でも全国1位になった**ことがあり、国政への関心の高さがうかがえる。

●1963年の山口国体時に、県花である夏みかんの色に統一したため、ガードレールは白色ではなく黄色。**広島と山口の県境はガードレールの色が変わる**ので

県庁所在地と主要都市

わかりやすい。
●道路が整備され、**新幹線は「ひかり」「こだま」「さくら」「つばめ」が停車する**など、交通が整っている。ただし、下関駅のＩＣカードはＪＲ西日本のＩＣＯＣＡではなく、ＪＲ九州のＳＵＧＯＫＡである。
●自然が豊かでＳＮＳ映えする絶景ポイントが多数。日本三名橋の一つ**錦帯橋**、海をバックに１００ｍ以上の真っ赤な鳥居が続く**元乃隅神社**、コバルトブルーの海が広がる**角島大橋**、日本最大級の鍾乳洞である**秋芳洞**、回遊魚が生息しており天然記念物に指定されている**明神池**など、自然からの贈り物が多い。
●山口県に行くことと山口市に行くことは同じ「やまぐちに行く」となるが、山口県民はそのアクセントで明確に分けて意思疎通を図っている。**「ま」を強めると山口県、「や」なら山口市である。**
●天気が地域で変わるため、福岡と広島両県の天気予報から予測する県民が大半だとか。
●幕末の名士、特に吉田松陰を尊敬しているため、**県民は今でも「松陰先生」と呼ぶ。**
●ヒット漫画『逃げるは恥だが役に立つ』はドラマ化もされたが、それで**一躍ブレイクした郷土料理が「瓦そば」**。家庭でももちろん日常的に食べるが、さすがに瓦は使っていない。
●ミカンといえば、和歌山や愛媛が有名だが、山口には**「ミカン島」と呼ばれる周防大島**があり、ミカン愛が強い。そんな大島には**皮つきの焼きミカンを丸ごと鍋に入れる「ミカン鍋」**というご当地グルメがある。

**ご当地の地雷ネタ**

●**新宿、代々木、銀座、青山などといった東京と同じような地名が存在する。**戦時中に焼け野原になり、その復興の際の区画整理で、東京のように栄えてほしいという願いをこめて名付けられたとか。単なる都会への憧れではないことを知ってほしいし、**「パクった」と言われると悲しい。**

●下関市のふぐは全国的に有名だが、じつは水揚げ量の1位は石川県。あまり知られていないが、下関ではアンコウも多く獲れる。**県民はアンコウがもっと広まることを願っている**とか。

**県民性**

**・古風かつ亭主関白な気質**

総理大臣を多く輩出し、幕末の雄である長州藩の流れを引き継ぐ県民は、サムライ気質が残り、古風で硬派、保守的。その一方で、野心家な県民性を持つ。

特に男性は「THE・日本男児」が多いのも特徴。亭主関白で封建的な性質に加えて、他県民からすると方言などから言い方がよりキツく聞こえてしまうこともある。

**・女性は大和撫子タイプが多い**

しかし逆にいえば、義理堅く目上を敬う人が多いし、男らしいので頼りがいもある。褒められると、ものすごく照れるかわいさも併せ持っているのだ。

女性は対照的に大人しく、大和撫子(なでしこ)タイプが多い。経済観念もしっかりしているので、若くして結婚してもしっかりした奥さんとして、夫を陰から支える人が多い。

**・クルマが足だが、肥満率が低い謎**

アイデンティティとしては中国地方だが、天気予報では「九州・山口県」として扱われることもあるうえ、北九州予備校の山口校もあるので、九州として扱われることも。

県民のほうもそれを素直に受け止めているようだ。

ガソリンの支出金額が1位になったこともあり、道路も整備されており、クルマをよく使う。しかし男性の肥満率は47都道府県で最も低く、車を使うわりにスリムな人が多い。

**全国No.1**

●**スダイダイの生産量。**スダイダイとは正月の飾りに使用される柑橘類のことで、シェアは山口県が99％、残りの1％は香川県というから圧倒的。ほかにも、夏ミカンや大島ミカンなど、柑橘類には力を入れている。

●**アンコウ、アマダイの水揚げ量。**アンコウ料理をソウルフードにしようと、「学生料理グランプリ」を開催。ちなみに、フグの水揚げ量は5位だが、全国から集められた取扱量は1位。

●**ふりかけへの支出額。**野菜や海苔のつくだにへの支出金額も1位なので、**ごはんのおともにお金をかける**傾向にあるようだ。一方で、米への支出金額は全国でも下位クラスである。

## ご当地の有名キャラクター

ちょるる（山口県）／おおちゃん・うっち～（山口市）／しもるん、ほっくん（下関市）／チョーコクン、ゲンキー（宇部市）／萩にゃん。（萩市）／はぁすちゃん（岩国市）

## 特徴的な方言

**あずる**（手こずる）／いかい（大きい）／おいでませ（いらっしゃいませ）／**しあわせます**（助かります）／**じら**（わがまま）／しろしい（うるさい）／しわ（しつこい）／せんない（面倒くさい）／～そ（～の）［例：そーなそ？＝そうなの？］／**それいね**（そうだね）／だいしょー（多少）／たう（届く）／～ちゃ（～です）／**てれんこぱれんこ**（だらだら）／てんくら（でたらめ・いい加減）／**とっぴん**（急ぎ）／はぶてる（すねる）／びったれ（だらしない）／**ひやい**（冷たい）／ぶち（とても）／**ぶるとっぴん**（大急ぎ）／**まっつい**（そっくり）／みやすい（簡単）／**めんたし**（ごめんなさい）

## 出身有名人

**伊藤博文**、菅直人、**岸信介**、**佐藤栄作**（首相）／**久原房之助**（久原財閥創始者）／**鮎川義介**（日産コンツェルン創始者）／岡村勝正（リーブ21創業者）／山田晁（ダイキン工業創業者）／**柳井正**（ユニクロ創業者）／新村出（言語学者）／河上肇（経済学者）／香月泰男（画家）／**伊集院静**、高樹のぶ子、田中慎弥、船戸与一、古川薫（作家）／**種田山頭火**（俳人）／**金子みすゞ**、**中原中也**、まど・みちお（詩人）／**弘兼憲史**（漫画家）／庵野秀明（映画監督）／宮本和知（野球）／岩政大樹、久保裕也（サッカー）／石川佳純（卓球）／**長州力**（プロレス）／阿武教子、原沢久喜（柔道）／きただにひろし、清木場俊介、**山本譲二**（歌手）／**前田吟**、**松田優作**、山下真司（俳優）／**田村淳**、西村知美、松村邦洋（タレント）／波田陽区（芸人）

**お土産**
岩国寿司、東洋美人、**獺祭**（だっさい）、山口外郎（ういろう）、亀の甲せんべい、利休さん、**月でひろった卵**、ふぐのオイル漬け、ふぐ一夜干し

**企業**
山口新聞、山口銀行、西京銀行、山口テレビ、山口放送、ファーストリテイリング、宇部興産、セントラル硝子、長府製作所、東ソー、関釜フェリー

**有名高校**
**山口**、徳山、下関西、宇部、宇部商業、誠英、野田学園、下関国際、宇部鴻城

**名所旧跡**
**萩の城下町**、**唐戸市場**、岩国の錦帯橋、防府（ほうふ）天満宮、瑠璃光寺、関門トンネル、赤間神宮、角島（つのしま）大橋、**松下村塾**、秋吉洞、**秋吉台**、千畳敷、須佐ホルンフェルス、秋吉台自然動物園サファリランド

**行事**
**秋吉台山焼き**、先帝祭、**津和野奴行列**、柳井金魚ちょうちんまつり、周防祖生（すおうそお）の柱松行事、御神幸祭（ごじんこうさい）、**関門海峡花火大会**

**特産品**
ミカン、レンコン、はなっこりー、フグ、アンコウ、アマダイ、ノドグロ、干ししいたけ、萩焼、赤間硯（すずり）、大内塗、琴

36

# 徳島県

## 人当たりは柔らかいが財布の紐が固く計算高い

★面積…4147㎢（全国36位）
★人口…72万3524人（全国44位）
★人口密度…174人／㎢（全国35位）
★旧国名…阿波国（あわ）

### ご当地の鉄板ネタ

●すだちへの愛情はホンモノで、味噌汁にも入れるし、焼肉やパスタにも入れる。食卓の定番。

●清流ナンバーワンに何度も輝いたことがある吉野川。徳島県民は、ポカリスエットやオロナミンCに吉野川の水が使われていることを知っている。

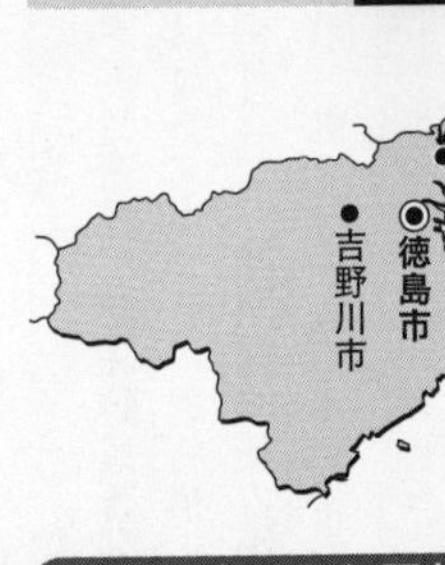

県庁所在地と主要都市

●愛妻家の夫が多く、女性の社会進出もしやすい環境が整っていて、夫婦喧嘩が少ないというデータもある。

●赤飯にはごまと塩が定番だが、鳴門では砂糖をかけるのが一般的。

●大塚国際美術館には、ミュージシャン米津玄師（よねづけんし）の『Ｌｅｍｏｎ』のジャケットが陶板となって飾られている。これは県出身の米津が紅白歌合戦に出演した際、中継先になったのを記念したもの。

●**「あるでないで」**（方言で「あるじゃないか」の意）と、県外の人に言うと**「あるのかないのかどっち？」**と聞かれる。

●四国四県の中では最も関西に近いため、言葉も関西弁に近い。**徳島弁は関西弁に属する**と信じている県民もいるほど、関西スピリッツを持つ。そのため、**関西の天気予報などで徳島が含まれることに満足している。**

●**祖谷（いや）のかずら橋**はシラチクカズラという植物で編んだ橋なので、渡るのはかなり怖い。しかし**3年に一度は架け替えられている**ので、ご安心を。

●**祖谷渓（けい）には小便小僧の像がある。**これはその昔、崖から放尿できるか否かで度胸試しをしたという逸話から作られた。実際、高さ200mの断崖絶壁を見おろす、**本当にギリギリの場所に立っている。**

●とにもかくにも**阿波おどりを県民は心待ちにしている。**SMAPのライブと日程が被った際には、ライブが中止になったという噂もあるほど。小学校の運動会や結婚式の余興で踊るなど、多くのライフイベントに阿波おどりが存在する。

**ご当地の地雷ネタ**

●とはいえ、**県民全員が阿波おどりを踊れるわけではない。**

●文字通り**「電気」**を動力とする**「電車」がない。**石油で動くディーゼルカーのみなので、沖縄を除くと日本で唯一の電車のない県だ。そして、そのディーゼルカーは「汽車」と呼ばれる。

●**鳴門金時が全国区の知名度を誇るが、**サツマイモの生産量はそこまで多くない。しかし、消費量はナンバー1。

●**ちくわに竹が刺さっているとは限らない**ことを、県外に出て初めて知る。

●美しい自然があり、阿波踊りという大きなイベントが開かれ、お遍路（へんろ）さんの旅のスタートという土地でもあるのに、**宿泊観光客数はワースト1**。

●国の天然記念物**「阿波の土柱（どちゅう）」**は、ロッキー山脈とイタリアのチロル地方の土柱とともに世界三大土柱の一つだが、**大きな扱いを受けていない**。

●ラーメンによく入っている**「なると」は静岡県焼津（やいづ）市が発祥なので、大して思い入れはない**。なお、徳島ラーメンは生卵をトッピングするのが普通。

**県民性**

### ・男女とも働き者で商売上手

「阿波女は働き者」という言葉があるが、大阪に近いこともあって昔から商売気質のある人が多く、さらに社会進出がしやすいこともあって、女性経営者数も上位と活躍が目立つ。対する男性も勤勉な人が多く、女性と同じく働き者が多い。

そんな気風のためか金銭感覚には長けていて、「徳島の二度値切り」という言葉もある。これは「一度で諦めず、必ず二度行なう」という意味で財布の紐（ひも）は固い。

### ・投資は好きだが賭け事は嫌い

ただ、何事も損得勘定で動く部分が見られ、常識から外れたり、約束を破ったりということに厳しいし、カネの切れ目が縁の切れ目という人も多い。

損得勘定はもちろん、おカネの使い方にも現れている。貯蓄はもちろん、投資志向も強いのだ。手元に置いておくだけではお金は増えない。そのために投資に励んだり、もしくは起業を考えたりする。

「ギャンブルなど、とんでもない！」という意識も強く、賭け事は悪いことと考える人の数は全国一という調査結果があるほどだ。

**・愛媛、高知、香川の徳島県民評とは**

しかし、人懐っこい性格なので、大切な相手に対しては財布の紐を緩めがち。こういう、実利的な部分も商人魂を感じるところではある。

香川県と同じく「へらこい」という言葉もあるが、香川の「要領がよい」に対して、徳島県では「狡猾」を意味する。「前がやおう（柔らかい）て、裏が冷たい」とも言われるように、見かけの割には計算高いというのが、ほかの四国3県民の意見ではある。

**全国No.1**

**●スダチ、生しいたけの生産量。**吉野川の美しい水を活かした農業が盛んなので、ニンジン、レンコン、ユズなども多く生産されている。またハモ、鮎などの漁獲量が多く、関西を中心に出荷されていて「台所」の役割を担っている。

**●LEDの生産量。**青色発光ダイオードを使用することにも成功し、世界有数のLED先進地域である。

**●千年サンゴの大きさ。**牟岐町に眠る「千年サンゴ」は日本どころか世界一。推定1000年以上といわれる大きさで、その珍しい形状から「水中クリスマスツリー」ともいわれる。多くのダイバーが訪れる人気のスポットでもある。

**ご当地の有名キャラクター**

すだちくん（徳島県）／トクシィ（徳島市）／ゆずがっぱ（那賀町）／ふじっこちゃん（石井町）／うずしおくん・うずひめちゃん（鳴門市）／あわみちゃん（阿波市）／ヨッピー・ピッピー（吉野川市）

**特徴的な方言**

**あばばい**（まぶしい）／いぬ（帰る）／**いんぐりちんぐり**（ばらばら）／うちんく（自分の家）／おげ（うそ）／おもっしょい（おもしろい）／がい（気が強い）／かあ（ください）／**かいらし**（かわいくない）／かまん（かまわない）／**きゃつきゃっがくる**（イライラする）／ごじゃ（でたらめ）／こんまい（小さい）／しょーたれ（薄情者）／**せこい**（苦しい）／たっすい（くだらない）／つくなむ（かがむ）／つまえる（片づける）／**てれこ**（真逆）／どくれる（すねる）／**どちらいか**（どういたしまして）／**へらこい**（ずるい）／へんしも（すぐに）／ほーえー（そうなんだ）／**まける**（あふれる）／もんた（帰った）

**出身有名人**

**三木武夫**（首相）／**大塚武三郎**（大塚製薬創業者）／小川信雄（日亜化学工業創業者）／楠恒男（ジオス創業者）／川田源一（日刊スポーツ新聞社創業者）／喜田貞吉（歴史学者）／**大川隆法**（宗教家）／**瀬戸内寂聴**（作家）／**立木義浩**（写真家）／**柴門ふみ**、**竹宮恵子**（漫画家）／

**尾崎将司・健夫・直道3兄弟**（ゴルフ）／新崎人生（プロレス）／川島郭志（ボクシング）／**川上憲伸**、里崎智也、水野雄仁（野球）／塩谷司（サッカー）／松友美佐紀（バドミントン）／**大杉漣**、山下リオ（俳優）／**米津玄師**（ミュージシャン）／板東英二（タレント）

**お土産**

**竹ちくわ**、和三盆糖、**金長まんじゅう**、**小男鹿**（さおしか）、マンマローザ、すだちゼリー、半田そうめん、祖谷蕎麦、徳島ラーメン、海苔、すだち酎、銘菓なると金時、ゆずジャム、みまから、納豆ふりかけ

**企業**

徳島新聞、阿波銀行、徳島銀行、日亜化学工業、ジャストシステム、阿波製紙、Delta-Fly Pharma

**有名高校**

**城南**、徳島市立、徳島商業、城東、池田、城ノ内、鳴門、徳島文理

**名所旧跡**

**鳴門海峡**、大塚国際美術館、眉山（びざん）、大歩危（おおぼけ）・小歩危（こぼけ）、霊山寺（りょうぜんじ）、**祖谷のかずら橋**、阿波の土柱、大浜海岸、あすたむらんど徳島、**うだつの町並み**、太龍寺、吉野川ハイウェイオアシス、鳴門公園

**行事**

**阿波おどり**、徳島ひょうたん島水都祭、祖谷平家まつり、阿波の狸まつり

**特産品**

スダチ、ユズ、白瓜、レンコン、ニンジン、生しいたけ、ワカメ、鳴門金時、鯛、ハモ、阿波尾鶏、阿波ポーク、阿波牛、阿波和紙、阿波正藍しじら織

# ㊲ 香川県

競争には不向きだが
貯蓄額はトップレベル

★面積…1877㎢（全国最下位）
★人口…95万1421人（全国39位）
★人口密度…507人／㎢（全国11位）
★旧国名…讃岐(さぬき)国

小豆島
丸亀市
高松市
三豊市
観音寺市

県庁所在地と主要都市

**ご当地の鉄板ネタ**

●2011年、県の認知度アップの一環として**「香川県は『うどん県』に改名いたします」**という動画が公開。うどん県改名に便乗したパロディとして、丸亀市の名物グルメ・骨付鳥(ほねつきどり)を活用した**「骨付鳥市に改名PR」**も行なわれた。

●年間所得が高いわけではないが、物価が全体的に安く、特に**家計に対する食費の割合が全国で最も低い**。そのせいか預貯金率は常に全国ベスト3に入っている。

●年賀状や手紙のやりとりで、**「かかんきんこん、こんきんかかん」**という会話がされる。これは「書かないから来ない、来ないから書かない」という意味。

●**香川県の雑煮は、白味噌ベースにあん**

**餅が入っている**。これは江戸時代末期、讃岐藩5代藩主・松平頼恭がサトウキビ作りを奨励し、白下糖が生産されたことに端を発するという。

●西讃地方に伝わる**餅米のお菓子「おいり」**は、「嫁に入る」と「炒る」と掛けた名前で、結婚式の引き出物によく出る。

●**少林寺拳法の発祥の地**で、1947年に北少林義和門拳第21代正統継承者の宗道臣が創設した。

●雨が少なく風光明媚な場所も多いため、**映画のロケ地になることが多い**。しかも好奇心旺盛な香川県の県民性によって、エキストラの登録も1000名を超えている。

●国の特別名勝に指定されている**回遊式庭園「栗林公園」**は、2009年、ミシュランガイドの観光版で**最高評価の3つ星に選定**されていた。

●観音寺市の**琴弾公園にある銭形砂絵**は、巨大な寛永通宝を型取っている。見るとお金に困ることがないという、まことしやかな噂を聞きつけた現実派のカップルが訪れるとか。ちなみに**近くに行っても砂が見えるだけでよくわからない**ため、展望台から見るのが普通。

●三豊市三野町の海辺にある**JR津島ノ宮駅は、1年で2日しか営業しない**。子どもの神様として知られる「津嶋神社」の夏季大祭のためだけの駅なのである。

### ご当地の地雷ネタ

●雨が少なく水不足に悩まされるため、夏前になると早明浦ダムの貯水率が気になる。また、**水泳の授業は水不足により**

**中止になりがち。**徳島の吉野川から用水を引き、高知のダムからも供給してもらっているため、**四国四県で一番と思いながらも両県に頭が上がらない。**

●夏のメインイベント**「高松まつり」が徳島の「阿波踊り」と日程が被る。**そのため、県外の認知度が低い。

●**交通マナーが悪い**ことで有名で、踏切停止率は全国最低の4％。交通事故と交通事故死の多い都道府県ランキングではトップ3の常連である。また、交差点の手前の道路上に書かれた「合図」は、ウインカーを出さない人用の対策だ。

●**県域が大阪府よりも狭くなって全国最下位になった**理由は、関空の埋め立てが原因ではなく、国土地理院によって県境が訂正されたため。

## 県民性

### ・温和かつ好奇心が強い

晴天が多く、風があまり吹かないという穏やかな気候風土ゆえ、温和な気質の人が多い。また、瀬戸内海に面していながら大阪・神戸といった大都市との距離が近いこともあり、さまざまな情報が集まりやすく、県民の好奇心は強い。

加えて、全国一面積が狭いために人口密度も高いので、新しい刺激を自然に受け入れる順応性も培(つちか)われていったと思われる。

### ・人当たりはよいが主張は苦手

狭いうえに人口が少なく、隣人をたどれば回りまわってすべて知り合いに行きつくという土地柄ゆえ、基本的に人づき合いが重要となる。さらには、四国八十八か所巡りをするお遍路さんへの「おもてなし文化」もあり、気さくで、外部からの人も自然と受け入れることもできるようになっていったとされる。

反面、争い事になると、すぐに悪い噂が広まり、社会的に生きにくくなるという意識を常に持っているので、コミュニケーション能力は高いが、自己主張は苦手で、競争には不向きといえよう。

**・まさかのときの備えは万全**

「へらこい」という、香川の県民性を表す言葉があるが、これは「こざかしく、要領がいい」という意味。そんな合理的な考え方も、コミュニティのまとまりを重視する気性が影響しているのだろう。

天災は少ないものの雨が少なく、常に水不足の危機にさらされている。このことから、「まさかのときのため」への貯えをする習慣が根付いたようで、貯蓄額はトップレベル。穏やかながらも、意外にきっちりとしたところが特徴なのだ。

**全国No.1**

**●生うどん・そばの生産量。**「うどん県」だけあって、消費額も全国で唯一1万円を超えている。讃岐うどんは、平安時代に弘法大師空海が中国から持ち帰ったのがルーツとされるなど、歴史も古い。

**●オリーブの生産量。**全国シェアの約95％を占め、圧倒的1位。香川県の県花・県木にも指定されている。

**●手袋の生産量。**全国シェアの約90％を占めているのが東かがわ市。130年以上もの間、日本最大の手袋の産地であり、近年はオリジナルブランドも登場。

●**うちわの生産量**。丸亀うちわが有名で、江戸時代、金刀比羅宮（ことひらぐう）の参拝者に土産として作られたのが起原とされている。

## ご当地の有名キャラクター

**うどん脳**、あぐりん、オリピー（香川県）／ことちゃん（高松市）／ひょこたん（高松市）／とり奉行骨付じゅうじゅう（丸亀市）／さかいでまろ（坂出市）

## 特徴的な方言

いっきょん（行ってるの）／**おとっちゃま**（怖がり）／おもっしょい（おもしろい）／おらぶ（叫ぶ・怒鳴る）／**がいな**（強い）／**けっこい**（美しい・きれい）／～げな（～みたい）／**ごじゃばけ**（でたらめ・むちゃくちゃ）／**じょんならん**（どうにもならない）／～ちゃん（～じゃない？）／ちょっとま（少しの間）／**ちょんまいさん**（小さい子ども・末っ子）／どくれる（ふてくされる）／**なんがでっきょんな**（挨拶の言葉）／なんちゃ（なんにも・全く）／なんちゃでないよ（なんでもないよ）／ほんだらな（じゃあね）／**むつごい**（味が濃い）／**めんめ**（自分で）／～やけん（～だから）／よっけ（たくさん）

## 出身有名人

**大平正芳**（首相）／玉木雄一郎（政治家）／馬渕健一（マブチモーター創業者）／石井絹治郎（大正製薬創業者）／大社義規（日本ハム創業者）／猪熊弦一郎、**中原淳一**（画家）／**菊池寛**、芦原すなお（作家）／**桃田賢斗**（バドミントン）／中西太（野球）／植田辰哉（バレーボール）／渡邊雄太（バスケットボール）／中村光一（ゲームクリエイター）／結城貢（料理研究家）／本広克行（映画監督）／喰始（たべはじめ）（劇団主宰者）／**笠置シヅ子**（歌手）／中野美奈子（アナウンサー）／石倉三郎、**要潤**、**高畑淳子**、馬渕英里何（俳優）／**南原清隆**、松本明子（タレント）／レツゴー正児（芸人）

### お土産

**讃岐うどん**、讃岐そうめん、**オリーブオイル**、**しょうゆ豆**、じゃこ天、灸（きゅう）まん、坂出塩ラーメン、**えびせんべい**、揚げぴっぴ、雲丹のり、讃岐一刀彫、香川漆器、高松和傘

### 企業

穴吹工務店、アオイ電子、宮脇書店、タダノ、南海プライウッド、日プラ、セーラー広告、さぬき麺機、四国新聞

### 有名高校

**高松**、高松商業、**丸亀**、丸亀城西、三本松、大手前高松、大手前丸亀、尽誠学園

### 名所旧跡

**栗林公園**、**金刀比羅宮**、**アート・直島**、高屋神社、**丸亀城**、大窪寺、総本山善通寺、厳魂（いづたま）神社、寛永通宝銭形、八十場（やそば）の湧泉、**高松城**、掬月亭（きくげってい）

### 行事

金毘羅宮例大祭、**瀬戸内国際芸術祭**、丸亀お城まつり、お大師山の火祭り、高松まつり、みろく納涼夏まつり、まるがめ婆娑羅（ばさら）まつり、仁尾竜（におりゅう）まつり

### 特産品

オリーブ、オリーブ牛、アスパラガス、和三盆、イチゴ、ラナンキュラス、ナバナ、イイダコ、大根、丸亀うちわ

## ㊳ 愛媛県

意外や、松山市民は「坊ちゃん」推しではない！

★面積…5676㎢（全国26位）
★人口…133万918人（全国28位）
★人口密度…234人／㎢（全国27位）
★旧国名…伊予国

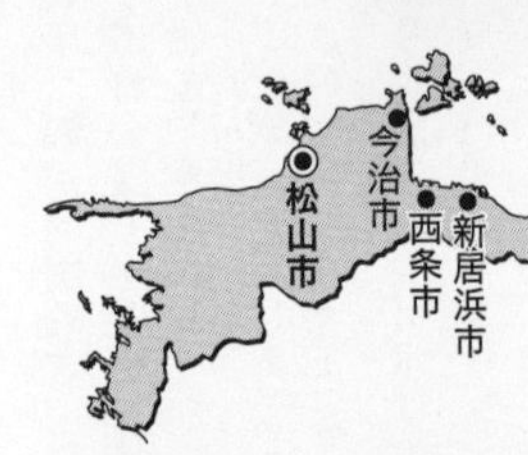


県庁所在地と主要都市

**ご当地の鉄板ネタ**

●給食では週1回、ご当地飲料「ポンジュース」が出され、自販機でポンジュースを購入するのもよく見る風景。さらに**「愛媛では蛇口をひねると、みかんジュースが出てくる」**という話がまことしやかに囁かれていたところ、これが本当に実現した。松山空港の「Orange Bar」で飲める。ただし有料。

●元服の年齢、つまり中学2年になると**「少年式」という行事でお祝いをする。**その規模は入学式や卒業式レベルというから、なかなかの一大行事である。

●**いよてつ高島屋の大観覧車「くるりん」**には、2機だけシースルーのゴンドラがある。誕生月は無料でゴンドラに乗れるが、シースルーだけは対象外である。

●人気ドラマ『東京ラブストーリー』の最終回のロケ地だった**伊予鉄道「梅津寺駅」**には、今でもヒロインのリカをまねて、**ハンカチを結びに来る人がいる。**

●松山市は正岡子規、高浜虚子など多くの俳人を輩出した俳句の町でもあり、**町中には投稿用の俳句ポストがある。**

●宇和島市では**闘牛が年5回**行なわれ、横綱牛のオーナーになった人は市内でのヒエラルキーが高い。

●松山市で「そうめん」といえば、**赤、黄、緑、濃紺に白を加えた「五色そうめん」**。江戸時代中期にそうめんを製造販売していた長門屋の娘が神社に参拝した際、五色の糸が下駄に絡みついたのを見て、父親に「そうめんに五色の色をつけてみては」とアドバイスしたことがきっかけという。

●方言が好評で、女性に**「好きじゃけん」**と言われたい他県の男子が続出中。

●**正岡子規が好んだということもあり、野球愛が強い。**松山市には野球博物館の「の・ボールミュージアム」がオープンし、また「野球拳」は1924年に香川県高松市で行なわれた「屋島グラウンド」の完成記念野球大会の懇親会で、伊予鉄道電気（現・伊予鉄道）の選手らが披露した宴会芸が始まりとされる。

**ご当地の地雷ネタ**

●ポンジュースの「ポン」は**「日本一」**の**「ポン」**から。ちなみに松山地方で「ポン」とは、う○こを指す。

●ご当地グルメやお土産として、**タルト**

**が有名**。しかし愛媛県のタルトはロール型なので、他県に行ってタルトを見ると**「巻いていない」**ことに驚く。
●2014年まで展開されていなかったことから、セブン-イレブン好きが多い。それまでは修学旅行などで**県外のセブン-イレブンを見かけたら、写真を撮る**生徒が多くいたらしい。県内でオープンした際はテレビでも取り上げられた。
●愛知県と間違われるとイラっとするし、**ミカン的な意味では和歌山もライバル視**してしまう。知名度では、お隣の香川も気になるとかならないとか。
●夏目漱石の小説『坊ちゃん』推しが強い松山市だが、作中では松山はけちょんけちょんに書かれているので、**市民はあまり坊ちゃんを持ち上げてほしくない**。

## 県民性

### ・「伊予の駆け出し」とは

瀬戸内海に面した温暖な気候に恵まれ、自然災害も少ない。そんな地域で暮らす県民の性格は、おっとりとしていて争いごとが嫌い。大ごとが起きたと走り出しても、途中で目的を忘れて立ち止まってしまうという「伊予の駆け出し」という言葉もあるほどだ。

県内は大きく東予、中予、南予の3地域に分けられる。

### ・3つに分かれる県民性

東予地方は関西とのつながりが強い。そのため商売人気質があり、活動的な人が多いという。さらに情報に敏感であり、噂が広まりやすいことからか、奇抜なことは避けたがる保守的な人が目立つ。

中予地方は松山城を中心とした城下町だったこともあってか、教養を大切にする人が多い。県民性を示す「中だるみ」という言葉は、特に中予地方の人を指し、「ほどほどで十分」という考えを持ちがちだ。

南予地域は農業や漁業がさかんな地域なため、陽気で働き者が多く、後先を考えずに行動する豪快さも兼ね備えている。また、仙台伊達藩の分家である宇和島藩のお膝元ということもあり、ほかの地域とは異なる文化を持つ。

**・愛されキャラになりがち?!**

全体的な「ほどほど気質」は数字にも現れ、中学生の不登校児や校内暴力の発生件数も全国で最低レベル。それでも、男女ともにおっちょこちょいな一面もあって、他県で「愛されキャラ」になる人も多いらしい。

**全国No.1**

**●イヨカン、キウイの生産量。**ミカンは和歌山に王座を譲るも、柑橘類のトータルな生産量は1位。消費量も比例して多いが、なぜかオレンジの消費量はワースト1。

**●マダイ、シマアジの養殖生産量。**宇和島港を中心とし、真珠の養殖も1位。天然の漁獲量ではタチウオが1位。

**●紙の出荷額。**自治体では四国中央市が全国一。2004年に旧川之江市、旧伊予三島市と合併して以来、トップの座を守り続けている。

**●民間賃貸住宅の家賃の安さ。**1坪(約3・3㎡)当たりで比較すると、1か月1

東京都が８５６６円なのに対し、愛媛県は３４７８円という安さだ。

**ご当地の有名キャラクター**

みきゃん（愛媛県）／**バリィさん**（今治市）／しまぽう（松山市）／せい坊（西予市）／しこちゅう（四国中央市）／もーにくん（宇和島市）

**特徴的な方言**

**いいえのことよ**（どういたしまして）／**いぶしこぶし**（でこぼこ）／いんでこーわい（帰ります）／おしまいたか（こんばんは）／おっとろしい（びっくりした）／かく（運ぶ）／**かるう**（背負う）／けつる（蹴る）／**けつまぶる**（転ぶ）／～けん（～です）／～しょん（～ですか）／たいぎい（めんどう）／**たごる**（咳をする）／ついな（同じ）／ねき（すぐ近く）／**はせだ**（仲間外れ）／ひやい（冷たい）／へっちょ（見当違いの方向）／**まがる**（触る）／みとん（見て）／むつこい（味が濃い、胸やけがする）／**～もなし**（～ですね）／よもだ（無責任な）／**らっしもない**（とんでもない）／**らーふる**（黒板消し）

**出身有名人**

正岡道一（セシール創業者）／**高畑誠一**（双日創業者）／井川伊勢吉（大王製紙創業者）／井関邦三郎（井関農機創業者）／浮川和宣（ジャストシステム創業者）／**青野慶久**（サイボウズ創業者）／中村修二（電子工学者）／**大江健三郎**、天童荒太（作家）／**鴻上尚史**（劇作家）／カナヘイ（イラストレーター）／**高浜虚子**、夏井いつき、**正岡子規**（俳人）／谷岡ヤスジ（漫画家）／前田山（大相撲）／真木和（マラソン）／岩村明憲、西本聖（野球）／**松山英樹**（ゴルフ）／**長友佑都**、福西崇史（サッカー）／石丸幹二、藤岡弘（俳優）／秋川雅史、**Superfly**、水樹奈々、YU-KI（歌手）／**友近**、中田カウス（芸人）／青田典子、眞鍋かをり（タレント）

**お土産**

**ポンジュース**、まるごとみかん大福、削りかまぼこ、**タルト**、つるの子、母恵夢（ぽえむ）、薄墨羊羹、道後エール、蜜柑の花の蜂蜜、じゃこカツ、坊ちゃんだんご、**鯛めし**

**企業**

伊予銀行、大王製紙、ユニ・チャーム、井関農機、三浦工業、四国乳業、アイテック、日本食研、ヤマキ、マルトモ、あわしま堂、テレビ愛媛、南海放送

**有名高校**

**松山東**、今治西、宇和島東、新居浜西（にいはまにし）、**愛光**、済美（さいび）、松山商業、聖カタリナ学園

**名所旧跡**

**道後温泉**、松山城、今治城、宇和島城、四国カルスト、青島、大観覧車くるりん、**八日市護国の町並み**、瀬戸内しまなみ街道、大山祇（おおやまづみ）神社、**内子座**、石手寺（いしてじ）、佐田（さた）岬

**行事**

**うわじま牛鬼まつり**、四国中央紙まつり、西条まつり、新居浜太鼓祭り、土居太鼓祭り、鯉のぼり架け渡し

**特産品**

ミカン、いよかん、デコポン、キウイ、太刀魚、鯛、和紙、パルプ、伊予水引、砥部（とべ）焼

## ㊴ 高知県

### 恐るべき土佐の「おきゃく文化」とは

★面積…7104㎢（全国18位）
★人口…69万1990人（全国45位）
★人口密度…97人／㎢（全国44位）
★旧国名…土佐(とさ)国

県庁所在地と主要都市

**ご当地の鉄板ネタ**

●本流にダムのない最後の清流「**四万十(しまんと)川」が有名だが、もともとは渡川(わたり)という名前だった**。NHKの番組で通称であった四万十川という名前で取り上げられたことをきっかけに、地元民の強い要望で正式に変更された。

●**そうめんが具だくさん**で、錦糸卵、エビ、しいたけ、ネギのほか、必ずといっていいほど缶詰のサクランボが載っている。大皿料理などでよく食べられ、宴会でもそうめんは定番。

●高知県民にとって、**アイスとはアイスクリンのこと**。また、お年寄りはカップアイスをケーキという。

●土佐の一本釣りという言葉もあるほど、

**カツオ漁が盛ん**。県民は新鮮なカツオに慣れており、**ぽん酢で食べるのは邪道**。おすすめは塩一択だ。

●**徳谷トマト**がブランドトマトとして確立しているが、生産量自体は少ない。品種や味にこだわりブランディングに成功したのだ。

●幕末雄藩の一角を担い、明治時代には多数の官僚や政治家を輩出。そのうちの1人である**板垣退助**は、現物が残る中では、日本人がオーダーした**最古の「ルイ・ヴィトン」所有者**。

●高知では、**端午の節句**に鯉のぼりだけでなく**「フラフ」と呼ばれる旗を立てる**。

●京都で有名な**「五山の送り火」は中村市でも行なわれる**。その歴史は古く、約500年前にさかのぼる。応仁の乱から逃れてきた公家の一条家が、京都を懐かしむために始めたともいわれている。

●高知は人口当たりの喫茶店数が多く、日常的に利用する人が多い。**モーニングでは味噌汁がついてくる**サービス精神が地元で喜ばれているが、トーストであろうとパンケーキであろうと、味噌汁がついてくる。

### ご当地の地雷ネタ

●**坂本龍馬に頼りがち**で、町のあちこちに「リョーマの休日」というのぼりが目に入る。坂本龍馬を題材にしたドラマなどの影響で「〜ぜよ」などの土佐弁は全国的に有名だが、地元では、そこまでこてこての土佐弁を話している人はいない。

●ケガ、病気などなんにでも効く妙薬として知られているのが**「タヌキの油」**。本物のタヌキの脂肪を精製したものだが、**科学的根拠は不明らしい。**

●近年、さまざまな地域で行なわれるようになった**よさこい祭り**だが、誰が何と言おうと「本家も元祖も高知！」という信念を持つ。

●**はりまや橋**は江戸時代末期の僧侶・純信とお馬の恋物語で有名な場所だが、**「日本三大がっかりスポット」**と言われるほど規模が小さい。しかも、多くの人が想像する赤い欄干のはりまや橋は、**観光用に縮小して復元されたレプリカ**だ。明治、大正と使われてきた橋を合わせると、現在のものは4代目。

●チャンネル数が少なく、ＮＨＫ総合とＥテレのほかに、民放3局を足して**5チャンネルしかない。**

**県民性**

**・好奇心が強くはっきりものを言う**

森、川、海と自然豊かだが、観光客は比較的少ないため、人への好奇心が旺盛。観光バスを見つけると、とりあえず手を振る人懐っこい県民性で、人見知りなども少ない。

嘘をつくことが嫌いで、思っていることをはっきり言うサバサバした性格の人が男女ともに多い。

**・「はちきん」の評価は高いが…**

特に女性は男前な性格で働き者。そんな女性は「はちきん」と呼ばれる。隣の愛媛県では、そんな高知女性を高く評価し、「嫁は高知からもらえ」というほどだ。

対する男性は「いごっそう」で、強情で頑固、へ理屈が多いという特徴を持つ。

とにかく酒好きが多く、飲酒への出費は日本一。ギャンブル好きも多いため、結婚となると二の足を踏まれることも。

**・宴会好きゆえに遊び方も豊富**

お座敷遊びも独自の文化がある。隠し持った箸の数を当て合う「箸拳（はしけん）」では敗者が酒を飲み、「べく杯」という遊びでは独楽（こま）を回して最終的に軸が向いたほうに座っている人が酒を飲む。

また「返杯」も有名で、グラスを空けて相手に注ぎ返し、相手もそれを空けることを永遠に繰り返す。

「おきゃく」（お客が集まると宴会→宴会自体を「おきゃく」と呼ぶようになった）文化ゆえ宴会が大好きな人が多いが、酒が苦手なら断ることも大切。ただ断るときは「体質的に飲めないんです」「今日はどうしても飲めないんです」などと言わないと壁が生まれかねない。営業相手が高知県民なら、酒好きのほうが無難かも。

**全国No.1**

●**ナス、ニラ、シシトウ、生姜（しょうが）、ミョウガ、ユズ、文旦（ぶんたん）の生産量。**温暖な気候なので、野菜や果樹などが豊富に栽培されている。キュウリやピーマンなどの栽培も盛ん。

●**面積に占める森林率。**海のイメージが強いが、約84％が森。スギやヒノキ、炭などの林業、和紙などの紙業でも有名。

●**ソウダガツオの漁獲量。**鰹節や酒盗などの加工品も多い。なお、近辺の海は温暖なためにサンゴもよく取れ、**サンゴ細工の製造量も全国一。**

●**病院数、看護師数、臨床検査技師の人**

**数**。医療施設や従事者の数に比例しているのか、100歳以上の高齢者も多い。

## ご当地の有名キャラクター

くろしおくん、若武者もとちか君、まち・ゆうき君、カツオにゃんこ（高知県）／しんじょう君（須崎市）／こーにゃん（香南市）／とさけんぴ（高知市）／アチチうなぎのしまッチ（四万十市）／とさごん・お竜（土佐市）

## 特徴的な方言

言いゆう（言う）／**いごっそう**（高知へのこだわりを持つ人）／いられ（せっち）／えずい（痛い）／**おまさん・おまん**（あなた）／かまん（構わない）／**〜き・きに**（〜だから）／**げに**（本当に）／ごくどう（怠け者）／**こじゃんと**（とても・たくさん）／すっと（すぐに）／**〜ぜ・ぜよ**（〜だ）／たっすい（頼りない）／ちくちく（少しずつ）／ちゃがまる（壊れる）／**〜ちゅう**（〜している）／**〜しとおせ**（〜してください）／どだい（非常に）／**なんちゃあ〜ない**（何にも〜でない）／のうが悪い（具合が悪い）／ひいとい（一日）／へんしも（すぐに）／**めった**（参った）／**〜やき**（〜だから）

## 出身有名人

浜口雄幸（首相）／牧野富太郎（植物学者）／幸徳秋水（思想家）／公文公（日本公文教育研究会設立者）／倉橋由美子、坂東眞砂子、**宮尾登美子**、**安岡章太郎**、山本一力（作家）／やなせたかし（絵本作家）／青柳裕介、窪之内英策、**黒鉄ヒロシ**、コジロー、**西原理恵子**、**はらたいら**、弓月光、横山隆一（漫画家）／朝潮、荒瀬、豊ノ島（大相撲）／**江本孟紀**、藤川球児、渡辺智男（野球）／川谷拓三、北村総一朗、高知東生、**広末涼子**（俳優）／小野大輔、島本須美（声優）／江戸アケミ、岡本真夜、さかいゆう、三山ひろし（歌手）／**島崎和歌子**（タレント）／川村文乃（アイドル）

**お土産**

**ごっくん馬路村**、塩けんぴ、土佐銘菓かんざし、ミレービスケット、**鰹たたき**、土佐銘菓土左日記、野根まんじゅう、筏羊羹、のり佃煮、どろめ、のれそれ、ぽん酢醤油、ゆずの村、宗田節

**企業**

高知新聞、四国銀行、高知銀行、旭食品、久保田食品、ひまわり乳業、きさらぎ、豚太郎、金高堂

**有名高校**

**高知追手前**、高知商業、**土佐**、明徳義塾、土佐塾、高知学芸

**名所旧跡**

**高知城天守閣**、桂浜、桂浜水族館、**仁淀**（によど）川、はりまや橋、龍河洞（りゅうがどう）、佐田の沈下橋、わんぱーくこうち、**ひろめ市場**、室戸岬、坂本龍馬記念館、土佐神社、竹林寺、白山洞門、のいち動物公園

**行事**

仁淀川紙のこいのぼり、**まんが甲子園**、**よさこい祭り**、大文字送り火、津野山神楽、一條大祭

**特産品**

ナス、ピーマン、キュウリ、メロン、ユズ、文旦、生姜、ミョウガ、カツオ、土佐和紙、土佐打刃物、サンゴ細工

# 「救急ばんそうこう」を何と呼ぶ?——都道府県ずんずん調査⑤

あなたの地元では、救急ばんそうこうを何と呼んでいるだろうか。呼び方で一般的なのが**「バンドエイド」**。これは関東地方と近畿の2府2県、愛知、岐阜、三重、徳島、香川での呼び方だ。

次に多いのが**「カットバン」**。東北6県と山梨、広島をのぞく中国地方、愛媛、高知、長崎、佐賀、鹿児島で呼ばれている。

その次が**「リバテープ」**で福岡、大分、熊本、沖縄と奈良。だが、奈良のリバテープはリバテープ製薬の製品ではなく、地元メーカーによる「キズリバテープ」の略称だ。

そして、北海道、和歌山、広島は販売が中止となった**「サビオ」**。

静岡、長野、新潟、福井、石川では単に**「ばんそうこう」**と呼び、富山は全国で唯一、**「キズバン」**と呼んでいるが、その理由はよくわかっていない。

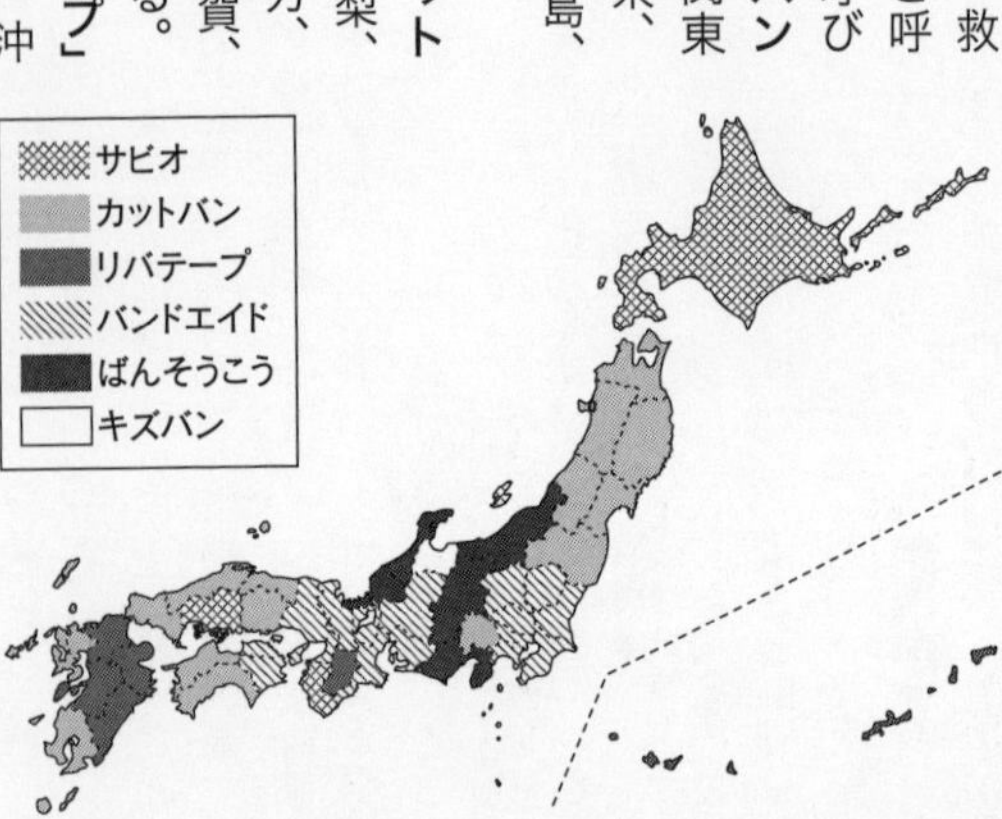

# 九州・沖縄地方の話のネタ

たとえば、福岡県民は「九州」と一括りにされるとムッとする！

㊵

# 福岡県

「九州」と一括りにされるとプライドが許さない

★面積…4987㎢(全国29位)
★人口…511万1697人(全国9位)
★人口密度…1025人/㎢(全国7位)
★旧国名…筑前国、筑後国、豊前国

県庁所在地と主要都市

**ご当地の鉄板ネタ**

●ラーメンの替え玉文化発祥の地なので**大盛りという概念は存在しない**。出汁(粉末、液体、顆粒)の消費量が全国1位なのとラーメンは無関係ではないだろう。

●とにかく**グルメネタに事欠かない**。焼き鳥にはざく切りのキャベツが出てくるし、肉まんには酢醤油をつけて食べ、豚バラ串も「焼き鳥」と主張する。

●**ひよこ饅頭**はしばしば東京の銘菓として扱われるが、**発祥は福岡市**。

●**韓国との距離感が著しく近い**。飛行機では1万円以下/1時間半で行けるし、高速船なら1万4000円/3時間ほどで着く。空港も他県は繁華街から離れていることが多いが、**福岡空港は、博多駅**

**から5分**と市内中心部から近く便利。

●「かわいい方言」「好きな方言」に必ずと言っていいほど上位に上がる。**「好いとーよ。付き合って」「よかよ」**のくだりは県民でもかわいいと自負している。

●自分の偏差値を知るきっかけは「フクト」。これは県内の教材会社が行なう公開模試で、県内の学生は大半が受ける。

●ソウルフードの一つである**「がめ煮」は県民のおふくろの味**で、「がめ」とは「がめくりこむ（寄せ集める）」が由来。

●子どもが大好きな**「ブラックモンブラン」**（262頁も参照）は、バニラアイスにチョコレートがコーティングされたアイス。全国区と信じてやまない人が多いため、**実際は福岡など九州でしか買えない**ことに驚く。

●**掛け声は「ヤー！」が一般的**で、他県に引っ越すと運動会や部活動の練習などでびっくりされる。他県でも同様の掛け声はあるが、起立・着席も「ヤー！」なのが独特。福岡県出身のチャゲ&アスカが『YAH YAH YAH』を歌ったのは必然だという声も。

### ご当地の地雷ネタ

●博多ラーメンが有名で、もちろん地元民もラーメンは大好きだが、**「九州ラーメン」と言われると、しっかりと訂正する**。一方、じつは麺類ならうどん派のほうが多いという噂も。ちなみに屋台のラーメンへは、もはや観光客しか行かない。

●**他県に行って夜中にゴミ出しをし、怒られる可能性が高い**。福岡県は夜中に回収するため、夜に出すのが一般的なのだ。

**●ひいきのプロ野球チームは福岡ソフトバンクホークス。**しかし、高齢者の中にはライオンズファンもいる。ただし「西武」ではなく「西鉄ライオンズ」。

**●県内のJR路線に「福岡駅」はなく、**西鉄の駅も「西鉄福岡（天神）駅」。ネットの乗り換え情報で検索すると、**富山県にある福岡駅が表示されるため、**特に外国人観光客を混乱させている。

**●黒田藩の城下町「福岡」と商人の町「博多」**は微妙な関係。明治時代に市制が施行されたときは「福岡市」に決まったが、鉄道の駅は「博多駅」。祇園山笠（ぎおんやまがさ）も、福岡の人は「あれは博多の祭り」と距離を置いていた時代もあったらしい。そのため、**両方の機嫌を損ねない「福博の街」という言い回しがある。**

## 県民性

**・男女とも目立ちたがり屋**

有名人を多数輩出しているだけあって、目立ちたがり屋が多い。

また、男性は九州男児の風情があり、亭主関白で頑固。そうした男性が多い地域では女性は大人しくなりがちだが、男性に負けず劣らず目立ちたがり屋で気が強い。ただし、好きな相手には、とことん尽くす優しさを持ち合わせている。

しかも、博多美人という言葉があるように美人が多いので、基本的にモテる。中洲（なかす）などでは客引きも多いが、誘惑につられて常連客になったら、女性の尻に敷かれてしまうという人もいるとか。

**・「修羅の国」と揶揄されるが…**

発砲事件があったり、マシンガンの押

収などの事件が起きたりと、古くは「修羅の国」などと揶揄され、少年犯罪検挙数1位などという不名誉な記録もある。

ただ県民からすると、そこまでひどいとも怖いとも思っていない。荒くれ者というよりも、「どんたく」や「山笠」に代表される陽気なお祭り好きという感覚のほうが近いと思っているし、むしろ東京や大阪のほうがよっぽど怖いという意識が強いのだ。

**・地元愛は強いが縛られない**

郷土愛は強く、日本の三大都市の一つだと思っているようなところもあり、愛知県や北海道をライバルと思っている人も少なくない。

さらに、九州代表という誇りを持っている県民が多いため地元への愛着も強い。

だが、同時に故郷に縛られず、上京したり海外へ進出したりというフットワークの軽さも併せ持っている。

**全国No.1**

**●タケノコの生産量。**北九州市や八女市で掘られ、八女市はお茶も有名。クリークという水路を活かして作られる農作物は多い。また、「博多とよのか」「あまおう」などのブランドで有名なイチゴの生産量は2位だが、販売単価は1位。

**●焼のり、味付けのりの生産量。**有明海ではのりの養殖が盛んなため。ただし、養殖量では佐賀県が1位。

**●常設映画館の数。**人口10万人当たりで比較すると全国一。アジアフォーカス・福岡国際映画祭や北九州市民映画祭など、さまざまな映画祭が毎年開催され、福岡市総合図書館はアジア映画のコレクションが豊富だ。

**ご当地の有名キャラクター**

エコトン（福岡県）／モモマルくん（北九州市）／千梅ちゃん（太宰府市）／聖徳明太子（福岡市）／くるっぱ（久留米市）

**特徴的な方言**

あいらしか（かわいい）／**いっちょん～なか**（全然～ない）／がまだす（精を出す）／きんしゃい（おいで）／**くらす**（殴る）／こなす（悪口を言う）／さっち（必ず）／**しぇからしか**（うるさい）／しゃーしい（うっとうしい）／**すいとう**（好きだ）／すらごと（嘘）／**てんてれやすい**（簡単だ）／**～とよ**（～だよ）／なおす（片付ける）／**なんのあーた**（どういたしまして）／～ば（～を）／**～ばい**（～だよ）／はがいか（悔しい）／**ばってん**（しかし）／はらかく（腹を立てる）／**ばり**（とても）／はよせんね（早くしなさい）／**よか**（良い）

**出身有名人**

広田弘毅（首相）／**出光佐三**（出光興産創業者）／舛添要一（国際政治学者）／**堀江貴文**（実業家・著作家）／白石一文（作家）／倉田真由美、小林よしのり、**萩尾望都**、**北条司**（漫画家）／中島哲也（映画監督）／**ＩＫＫＯ**（メイクアップアーティスト）／五郎丸歩（ラグビー）／佐々木健介（プロレス）／潮田玲子（バドミントン）／**上野由岐子**（ソフトボール）／**蒼井優**、**黒木瞳**、早乙女太一、陣内孝則、**高倉健**、武田鉄矢（俳優）／**井**

**上陽水**、甲斐よしひろ、KAN、**草野マサムネ**、**財津和夫**、中尾ミエ、**浜崎あゆみ**、氷川きよし、**藤井フミヤ**、**松田聖子**（歌手）／**タモリ**、リリー・フランキー（タレント）／博多華丸・大吉（芸人）

**お土産**

辛子明太子、**博多ラーメン**、博多うどん、名菓ひよ子、**梅が枝餅**、二〇加煎餅（にわかせんべい）、チロリアン、博多の女、博多通りもん、**めんべい**、黒棒、八女茶、柚子胡椒（ゆずこしょう）

**企業**

西日本新聞、福岡銀行、西日本シティ銀行、岩田屋、井筒屋、九州電力、西部ガス、九電工、ブリヂストン、麻生セメント、TOTO、ロイヤル、ジョイフル、プレナス、ゼンリン、やずや、エバーライフ、キューサイ、かねふく

**有名高校**

福岡、**修猷館**（しゅうゆうかん）、**小倉**、筑紫丘（ちくしがおか）、明善（めいぜん）、**久留米大付設**、福岡大付属大濠、東福岡、西南学院、明治学園、福岡第一

**名所旧跡**

福岡城、**門司港レトロ地区**、福岡タワー、キャナルシティ博多、**太宰府天満宮**、小倉城、だざいふ遊園地、櫛田神社、**中洲屋台町**、大濠（おおほり）公園、マリンワールド海の中道、マリノアシティ福岡、柳川（やながわ）城下町

**行事**

**博多どんたく**、**博多祇園山笠**、大善寺玉垂宮（だいぜんじたまたれぐう）の鬼夜（おによ）、柳川雛祭り

**特産品**

タケノコ、ラーメン、のり、茶、イチゴ、キウイ、真鯛、もつ鍋、明太子、箪笥、絹織物、綿織物、博多人形

# ㊶ 佐賀県

## 鍋島と唐津では気風が大きく異なるわけ

★面積…2441㎢(全国42位)
★人口…81万3590人(全国41位)
★人口密度…333人/㎢(全国16位)
★旧国名…肥前国(ひぜん)

**ご当地の鉄板ネタ**

●唐津(からつ)市の観光名所「虹の松原」にある**「からつバーガー」がご当地グルメとして人気**。県民はマクドナルドより美味だと思っているとか。なお、海産物も豊富なため、魚介バーガーも有名。

●**防災無線**は防災時のみならず、時刻を知らせてくれる時計という側面を持つ。正午は防災無線が知らせてくれるのだ。

●**擬音語や擬態語は基本3回押し**。有名なのが佐賀市中心部の都市緑地**「どん3の森」**で、これは「どんどんどんの森」と読む。佐賀県では雨は「ザーザーザー」と降るし、風は「ぴゅーぴゅーぴゅー」と吹くのだ。

●ごはん、肉、サラダをワンプレートに

県庁所在地と主要都市

盛り付けマヨネーズをかける**「シシリアンライス」は、佐賀市のご当地グルメかつB級グルメ**として人気。だが、起源や名前については不明な点が多い。

●**親睦会のことを「三夜待（さんやまち）」と言う。**もともとは月の出を待ち、神を拝むという意味で、そのための刻像塔が県内に多く立てられている。

●稲作がさかんで日本酒好きも多いため、**九州では珍しく焼酎の消費量は少ない。**

●イカの姿造りは1969年に、唐津（からつ）市の料理店で考案されたのが始まり。新鮮なイカが豊富なため、**唐津では「イカは白いものではなく透明なもの」が常識。**

●救急ばんそうこうの**「カットバン」**は鹿島（かしま）市に本社を置く祐徳（ゆうとく）薬品工業が発売。そのため、九州地方の中でも佐賀県と隣の長崎県は、熊本県発祥の「リバテープ」とは呼ばない。なお、鹿児島県も「カットバン」だがその理由は不明。

### ご当地の地雷ネタ

●**「バナナとドーナツ」というインパクト大のネーミングのラブホテル**があり、反り返ったバナナがドーナツの穴に挿入を試みるという、赤面ものの看板を掲げている。

●佐賀市には大きな川がないが、洪水が多い。これは用水路が町中にあるからで、**台風が来ると高確率で洪水になる。**

●かつては「佐賀出身」というと**「滋賀県」と誤解され、琵琶湖のことを聞かれた経験を持つ人が多かった。**また県外の人に九州の8県をたずねると、忘れられるか最後に登場する。そんな時代のキャッチフレーズは、自虐的な**「探してください佐賀県」**。だが、「今も大して変わらない」という意見もちらほら。

●県内で人口が多い佐賀市、唐津市、鳥栖(とす)市のうち、唐津市は福岡市営地下鉄が通り、鳥栖市は市外局番が福岡県久留米市と同じ「0942」。そのため、**福岡県のベッドタウンとして扱われることも多い**が、市民は諦めモードともいえる。

●ただし、佐賀県小城(おぎ)市にある竹下製菓が作っているチョコクランチアイス**「ブラックモンブラン」が福岡県の銘菓として紹介されると、県民は怒りを覚える**という。

### 県民性

**・鍋島領の民は堅物が多い**

年間の快晴日数が多く、暖かい気候に恵まれ、関東大震災以降の地震発生数も日本一少ない。そんな気候と風土のためか、比較的穏やかな人が多い。

しかし、江戸時代には鍋島藩による鎖国政策によって禁欲、服従を強いられた歴史もあり、閉鎖的で感情表現が苦手な堅物という一面も残されている。基本的には生真面目な性格で、やせ我慢を美徳とし、品位を重んじる人が多い。

**・勤勉だが家出しやすい？**

仕事はコツコツとこなしていくタイプで、部下にいれば頼りになるが、同僚としては近づきがたい。

それでも基本的には親切で温厚なので、道を聞かれると「右左」ではなく「東西南北」で答えるという丁寧さも持ち合わせているのだ。

そんな県民の不名誉な記録が、家出による行方不明者の多さ。人口に対する比率は全国トップクラスだ。真面目ゆえに哲学的な思考にはまり、現実逃避を試みるのか、それとも勤勉すぎる風土についていけない人が多いのかは不明だ。

**・明るい人が多い唐津地方**

空気を読み、控えめにふるまう人も多く、大勢で食事をしているときの最後のひと口になることを恐れる。それを「佐賀のいっちょ残し」と言い、県民性を表しているエピソードではある。

ただ、それらは鍋島藩のお膝元での話で、小笠原(おがさわら)藩領だった唐津地方は異なる。海に面していて福岡に近い唐津は、気質も文化も博多に近い。博多っ子が「山笠」に燃えるように、唐津では「くんち」が大盛況で、明るい人が多い。

**全国No.1**

**●耕地に対する作付面積。**九州随一の米どころであり、二毛作の裏作である二条大麦の生産量は栃木県とトップ争いを繰り広げている。

**●陶磁器製置物の出荷額。**有田焼、唐津焼、伊万里(いまり)焼など有名な焼物が多く、近年では海外から買い求めに訪れる観光客も増えている。

**●教育用・学習用コンピュータ1台当たりの児童数生徒数の少なさ。**教育用は1・9人、学習用は2・2人。2011年度から全県で導入の始まった「ICT利活用教育」の効果といえよう。

**●6歳未満の子どもがいる夫の1日当たりの家事時間。**九州男児のイメージとは裏腹に「イクメン」が多い。

**ご当地の有名キャラクター**

壺侍、壺にゃん、ゆうちゃん（佐賀県）／シシリアンナ（佐賀市）／唐ワンくん（唐津市）／くねんニャン・くねんワン（神埼市）／とっとちゃん（鳥栖市）／にゃんにゃん丸（嬉野市）／アイアイくん（伊万里市）

**特徴的な方言**

**あばかん**（小さくて入らない）／うーか（多い）／**うーかじぇ**（台風）／うーしかつ（適当）／**えーくらい**（酔っ払い）／えすか（怖い）／**がばい**（とても・非常に）／**ぎゃーけ**（風邪）／～くさい（～だ）／**ごっかぶい**（ごきぶり）／せからしか（しつこい、うるさい）／**そいぎんた**（さようなら）／ちかっと（少し）／ぢくーか（変な）／ちょんか（奇妙）／**つーつらつー**（すいすいと）／どぜんなか（退屈）／にゅー（寝よう）／**ふーけ**（馬鹿）／ふうける（怠ける）／まちなんか（待ち遠しい）／**やーらしか**（かわいい）／よそばしか（汚い、気持ち悪い）／よんにゅ（多い）

**出身有名人**

**大隈重信**（首相）／**江藤新平**（官僚）／岡崎藤吉（岡崎財閥創始者）／本野盛亨（読売新聞社創業者）／**森永太一郎**（森永製菓創業者）／**江崎利一**（江崎グリコ創業者）／**孫正義**（ソフトバンク創業者）／孫泰蔵（実業家）／青木龍山（陶芸家）／**辰野金吾**（建築家）／北方謙三（作家）／**長谷川町子**、針すなお（漫画家）／小森陽一（漫画原作者）／326（イラストレーター）／権藤博、辻発彦、長野久義（野球）／**古賀稔彦**（柔道）／田中三保（バドミントン）／川田将雅（騎手）／重由美子（ヨット）／荒木由美子、**村田英雄**、鷲尾伶菜（歌手）／荒川良々、中越典子、白竜、**松雪泰子**（俳優）／江頭2:50、どぶろっく、**はなわ**、**塙宣之**（芸人）／優木まおみ（タレント）

**お土産**

小城羊羹、**さが錦**、ブラックモンブラン、白玉饅頭、嬉野紅茶、**いかしゅうまい**、**佐賀牛カレー**、松露饅頭、けいらん、金華糖、有田焼、唐津焼、**伊万里焼**

**企業**

佐賀新聞、佐賀銀行、佐賀玉屋、久光製薬、東亜工機、サンポー食品、竹下製菓、スーパーモリナガ、まいづる百貨店

**有名高校**

**佐賀西**、致遠館（ちえんかん）、鳥栖、佐賀北、佐賀工業、佐賀商業、弘学館、早稲田佐賀

**名所旧跡**

**嬉野温泉**、佐賀元祖忍者村肥前夢街道、**吉野ヶ里遺跡**、**唐津城**、祐徳稲荷神社、武雄温泉、武雄市図書館、三重津海軍所跡、佐賀城跡、名護屋城跡、**虹の松原**、七ツ釜、肥前やきもの圏、波戸（はど）岬

**行事**

有田陶器市、**鹿島ガタリンピック**、**唐津くんち**、佐賀インターナショナルバルーンフェスタ

**特産品**

もち米、大豆、のり、カニ、イカ、ミカン、茶、ムツゴロウ、だぶ（汁物）、佐賀牛、陶磁器

㊷

# 長崎県

流行に敏感だが、時間やお金にルーズなところも

★面積…4131㎢（全国37位）
★人口…132万2166人（全国30位）
★人口密度…320人／㎢（全国18位）
★旧国名…肥前国、壱岐国、対馬国

県庁所在地と主要都市

ご当地の鉄板ネタ

●日本のジャガイモは、1598年にジャワ島を経由したオランダ船によって長崎に持ち込まれたのが最初。そのためか**ジャガイモの生産が盛ん**で、靴下に穴が開いて指が見えている様子を「ジャガイモ出てるよ」と言う。そのほか、**イチゴ、トマト、タマネギもオランダから長崎に**伝わったとされる。

●**ハウステンボスのイルミネーションは世界最大規模。**そもそも県民はキラキラしたものや派手なものが大好きで、長崎市内の中心部に約1万5000個にもおよぶ極彩色のランタン（中国提灯）も有名。お墓に刻まれる文字も金色だ。

●**ご当地グルメ・トルコライス**は、ピラ

フヤスパゲッティ、ポークカツ、カレーなど、複数の料理をワンプレートにまとめたB級グルメ。名前の由来は不明だが、3原色を意味する「トリコロール」が訛(なま)ったという説もある。

●「春一番」といえば穏やかなイメージが持たれがちだが、これは**早春に吹く突風のことで、壱岐島(いきのしま)の漁師たちに恐れられていた。**1859年には春一番による漁船の転覆事故が起き、53人が死亡。島には慰霊碑や供養塔が立てられている。

●かつて対馬には455mと、東京タワーより100m以上も高い対馬オメガ局送信用鉄塔、**通称「オメガタワー」**があったが、2000年に解体された。

●県民食の一つ「ちゃんぽん」に使われるのが「唐灰汁麺(とうあくめん)」。唐灰汁とは長崎独特のかん水を言い、**「唐灰汁麺を使っていないちゃんぽんは認められない」**というこだわりを持つ。また、食堂のことを「ちゃんぽん屋」と呼ぶのが一般的だ。

●**長崎市は坂があまりにも多いので、自転車に乗れない人が多いらしい。**そのためか自転車の盗難数も最下位クラス。

●さだまさし氏の歌で有名な**「精霊流し」**は、歌のイメージから静かな行事と思われがちだが、実際は**爆竹をガンガン鳴らす騒がしいイベント。**またお盆には花火が当たり前なので、お年玉のように花火代をもらえる地域もある。

**ご当地の地雷ネタ**

●**本社のある株式上場企業がない唯一の県である。**「ジャパネットたかた」は本社が佐世保(させぼ)市にあるものの非上場。リンガーハットの「本店」は県内だが、本社は東京都にある。

●あまりこだわりを持たず、比較的おおらかな県民性だが、なぜか**「長崎市vs佐世保市論争」が持ち上がる**ことがある。佐世保市民はショッピングなどで福岡市に行くので、長崎市のことを知らないということも多く、ちゃんぽんよりラーメンが好きという人も少なくない。その溝の深さゆえに「南北戦争」と揶揄(やゆ)されることもあるという。

●陸で県境を有しているのは佐賀県だけ。そのために**「一つの県としか接していない県はどこ?」**というクイズのネタには飽き飽きしている。

●「皿うどんはうどんじゃない」という意見にも飽きている。

**県民性**

**・個性的でユーモア感覚に優れる**

江戸時代には唯一の国際港として海外との交流があったため、明るく社交的な人が多い。また、伝統にとらわれすぎず新しいことに積極的で開放的、流行にも敏感でおしゃれである。ヨーロッパや中国など、さまざまな文化が「ちゃんぽん」された地域だからこそ、個性を活かしたファッションをする傾向が強い。

九州の中でも男女平等の概念が強く、おおらかでユーモアのある話上手が多い。

**・時間にルーズで金遣いが荒い?**

ただ、おおらかすぎて時間や規則、お金にも若干ルーズな人が多く、細かいことを気にしないので、懐(ふところ)に余裕がないのにおごったりしがちだという。そのため、長崎県の人と結婚した場合、パートナーがきちんと金銭管理をしないと大変なことになったりもする。

金遣いが荒い理由は、やはり江戸時代にまで遡る。幕府直轄地の長崎は町人による自治が認められ、そのうえ貿易額の３分の１は地元に還元された。この自由な気風と豊かな財政が庶民の財布の紐も緩めさせてしまう。それだけでなく、組織を嫌い、積極性に欠け、競争心に乏しいという気風も植え付けてしまった。

**・県としてまとまりにくいわけ**

とはいえ、長崎県は対馬、壱岐、五島列島といった離島に島原、佐世保、平戸、大村、そして長崎といった地域で県民性も異なる。このバラバラの状態がさらに個人主義を育み、県のまとまりをなくすどころか確執さえ生み出してしまう。

この混沌とした状態も「ちゃんぽん」と同じだと言えなくはない？

**全国No.1**

**●島の数。**その数９７１島と県民もびっくりの数。また、海岸線は４１３７㎞と北海道に次いで２位。

**●ビワの生産量。**フルーツではミカンもさかんに生産されている。前述したようにジャガイモの生産量も多く、北海道に次いで全国２位。

**●漁業従事者の人数。**水揚げ量はなんと北海道に次ぎ２位。鯵、鯛、サザエの漁獲量は１位を誇る。

**●魚種の豊富さ。**その数は２５０種類を超え、幕末から明治維新にかけて活躍したイギリス人貿易商トーマス・グラバーの息子で水産学者の倉場富三郎は、水揚げされる豊富な魚の種類を見て、魚類図譜の編纂を思い立ったとされる。

### ご当地の有名キャラクター

がんばくん・らんばちゃん、ゆめずきんちゃん（長崎県）／ウンゼリーヌ（雲仙市）／つばきねこ（五島市）／ライトくん・ビットちゃん、海都くん（壱岐市）

### 特徴的な方言

**いっちょん**（全然）／おっちゃける（落ちる）／かずむ（［匂いを］かぐ）／からう（背負う）／**きゃーなえる**（とても疲れる）／きんなか（黄色い）／さるく（歩く）／**すいとっと**（好きです）／すらごと（嘘）／そがん（そんな）／**つ・つー**（かさぶた）／てれんばれん（だらだら）／どいや？（どうですか）／〜とよ（〜です）／ねずむ（つねる）／ねまる（腐る）／**ばちかぶる**（罰があたる）／ばってん（しかし）／**ひけしか**（臆病）／びっしゃける（つぶれる）／ほげる（穴が開く）／ほめく（暑くなる）／**みじょか**（かわいらしい）／やぐらしい（うっとうしい）／よんにゅー（たくさん）

### 出身有名人

**中山マサ**（政治家）／田﨑俊作（ＴＡＳＡＫＩ創業者）／**高田明**（ジャパネットたかた創業者）／林京子、村上龍（作家）／岩谷テンホー、内田春菊、**蛭子能収**、柴田亜美（漫画家）／中村孝明（料理人）／今村猛、下柳剛、城島健司（野球）／**高木琢也**、前川和也（サッカー）／**内村航平**（体操）／中尾美樹（競泳）／坂上洋子（柔道）／**大仁田厚**、長与千種（プロレス）／安寿ミラ、金子昇、川口春奈、**仲里依紗**、**原田知世**、**役所広司**、若林豪（俳優）／小島一慶（アナウンサー）／川谷絵音、**さだまさし**、TAKAHIRO、**福山雅治**、前川清、MISIA、**美輪明宏**（歌手）／岡部まり（タレント）／長濱ねる（アイドル）

**お土産**

**長崎皿うどん**、**長崎ちゃんぽん**、佐世保バーガー、**からすみ**、**島原そうめん**、**五島うどん**、カステラ、**ちりんちりんアイス**、かんころ餅、よりより、九十九島（くじゅうくしま）せんぺい、一〇香（いっこうこう）、長崎角煮まんじゅう

**企業**

長崎新聞、島原新聞、十八銀行、ジャパネットたかた、たらみ、福砂屋、リンガーハット

**有名高校**

長崎西、長崎東、諫早（いさはや）、国見、佐世保北、青雲、海星

**名所旧跡**

端島（はしま）、**平和公園**、長崎原爆資料館、グラバー園、**大浦天主堂**、眼鏡橋、出島跡、唐人屋敷跡、**長崎新地中華街**、稲佐山、ハウステンボス、五島列島、池島、**オランダ坂**、雲仙温泉、**九十九島パールシーリゾート**、壱岐島、長崎ペンギン水族館

**行事**

長崎ランタンフェスティバル、対馬アリラン祭り、子泣き相撲、**長崎くんち**、精霊流し

**特産品**

ジャガイモ、ビワ、フグ、鯵、鯛、サザエ、肉牛、ブリ、真珠、鼈甲（べっこう）細工

㊸

# 熊本県

遊びに誘う定番フレーズは「まち行こう」！

★面積…7409㎢（全国15位）
★人口…173万8926人（全国23位）
★人口密度…235人／㎢（全国26位）
★旧国名…肥後国

玉名市
熊本市
八代市
天草市

県庁所在地と主要都市

**ご当地の鉄板ネタ**

●スクランブル交差点といえば渋谷が有名だが、**日本での発祥は熊本市の子飼交差点。**ニューヨーク五番街のスクランブル交差点をヒントにして、1968年に設置された。

●**熊本市の繁華街といえば「まち」**。遊びに行くときは「まち行こう」と誘い合い、誰かしらに遭遇する可能性も高い。待ち合わせは、まちとサンロード新市街の角にある「角マック」。

●**名水百選にも選ばれる水源が4か所も**あるうえ、熊本市の水道水は100％が地下水。蛇口をひねればミネラルウォーターレベルの水が出てくるので、**浄水器は不要だ。**

●熊本市の水前寺成趣園と加藤清正から芸名を付けたという、歌手の水前寺清子に県民は敬意を払っている。

●熊本市内には路面電車の路線が張り巡らされており、市民の足となっている。**どこまで行っても一律170円**なのもうれしい。

●**県独特の中華料理といえば「太平燕」**。エビ、イカ、豚肉、白菜、タケノコ、キクラゲなどの五目炒めを合わせて揚げ玉子を添え、白湯スープに載せたもので、中華料理店の定番メニューとなっている。麺は春雨でヘルシーだ。

●**ドアを閉めることを「あとぜき」と言う**。「ぜき」は「せき止める」という意味の古い言葉が由来。学校などの場所には、ドアに大きく「あとぜき」と張り紙をしている所もある。

●日本で最初に救急ばんそうこうを販売したのは熊本市の「リバテープ製薬」。そのため、**九州のほとんどの地域では「バンドエイド」ではなくリバテープと呼ぶ**。

●テレビではパチンコ店のCMが多く流れる。県民は普通だと思っていても、他県の人に驚かれることがある。

●熊本市にある**熊本第一高校**は男女共学であるにもかかわらず、1976年から2012年までの**34年間男子生徒がゼロ**。戦前まで高等女学校だったことが理由とされるが、危機感を抱いた同窓生などの学校関係者が共学推進委員会を発足させるなど、涙ぐましい努力で男子生徒を復活させた。

●なお、**一高の女子生徒は男性の憧れ**

で、ＯＧだというとおじさんたちが優しくしてくれるらしい。

### ご当地の地雷ネタ

●「島原の乱」のリーダー・天草四郎の影響があってか、**「天草地方」と言うと他県民からは長崎県だと思われがち。**

●**「TSUTAYA・AVクラブ」**というレンタルビデオチェーンがあるが、ＴＳＵＴＡＹＡのアダルト専門店ではない。

●方言で**「カッコつける」は「しこってる」**と言う。県外で男性に「お前、最近しこってるな」というと、引かれてしまうのは確実だ。

●福岡県をライバル視するが、勝ち目はないと諦めていたりもする。それでも、**「九州で2番目」という自負は譲らず福岡県以外を見下す**傾向にある。

### 県民性

**・「肥後もっこす」はナイーブ？**

熊本県の男性は「肥後もっこす」と呼ばれ、これは正義感が強く、反骨心を持ち、権威に逆らうという気性を表している。短気で頑固、ストレートな性格を持つ人が多く、九州男児といえば本来は熊本の男性を示すともいわれている。

高知県の男性も同じような意味で「いごっそう」と呼ばれるが、いごっそうが開放的な豪放磊落なのに対し、もっこすは内面に秘めるナイーブな性格だ。そのため、相手が格下だと感じるとバカにしたり、茶化したりすることが多い。

また、「肥後の議論倒れ」という言葉もあり、議論が好きなのに自己主張が強く、決して折れることがない。

**・嫉妬深く他人の足を引っ張る？**

一方の女性は、情熱家でしっかり者。一本筋の通った人が多い。このように、男性とはつき合いにくい面もあるが、女性は頼りになる存在だ。

江戸時代から質素倹約・質実剛健を強いられてきた県民だが、近年はその意識も少しずつ和らいでいるようだ。新し物好きも多く、感性を刺激するスイーツやファッションなども流行る。

しかしながら、相変わらず節約意識は高いので、人にお金を貸すことを嫌う。とはいえ、借りることは気にならないという、矛盾したところもある。

さらに嫉妬深い側面があり、成功者の邪魔をしたり、足を引っ張ったりする「肥後の引き倒し」という言葉で表現されることも。粘り強い人が多いのは、邪魔する人が多いからともいえるだろう。

**全国No.1**

●**スイカ、トマトの生産量。**水資源が豊富なため農業が盛んで、メロンやイチゴなども生産量は多い。「新規就農者数」も1位で、「認定農業者数」は3位、「農業産出額」「生産農業所得」は6位とトップレベルにある。

●**イグサの生産量。**ゴザや畳に用いられるイグサは、かつて岡山県や広島県が主な産地だったが、現在は**熊本県が全国の9割以上**を占めている。

●**食用馬の飼育数。**400年前の文禄・慶長の役で朝鮮半島に渡った加藤清正軍の兵が、食糧難で軍馬を食したことが発端とか。「肥後のあか牛」など、肉牛の飼育も盛んだ。

## ご当地の有名キャラクター

**くまもん**（熊本県）／うとん行長しゃん（宇土市）／とまピン（八代市）／ひごまる（熊本市）／上天草四郎くん（上天草市）／五岳くん・火の子ちゃん（阿蘇市）

## 特徴的な方言

**あえる**（汚れが落ちる）／あからん（開かない、ダメだ）／**あーた・あた**（あなた）／あっちゃん・あっちさん・あっつぁん（あっちへ）／**うっくざるる**（壊れる）／うーばんがー（おおざっぱ）／**うまか**（おいしい）／えしれんこつ（つまらないこと）／がまだす（頑張る）／～**ごたる**（～のようだ）／さしより（とりあえず）／**せからしか**（うるさい）／たいぎゃ（本当に）／だんだん（ありがとう）／～ちか（～なのに）／**ちびんちょか**（小さい）／**とぜんなか**（さみしい）／てれっと（ぼんやり）／～ばい（～です）／ばってん（だけど）／まちっと（もう少し）／**むしゃんよか**（かっこいい）／もだゆる（急ぐ）

## 出身有名人

立石一真（オムロン創業者）／**北里柴三郎**（細菌学者）／**石牟礼道子**、田中芳樹、**徳富蘆花**（作家）／武田双雲（書家）／魚住勉（作詞家）／**尾田栄一郎**、室山まゆみ（漫画家）／行定勲（映画監督）／**山下泰裕**、山本洋祐（柔道）／谷口彰悟、巻誠一郎（サッカー）／荒木雅博、伊東勤、片岡安祐美（野球）／朝日健太郎（バレーボール）／**松野明美**（陸上）

／上田桃子、古閑美保（ゴルフ）／陣内貴美子（バドミントン）／勝野洋、**倉科カナ**、夏川結衣、橋本愛（俳優）／石川さゆり、**水前寺清子**、**八代亜紀**（歌手）／井出らっきょ、**内村光良**、**くりぃむしちゅー**、ヒロシ（芸人）

### お土産

熊本トマトコーラ、熊本ラーメン、太平燕、**辛子蓮根**、高菜めし、**いきなり団子**、武者がえし、黒糖ドーナツ棒、球磨焼酎、デコポンゼリー、**朝鮮飴**、誉の陣太鼓

### 企業

熊本日日新聞、肥後銀行、熊本銀行、鶴屋百貨店、再春館製薬所、マルキン食品、丸美屋、リバテープ製薬、双和食品工業

### 有名高校

**熊本**、**済々黌**（せいせいこう）、熊本工業、真和（しんわ）、九州学院、鎮西（ちんぜい）、東海大付属星翔

### 名所旧跡

**熊本城**、**水前寺公園**、黒川温泉、グリーンランド、天草崎津（さきつ）集落、わいた温泉郷、**阿蘇山**、**阿蘇ファームランド**、鍋ケ滝公園、**大観峰**（だいかんぼう）、釈迦院御坂遊歩道、イルカマリンワールド、万田坑

### 行事

やつしろTOMATOフェスタ、阿蘇の火まつり、牛深ハイヤ祭り、**火の国まつり**、**山鹿灯篭まつり**（やまがとうろう）、八代妙見祭、藤崎八幡宮秋季例大祭

### 特産品

スイカ、トマト、ナス、メロン、デコポン、夏ミカン、イチゴ、食用馬、肥後のあか牛、炭、畳、肥後手毬（てまり）、山鹿灯篭、和紙、小代焼（しょうだいやき）

④④

# 大分県

親戚の集まりやデートも温泉で行われる?!

★面積…6341㎢(全国22位)
★人口…112万8022人(全国34位)
★人口密度…178人/㎢(全国33位)
★旧国名…豊前国、豊後国

ご当地の鉄板ネタ

●2002年のFIFAワールドカップでは、**中津江村がカメルーン代表のキャンプ地になった**が、選手の来日が5日遅れたことで、日本中にその名が一気に広まった。カメルーンとの交流は現在も続いているという。

●**高崎山自然動物園**には1300頭以上の野生のサルが生息。「ボスザル」という言葉の発祥はこの動物園で、ボスが変わったとき、死んでしまったとき、赤ちゃんザルの命名時は、ニュースで取り上げられもする。

●「おんせん県大分」なだけあって、**家庭に温泉が引ける**。ただ、別府市にはジュース並の料金で入れる温泉があり、地元


県庁所在地と主要都市

の人が行くのはそういうところが多いとか。また、家に温泉が引けるにもかかわらず、親戚の集まりやデートなど、何かと温泉にはよく足を運ぶ。

●**鶏のから揚げと鶏天**に力を入れており、あらゆる飲食店で日常的に楽しむことができる。鶏天は文字どおり鶏の天ぷらだが、胸肉を使うことが多く、から揚げよりもあっさりしているのが特徴。

●ファミリーレストランのチェーン店「ジョイフル」は九州全域で見かけるが、大分県は特に店舗数が多い。**県民の財布にはたいてい、店のクーポン券「ジョイチケ」が入っている**とか。ジョイフルが全国区だと信じている人も多い。

●**デパートといえば「TOKIWA」**。ひまわりの紙袋が印象的で、どこで買い物をしたかすぐわかるほどだ。

●名物の焼酎**「いいちこ」の名前は方言で「いいですよ」の意味**。名前と共に公募したキャッチコピーの「下町のナポレオン」は、ブランデーのナポレオンのように浸透するようにという願いで命名された。ちなみに、**ブランデー消費量が日本一になった**こともある。

●**「努力遠足」**は10kmほどの距離を歩く遠足なのだが、この遠足が全国区じゃないと知って驚く。

### ご当地の地雷ネタ

●宇佐市は観光客誘致のために「Welcome to USA」というキャッチフレーズを使ったことがある。**アメリカ大使館から正式に苦情が来た**そうだが、当時の市長がさらっとかわして事なきを得たとか。

●**そんな宇佐駅の駅看板にはローマ字表記で「ＵＳＡ」と書かれている。**インスタ映えするとして撮影に来る人もいるが、**地元住民は恥ずかしいとも思っている。**

●**「ちちくりまわすぞ！」**はエッチな意味ではなく、ケンカのサイン。「殴るぞ」という意味の方言である。

●**県出身の村山富市氏**が首相になったとき、多少は大分弁が普及したものの、元首相の方言は高齢者が使うものであり、若者はもどかしさを感じたという。

●野生のニホンザルに餌付けし、観光資源にしたのが、高崎山自然動物園。園がサルの数を抑制しようと餌の量を年々減らしたところ、**サルが山奥に引きこもるという「ストライキ」**を起こしたことがある。

## 県民性

**・一つにまとまりづらいわけ**

江戸時代には天領の日田に加え、中津、日出、杵築など8つの藩があったので、それぞれ地域性が強い。また、県の8割が山地で、トンネルの数は全国トップクラス。そのため分断された地域が多く、内向的で打ち解けにくい気質が培われた。

そんな県民性を表す言葉として、かつては「赤猫根性」がよく使われた。なぜ「赤猫」なのかについては諸説あるが、ネコのように協調性がなく、ずる賢い性質になぞらえたというのが有力である。

**・海岸地域は開放的な人も多い**

実際、地域同士の確執などから足の引っ張り合いをし、仲良くしようという気はあまりないようだ。それは九州全体に対しても見られ、県民は福岡県や熊本県などとは交流を図らない傾向にある。

ただ、北部と東部の海岸地域は山間部と違い、開放的な人が多い。瀬戸内海を通じて中国や四国、もしくは関西方面との交流が深く、好奇心も旺盛で外向的だ。

そのために、自己主張の強い人が多い九州人の中で、押し付けがましくなく、どちらかというと淡泊であっさりとしているのが特徴だ。

**・閉鎖性は薄れつつあるが…**

近年では、温泉や名所の多い大分県は観光客が絶えず、山間部でも閉鎖性は薄れて社交的な人も増えてきた。それでも内に溜め込む性格はそのままで、恥ずかしがり屋の傾向が強い。

にもかかわらず、褒められるのは大好きという少々困ったちゃんなタイプが多いとされる。

**全国No.1**

**●温泉の源泉数。**16市町村で湧き出していて、なんと源泉総数は４４４５か所。湧出量は27万９２５３リットル／分で、こちらも全国一。別府温泉や由布院(ゆふいん)温泉へは、国内のみならず海外からも多くの温泉好きが訪れる。

**●カボスの生産量。**全国の１００％近くを占めている。乾椎茸（どんこ）の生産量も1位で、こちらは全国乾椎茸品評会で40回以上の団体優勝を獲得している。

**●再生可能エネルギー自給率。**国内最大級の地熱発電所が集結していて、地熱発電による電力量は日本一。ただし、供給率は全国で2番目。

**ご当地の有名キャラクター**

カボたん、めじろん（大分県）／あ！官兵衛、からあげ侍から兵衛（中津市）／たかもん（大分市）／べっぴょん（別府市）／ひとしずくちゃん（佐伯市）／ナシロー（日田市）／うさからくん（宇佐市）

**特徴的な方言**

あばけん（入りきらない）／**いちみちきちくり**（行ってみてきてくれ）／いっすんずり（渋滞している）／**いびしー**（気持ち悪い）／おじい（恐ろしい）／**かたる**（仲間に加わる）／ぎゅーらしー（おおげさな）／**くされ**（いじわるな）／**ごてーしん**（何もしない人）／さかしー（盛り上がっている）／さじー（すばしっこい）／じりー（ぬかるんでいる）／**ずつねー**（情けない）／**すもつくれん**（役に立たない）／そげえ（そんなに）／**ちちまわす**（殴る）／できらん（できない）／どべ（びり）／ねぶる（なめる）／**ほげ**（でたらめ）／むげねー（かわいそう）／**めんどしー**（恥ずかしい）

**出身有名人**

福澤諭吉（啓蒙思想家）／**村山富市**（首相）／**御手洗毅**（キヤノン創業者）／石川武美（主婦の友社創業者）／小野正嗣、矢玉四郎（作家）／**諫山創**（漫画家）／**稲尾和久**、今宮健太、内川聖一、川崎憲次郎（野球）／清武弘嗣、三浦淳寛（サッカー）／**藤波辰爾**（プロレス）／宗茂・猛兄弟（マラソン）／薬師寺保栄（ボクシング）／穴井隆将（柔道）／千代大海、**双葉山**（大相撲）／宮﨑大輔（ハンドボール）／古手川祐子、財前直見、竹内力、**ユースケ・サンタマリア**（俳優）／阿部真央、伊勢正三、**KEIKO**、錦野旦、松原のぶえ、**南こうせつ**、山下久美子（歌手）／衛藤美彩、**指原莉乃**（タレント）／ダイノジ（芸人）

**お土産**
柚子胡椒、豊後牛、南蛮菓ざびえる、壱万円お札せんべい、臼杵煎餅、ビスマン、地獄蒸しプリン、別府冷麺、そばせんべい

**企業**
大分合同新聞、大分銀行、ＴＯＫＩＷＡ、佐伯重工業、九州乳業、二階堂酒造、アステム、南日本造船、オーシー、三和酒類、ジョイフル、ＨＩヒロセ

**有名高校**
**大分上野丘**、大分舞鶴、大分豊府、中津南、津久見、大分東明、大分、東九州龍谷、藤陰

**名所旧跡**
**別府温泉地獄めぐり**、**由布院温泉**、**耶馬渓**、臼杵摩崖仏、高崎山自然動物園、岡城跡、富貴寺大堂、九重夢大吊橋、金鱗湖、阿蘇くじゅう国立公園、**宇佐八幡宮**、日田温泉、豊後高田昭和の町、府内城下町

**行事**
ホーランエンヤ、御嶽神楽、**由布院牛喰い絶叫大会**、日田祇園祭、宇佐神宮夏越祭り、**姫島盆踊り**、若宮八幡秋季大祭、ケベス祭り

**特産品**
カボス、ユズ、乾燥しいたけ、ミカン、関鯖、関鯵、肉牛、杉、別府竹細工、日田下駄

# ㊺ 宮崎県

## 「ぎすを出す」と県民から嫌われる!

★面積…7735㎢(全国14位)
★人口…107万752人(全国36位)
★人口密度…138人/㎢(全国39位)
★旧国名…日向国

**ご当地の鉄板ネタ**

●南国というイメージがあるが内陸部はそうでもなく、**五ヶ瀬町には日本最南端のスキー場がある。**

●**県民のソウルフードのチキン南蛮は、延岡市が発祥の地。**モモ肉派とムネ肉派でも分かれ、タルタルソースにもこだわりがあるとか。

●**夏の風物詩といえる郷土料理が「冷汁」。**すりつぶした魚や焼き味噌、豆腐、キュウリや青じそなどの薬味を入れた冷たい味噌汁を、冷めたご飯にぶっかけて食する。もともとは**忙しい農民が簡単に取れる昼食として広まった**とか。ちなみに、宮崎県では稲刈りを台風シーズン前の7月に行なうところが多い。

延岡市
宮崎市
都城市
日南市

県庁所在地と主要都市

●お土産としても重宝される**「なんじゃこら大福」は、イチゴ、栗、あんこ、クリームチーズが詰まった大福。**1988年に宮崎市にある「お菓子の日高」の2代目社長が考案した。

●**日本で初の公益質屋**は、1912年に開設された細田村（現・日南市）の**細田村営質庫。**1927年の「公益質屋法」が公布され、全国に広まった。

●東国原元知事が在任中に広めた**「どげんかせんといかん」は薩摩藩領だった諸県地方の方言**で、宮崎市内では「どんげかせんといかん」と「げ」と「ん」が逆になる。

●運動会では「赤組」「白組」ではなく、**「赤団」「白団」**という「団」に分けられる。3団以上になると「青団」「黄団」「紫団」などとなる。

●小学校や中学校では、**宿題とは別に「宅習」が出る。**宅習は「自宅学習」の略で、「宅習帳」というノートを使って自主学習をするもの。クラスや教師によってノルマや内容は異なる。

●県の木である「フェニックス」は、病害虫に強く、寿命が長いので「フェニックス＝不死鳥」と名付けられたとか。ヤシ科の植物ではあるが名前に対する県民のこだわりは強く、**「ヤシの木」と呼ぶと、必ず訂正される。**

### ご当地の地雷ネタ

●**九州地方の中で、唯一プロスポーツチームを持たない。**かつてはJリーグ入りを目指すサッカーチームもあったが失敗。県関係者の「ウチはスポーツチームのキャンプ地として十分だから、Jリーグチームはいらない」という考えが新聞報道で明るみになっている。また、bjリーグ入りを果たしたバスケットボールチームも存在したが、現在は休止中。

●民放が2局しかないため、**チャンネルを変えるときは「反対にして」で通じてしまう。**

●沖縄県民が時間にルーズなのは有名だが、宮崎県民も負けず劣らず。沖縄県の「うちなータイム」に対して**「日向時間」とも呼ばれ、集合時間に全員が揃うことはほとんどない。**

●しかも集合場所の指定も曖昧なので、決められた時間に行って誰もいないと「ここが集合場所だったっけ?」と不安になることも。

## 県民性

### ・「ほどほどに」生きる宮崎県民

「てげてげ」「よだきい」「のさん」「いっちゃが」は、宮崎県の県民性を表す言葉である。それぞれ、「ほどほどに」「面倒くさい」「耐えられない」「どうしようもない」を意味し、特に男性は口癖のように使う。

つまり、適当に切り上げたり、途中で投げ出したりすることが多く、とてもじゃないが真面目な気質とはいえない。

### ・「ぎすを出す」と嫌われる!

宮崎県は温暖であり土地も肥沃。自然にも恵まれ、年間の快晴日数も多い。そんなところに暮らす人は、おっとりとして人情味も深いのだが、一方で競争心に欠け懸命に打ち込むという意識も乏しい。

誰かがやる気を出して頑張ろうとすると、「ぎすを出す」といって嫌う。「ぎす」とは目立つことやハッタリのこと。宮崎で出る杭は、必ず打たれるのである。

さらに諦めモードが強いのは、台風の襲来が多いせいだという説もある。懸命に育てた作物も、台風が来れば大打撃を受ける。そのため諦めやすい気風が浸透してしまったのだろう。

**・サービス精神は旺盛で親切**

県民男性の実務労働時間は全国でも低レベルであり離婚率も高い。働かない夫を見限る妻が多いということか。その分、再婚率も高く、恋愛に関しては情熱的だ。

かつては新婚旅行のメッカであり、プロ野球チームがキャンプをはり、現在は海外からの観光客も多い。そんな人たちを迎えてきた県民のサービス精神は旺盛で親切。県民同士ではちょっと困った人が多くとも、県外の人にとっては癒しの場を与えてくれるありがたい土地なのだ。

**全国No.1**

**●キュウリの収穫量。**全国シェアは約12%。キュウリの入っていない冷汁は認められないという人も多いとか。

**●ブロイラーの飼育数。**チキン南蛮の発祥の地で、炭焼きも好まれる土地柄ゆえか。ただ、2位の鹿児島県との差は27万羽と伯仲（はくちゅう）している。

**●太陽光発電システムの普及率。**年間快晴日数がトップランクということもあり、効率のよい発電が可能。宮崎大学と東京大学は共同で太陽光エネルギーの研究を行ない、国富（くにとみ）町には世界最大級のソーラーパネル工場がある。

●**本格焼酎の出荷量**。2位は鹿児島県、3位が大分県で、九州地方だけで全体の9割を占める。

**ご当地の有名キャラクター**

みやざき犬（宮崎県）／ミッシちゃん（宮崎市）／たか鍋大使くん（高鍋町）／にちなんぢゃ様（日南市）／チキなん番長（延岡市）／ひょう助（日向市）／ぼんちくん（都城市）／トロンボーイ（川南町）

**特徴的な方言**

**あたれ**（もったいない）／**いっかすっ**（教える）／いっちゃが（いいよ）／うてなう（相手をする）／おじー（怖い）／**おつしょる**（折る）／およばん（叫ぶ）／がんたれ（役に立たない）／**くじー**（くどい）／さるく（歩き回る）／**てげてげ**（適当）／なんかかる（もたれかかる）／へべらっした（疲れた）／へる（落ちる）／ほがねー（頭が悪い）／**もぞなぎ**（かわいそう）／わやく（ふざける）／よごじょる（曲がる）／**よだきい**（面倒くさい）／**みやがっちょる**（生意気）／はさん虫（カブトムシ・クワガタムシ）／ほってん（それでも）／**へとんしれん**（価値がない）／ひだりぃ（お腹がすいた）

**出身有名人**

黒木正憲（東京出版創業者）／日高裕介（サイバーエージェント共同創業者）／山田昇（ヤマダ電機創業者）／清武英利（ジャーナリスト）／**東国原英夫**（元知事・タレント）／斉藤慶子、**堺雅人**、永瀬正敏、温水洋一、緑魔子（俳優）／浅香唯、今井美樹、鬼束ちひろ（歌手）／米良美一（声楽家）／**青木宣親**、木村拓也（野球）／**井上康生**（柔道）／谷口浩美（陸上）／蒲池猛夫（射撃）／**若山牧水**（歌人）／やまさき十三（漫画原作者）／**東村アキコ**（漫画家）／銀色夏生（詩人）／河野景子（アナウンサー）／蛯原友里（モデル）／紗栄子（タレント）／とろサーモン、オカリナ（芸人）

**お土産**

**なんじゃこら大福**、**チーズ饅頭**、マンゴー、宮崎牛、茶葉ロア、ゴボチ、ざるチーズ、青島ういろう、**地鶏炭火焼**

**企業**

宮崎交通、ソラシドエア、ホンダロック、雲海酒造、霧島酒造、宮崎エプソン、ハンズマン、南日本酪農協同

**有名高校**

**宮崎西**、**宮崎大宮**、都城泉ヶ丘、鵬翔、延岡学園、宮崎日大、日南学園

**名所旧跡**

**高千穂峡谷**、高千穂神社、**青島**、鵜戸神宮、霧島錦江湾国立公園、**えびの高原**、フェニックス自然動物園、**飫肥城下町**、フェニックス・シーガイヤ・リゾート

**行事**

延岡大師祭、日向ひょっとこ夏祭り、西都古墳まつり、**高千穂の夜神楽**、椎葉神楽、五ヶ瀬の荒踊

**特産品**

キュウリ、ピーマン、カボチャ、ゴボウ、サトイモ、茶、キンカン、日向夏、マンゴー、スイートピー、牛肉、豚肉、木刀、はまぐり碁石

# ㊻ 鹿児島県

## 自衛隊・警察に就職する人が多いわけ

★面積…9187㎢（全国10位）
★人口…159万2145人（全国24位）
★人口密度…173人／㎢（全国36位）
★旧国名…薩摩国、大隅国

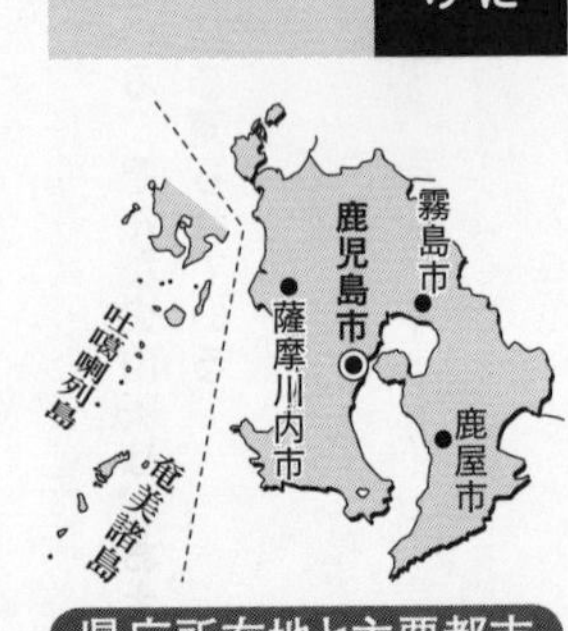

県庁所在地と主要都市

**ご当地の鉄板ネタ**

●**ラーメンを注文すると漬物が出てくる**が、それが普通だと思っている県民多数。ちなみに、ラーメンの出汁は豚と鶏ガラのミックスが鹿児島流だ。

●**白熊アイス**が有名だが、コーヒーソースが底の部分にあり、チョコレートソースがトッピングされている**「黒熊」**も存在する。

●**そうめん好き**な人が多く、食べ方はミカンやスイカなどフルーツを乗せるのが鹿児島流で、味噌汁に入れたりもする。奄美大島などでは**「油そうめん」**（硬めに茹でたそうめんに出汁と油を絡め、味付けをして具を乗せたもの）が定番。

●志布志市には「志布志」という地区が

あるため、市役所の「志布志支所」は「志布志市役所志布志支所」となる。さらに支所の住所は大字「志布志町」の字「志布志」。志布志支所には**「こちらは志布志市志布志町志布志の志布志市役所志布志支所です」**と書かれた看板が掲げられている。完全に確信犯(?)である。

●黒板消しのことを「ラーフル」、ゴムのことは「ギッタ」という。また、「へ」は「おなら」「蝿」「灰」を意味し、**「へっ」は突然、背中や肩の一部に生じる強い痛みのこと**をいう。

●薩摩焼酎の本場だけあって、酒好きのイメージが持たれがちだが、実際は他県に比べて、特に酒豪が多いということはない。焼酎の消費量こそ日本一だが、**日本酒やウイスキーの消費量はワースト1位**である。

●**霧島(きりしま)は、日本で初めて新婚旅行の目的地となった場所。**坂本龍馬と妻のおりょうが最初に行ったといわれているが、その10年前に薩摩藩士の小松帯刀(たてわき)が妻の千賀と霧島に旅行している。

●**桜島から噴出される火山灰**とのつき合いが長く、噴火が起こっても平然としている人も多い。ただ、洗濯物を干すのには困るので、部屋干し用の部屋を作っている人もいる。そんな火山灰は、**お土産として缶詰で売られている。**

●**県民の待ち合わせ場所といえば「殺し屋前」。**これはシロアリ駆除会社の入居しているビルを指し、営業終了時に降ろされるシャッターに「殺し屋参上!」と大きく書かれていることに由来する。

## ご当地の地雷ネタ

●幕末を舞台としたドラマなどで、「おいどん」や「ごわす」と話すイメージが強いが、実際はここまで訛った言葉は使わない。にもかかわらず、**東京などに行くと、方言をリクエストされる**ことがあって困る。ただ、訛りが強いのは事実で、他県民に早口で話せば必ずと言っていいほど聞き返される。

●県内では英単語を覚える際の参考書として**啓隆社**（本社は福岡市）の**「600選」というシリーズが**有名だが、県外でこれにお目にかかることは、ほぼない。

●ご当地出身のヒーローといえば、言わずと知れた西郷隆盛だが、**県民が東京・上野にある隆盛像を見たとき、ラフな浴衣姿をしているためがっかりしてしまう。**

## 県民性

**・熱しやすく冷めやすい「焼酎気質」**

頑固一徹、豪放磊落。そんな言葉のイメージにぴったりなのが、鹿児島県の男性。「ぼっけもん」とも呼ばれるが、これは勇敢で有言実行する人を指し、理想像は明治維新の元勲・西郷隆盛だ。

そのため、男性は情に厚く度胸がある。反面、熱しやすく冷めやすい。これを、飲んでも次の日に残りにくい焼酎にたとえて「焼酎気質」ともいう。

**・「男子は島津公からの預かり物」？**

男尊女卑の考えが根付いていて、かつては食事も風呂も男が先。間違って女性が先に湯船に浸かると、湯を抜いて沸かし直したということもあったらしい。

また、「男子は島津公からの預かり物」

という考えがあったため、それが今にも生きている。権威意識が強くて、上下関係を重んじ、忠誠心が強い。完全な体育会系気質なので、自衛隊や警察に就職する人が多いのも頷ける。

**・夫を立てる薩摩おごじょ**

対する女性は、「薩摩おごじょ」と言われ、芯はしっかり持ちつつ、後ろに一歩引くような性格を表す。口下手で不器用だが情に厚い男性と、後ろからしっかりサポートするタイプの女性は、夫婦関係やビジネスパートナーとしても相性がよいことが多いと言われている。

そのためなのか、妻を失ったあとに亡くなる夫の率も高く、対する女性は長生きする傾向にはある。

お世辞を嫌い、無愛想で口下手。弁解や屁理屈を意味する「議」を言うなと教えられる。まさに「男の中の男」ともいえるが、ジェンダーフリーが提唱される昨今では、生きにくいことこの上ない。

**全国No.1**

**●サツマイモ、さやえんどう、そらまめ、パッションフルーツの生産量。**火山灰でできたシラス台地は水はけがよく、サツマイモを育てるのに適し、南方産のサトウキビやカボチャの栽培も、温暖な気候を生かして盛んである。

**●豚の飼育頭数。**畜産が盛んで、「さつま地鶏」や「鹿児島黒牛」などは全国にファンが多い。

**●焼酎の消費量。**焼酎の酒造所数も1位だが、生産数は惜しくも宮崎県が1位で鹿児島県は2位。

●**切り花の消費量。**先祖を敬う傾向が強いために墓参りを欠かさず、お供え用の仏花の購入が多いからとの説がある。

### ご当地の有名キャラクター

ぐりぶー、さくらじまん（鹿児島県）／イーサキング（伊佐市）／阿っくん（阿久根市）／コクトくん（奄美市）／くすみん（姶良市）／さくりん（鹿児島市）／つぼちゃん（霧島市）

### 特徴的な方言

あったらしか（もったいない）／いっぺこっぺ（たくさん）／おまん（あなた）／**おじゃったもんせ**（お越しください）／**おやっとさあ**（お疲れさま）／きばる（がんばる）／**議を言う**（文句を言う）／げんね（恥ずかしい）／**～ごわす・もす**（～ます）／さだっ（にわかあめ）／**すんくじら**（すみっこ）／すんだれ（だらしない）／**ちぇすと**（それ！）［掛け声］／てせ（疲れる）／**はえんかぜ**（南風）／はげー（まあ）［感嘆］／ばって（しかし）／びんた（頭）／まこち（ほんとうに）／**むぜ**（かわいい）／**やっせん**（役に立たない）／わっぜ（とても）／んだもしたん（あらまあ）

### 出身有名人

赤﨑勇（半導体工学者）／上野十蔵（中外製薬創業者）／**稲森和夫**（京セラ創業者）／永瀬昭幸（東進ハイスクール創業者）／**海音寺潮五郎**（作家）／**井上雄彦**、バロン吉元（漫画家）／吉田大八（映画監督）／遠藤保仁、大迫勇也、城彰二、前園真聖（サッカー）／栄和人（レスリング監督）／宮下純一（競泳）／横峯さくら（ゴルフ）／稲森いずみ、上白石萌音・萌歌姉妹、小西真奈美、**沢村一樹**、はしのえみ、フランキー堺、**山田孝之**（俳優）／AI、西郷輝彦、中島美嘉、**長渕剛**、元ちとせ（歌手）／柏木由紀（アイドル）／恵俊彰（タレント）／**綾小路きみまろ**（芸人）

**お土産**

さつまあげ、鹿児島ラーメン、鶏飯、かるかん、かるかん饅頭、西郷せんべい、兵六餅、かすたどん、ぼっけもん、薩摩タルト、しろくまプリン、げたんは、ボンタンアメ、壺漬、芋焼酎

**企業**

南日本新聞、南海日日新聞、鹿児島銀行、山形屋、健康家族、西原商会、アクシーズ、タイヨー、SAKODA

**有名高校**

**鶴丸**、甲南、**鹿児島ラ・サール**、鹿児島実業、神村学園

**名所旧跡**

種子島宇宙センター、奄美大島、**屋久島**、**指宿**（いぶすき）**温泉**、桜島、**知覧**（ちらん）**特攻平和会館**、霧島神宮、曽木の滝、与論島、**銀水洞**、パノラマパーク西原台、開聞岳

**行事**

**弥五郎どん祭り**、**おはら祭**、トシドン、初午祭、お釈迦まつり、六月灯、ボゼ祭り、メンドン

**特産品**

タンカン（柑橘類）、サツマイモ、桜島大根、サトウキビ、カボチャ、牛肉、豚肉、地鶏、鰹節、焼酎、薩摩焼、薩摩切子（きりこ）、薩摩絣（がすり）、大島紬（つむぎ）

㊼

# 沖縄県

## 高い離婚率は母系社会ゆえなのか

★面積…2281㎢（全国44位）
★人口…145万1676人（全国25位）
★人口密度…636人／㎢（全国9位）
★旧国名…琉球（りゅうきゅう）

**ご当地の鉄板ネタ**

●**県民が水着を着ないというのは**有名な話。紫外線が本土よりも2倍ほど強いため、日焼けが嫌などの理由もあるようだが、Tシャツで泳ぐのが常識。**そもそも海水浴をすることは稀（まれ）**で、海はシーサイドパーティーでバーベキューをするところという認識が強い。

県庁所在地と主要都市

●飲んだ後の〆は、ラーメンでもお茶漬けでも**スイーツでもなくステーキ**。胃袋を休ませるという概念が存在せず、夜中でも開いているステーキハウスは多い。

●鉄道は「ゆいレール」というモノレールしかないので、かなりのクルマ社会。そのためにドライブスルーが多く、**薬局や銀行のドライブスルーもある**。

●アイスクリームといえば**「ブルーシールアイスクリーム」**。戦後まもなく米軍基地内で軍関係者のみに販売されていたものが、1963年に一般販売されるようになったもの。また**「アンパンマンアイス」**という、いかにも全国区風情の名前のアイスがあるが、じつは沖縄でしか見られないご当地アイス。

●**結婚式の列席者はかなり多く、何百人規模で招待する**傾向がある。「いちゃりばちょーでー(出会った人は皆きょうだい)」という言葉があるように、仲間意識が高く郷土愛が強い沖縄ならでは。

●そもそも**焼酎は、琉球の泡盛の製法が本土に渡って広まったもの**。また泡盛は庶民の楽しむ地酒ではなく、琉球王朝が中国王朝や徳川幕府に献上した、一般人の口に入らない貴重な酒だった。

●ファミリーマートが人気商品「ファミチキ」**を販売したのは、沖縄県が最初**。2000年に発売された骨付きの「フライドチキン」が先駆けだった。

●少々の雨なら傘をささない人が多い。さらに、強い風を伴う雨のときは傘をさすと危険。結果、**傘をさす機会が少ない**。

●パチスロ機のメダルは一般的に25パイであるのに対し、沖縄県のパチスロはやや大きい30パイ。ほかにも他県と違った特徴があり**「沖スロ」**と呼ばれている。

**ご当地の地雷ネタ**

●「青い空、青い海」というイメージが強い沖縄だが、**実際は曇りが多く、快晴の日はほとんどない**。上京してからのほうが青い空を見る頻度が高い。

●冬の朝に吐いた息が白くなると、話題になる。さらに、気温が16度を下回るとテレビのニュースでも取り上げられる。
●本土ではもはや消えたと言われるほどレアな紙幣となった**二千円札は、沖縄で普通に流通している**。必要がない場合はちゃんと伝えないと、もれなく二千円札でおつりがくる。
●**「ゴーヤー」を「ゴーヤ」、「ラフテー」を「ラフティー」**という他県の人に、何度も訂正をしているが、いっこうに直してもらえない。
●**中学の卒業式には、小麦粉を掛け合う**という謎の風習がある。それを取り締まるために、卒業式近くになると、小麦粉を未成年者に売らないようにする販売店が増加するという。

**県民性**

**・陽気&タフだが時間にルーズ**

亜熱帯性で年中温かいため明るく陽気な人が多い。その一方で台風被害が多く、沖縄戦や基地問題など過酷な歴史を歩んでいることもあって、少々のことではびくともしないタフな精神力を持つ。

ただ、やはり暖かな地方特有のおおらかさを兼ね備えていて「20時に待ち合わせね」と約束すると、20時に家を出るのが沖縄県民特有の「うちなータイム」。待ち合わせには遅れるのが当たり前なので、口論にもならない。ただ、「なんくるないさー」という考え方は、時間もお金もルーズになりがちだ。

そんな感覚を「テーゲー主義」といい、「ほどほどで十分」「頑張らなくても大丈夫」という気質につながっていく。ただ、頑張りすぎる人へのいたわりの言葉でもあり、県民の優しさが示されている。

**・離婚率が高くても問題なし？**

もともと琉球は日本の家父長制よりも東南アジアの母系制に近いとされ、家族や社会を守るのは女性という意識が強い。本土に今も残る「女人禁制」とは逆に、「男子禁制」が敷かれている神聖な場所もあるほどだ。

会社が倒産しても、債務の取立てより破産した人に同情し、困っている人を放ってはおけない。子どもは社会で育てるという考えも浸透している。

そんな考えと、母系重視のために女性は母親との結び付きが強い。「嫁入り」という意識はなく、離婚に対する抵抗も少ない。離婚件数の高さは、このあたりも影響しているのだろう。

**全国No.1**

**●水道の普及率。**全国で100%を達成しているのは東京都、大阪府と沖縄県だけ。しかし、長く水不足に悩まされたため、今でも屋根の上に貯水タンクを設置している家がある。ちなみに最下位は、井戸水の使用が多い熊本県。

**●パイナップル、ドラゴンフルーツ、マンゴー、バナナ、サトウキビの生産量。**亜熱帯の気候を生かした南国原産果実の栽培が盛ん。野菜では、やはりゴーヤーが1位で東南アジア原産の冬瓜（とうがん）も1位。

**●離婚件数、夫婦数、出生率、婚前妊娠数。**知らぬ間に結婚&妊娠し、次会ったら離婚していたということも珍しくない。

ちなみに、**結婚式のご祝儀はなぜか1万円で統一されている。**

## ご当地の有名キャラクター

花笠マハエ、ごっちゃん（沖縄県）／なはっぴー（那覇市）／天ぷらのぷーらくん（沖縄市）／いとちゃん（糸満市）／なんじぃ（南城市）／ピカリャ～（竹富町）／く～みん（久米島町）

## 特徴的な方言

いきがんぐゎ（息子）／うーとぅ（夫）／**かなさんどー**（愛してる）／がんじゅー（元気）／くゎっちーさびたん（ごちそうさま）／**くゎっちーさびら**（いただきます）／じょーぐー（大好物）／たいみそーちー（おつかれさま）／**だからよー**（そうですね）／ちゃーびらさい（ごめんください）／てーげー（およそ）／でーじ（とても）／とぅじ（妻）／にーぶい（眠い）／**にふぇーでーびる**（ありがとう）／ぬち（命）／**はいさい**（こんにちは）／はごーさん（汚い）／**まーさいびーん**（おいしい）／むちゃむちゃする（ベタベタする）／**めんそーれ**（いらっしゃい）／わっさいびーん（ごめん）／**りか**（さあいこう）

## 出身有名人

瀬長亀次郎（政治家）／具志堅宗精（オリオンビール創業者）／大城立裕、又吉栄喜（作家）／岡田あーみん（漫画家）／新垣渚（野球）／我那覇和樹、田口泰士（サッカー）／**宮里藍**、諸見里しのぶ（ゴルフ）／**具志堅用高**（ボクシング）／**新垣結衣**、黒木メイサ、国仲涼子、**仲間由紀恵**、**二階堂ふみ**、比嘉愛未、**満島ひかり**

り、山田親太朗（俳優）／**安室奈美恵**、ISSA、GACKT、喜納昌吉、Cocco、**夏川りみ**、比嘉栄昇、**三浦大知**（歌手）／南沙織（アイドル）／玉城ティナ、知花くらら、山田優（モデル）／川平慈英（タレント）／ガレッジセール、スリムクラブ、肥後克広（芸人）

**お土産**

ちんすこう、**紅芋タルト**、沖縄そば、サーターアンダギー、**さんぴん茶**、スパム、塩、**泡盛**、コーレーグス

**企業**

琉球新報、沖縄タイムス、琉球銀行、沖縄銀行、リウボウ、沖縄電力、オリオンビール、日本トランスオーシャン航空

**有名高校**

**那覇**、那覇国際、開邦、普天間、首里、沖縄水産、**沖縄尚学**、昭和薬科大付属

**名所旧跡**

**首里城**、今帰仁城、**沖縄美ら海水族館**、平和記念公園、**ひめゆりの塔**、伊良部大橋、竹富島、識名園、波上宮、斎場御嶽、**おきなわワールド**、万座毛、恩納ガラス工房、真栄田岬、琉球村、ビオスの丘

**行事**

那覇ハーリー、**沖縄全島エイサーまつり**、那覇大綱挽、波照間島ムシャーマ、宮古島パーントゥ

**特産品**

パイナップル、バナナ、マンゴー、ゴーヤー、シークヮーサー、ドラゴンフルーツ、サトウキビ、マンゴー、泡盛、石垣牛、あぐー豚、琉球漆器、琉球紅型、琉球藍型、琉球ガラス、久米島紬

# 国宝を最も多く持つのは京都ではない――都道府県ずんずん調査⑥

毎年のように「ユネスコ世界遺産登録」入りするかどうかが話題になるが、一方で、日本には国の指定した「国宝」がある。その数は2020年5月1日現在で、美術工芸品が893件、建造物は227件で合計は1120件にものぼる。

そして、国宝といえば京都や奈良に多いような印象があるが、じつは最も国宝の指定件数が多いのは東京なのだ。東京都の指定件数は281件である。

京都は234件で奈良は203件となり、この3都府県だけで全体の6割以上を占める計算だ。

ただし、建造物の数だけでいえば東京が旧東宮御所（迎賓館赤坂離宮・上の写真）と東村山市の正福寺地蔵堂（右の写真）など2件なのに対し、京都は51件、奈良が64件、そして滋賀が22件である。

美術館と博物館が多く、美術工芸品を多く所蔵していることが、東京の件数を押し上げているのだ。

◉左記の文献等を参考にさせていただきました――

「踏んだら最後！ 県民性の地雷原」岩中祥史（ダイヤモンド社）／「日本人が知らない県民地図」ライフ・リサーチ・プロジェクト（青春出版社）／「県民性の日本地図」武光誠（文藝春秋）／「図解雑学 性格がわかる！ 県民性」八幡和郎（ナツメ社）／「なぜ？ どうして！ あなたも知らない県民力」本郷陽二（有楽出版社）／「藩民性から気質を読む方法」中山良昭、「県民性恥ずかしすぎる本当の話」、「県民の品格―あなたのお国の〝品性度〟がわかる本」、「名門高校100」猪熊建夫、「県民力がズバリ！ わかる本」ロム・インターナショナル（以上、河出書房新社）／「47都道府県これマジ!?条例集」長嶺超輝、「47都道府県の歴史と地理がわかる事典」伊藤賀一（以上、幻冬舎）

各都道府県庁／総務省統計局／タウンページデータベース／Jタウンネットほか

KAWADE
夢文庫

# 47都道府県 話のネタ大事典

二〇二〇年七月三〇日　初版発行

著　者…………博学こだわり倶楽部［編］
企画・編集……夢の設計社
〒162-0801 東京都新宿区山吹町二六一
☎〇三―三二六七―七八五一（編集）
発行者…………小野寺優
発行所…………河出書房新社
〒151-0051 東京都渋谷区千駄ヶ谷二―三二―二
☎〇三―三四〇四―一二〇一（営業）
http://www.kawade.co.jp/
装　幀…………こやまたかこ
印刷・製本……中央精版印刷株式会社
ＤＴＰ…………アルファヴィル
Printed in Japan ISBN978-4-309-48531-7